紙バンドで作る

編み応えのあるかご

古木明美

CONTENTS

飛ばし編みのバッグ
4ページ
作り方：64ページ
難易度：★★

サンプラーバッグ
5ページ
作り方：61ページ
難易度：★★

六角形の華編みかご
6ページ
作り方：48ページ
難易度：★★★

菱出し模様のかご
8ページ
作り方：96ページ
難易度：★★

鎧編みのツートンバッグ
9ページ
作り方：57ページ
難易度：★

斜め網代の台形バッグ
10ページ
作り方：66ページ
難易度：★★★

ジグザグ編みのかご
11ページ
作り方：70ページ
難易度：★★

菱ステッチの丸バッグ 大・小
12ページ
作り方：73ページ
難易度：★★

リボンクラッチバッグ
14ページ
作り方：80ページ
難易度：★★

難易度について

この本では初心者におすすめの作品から少し難しいものまでを紹介しています。
難易度を参考に作ってみてください。
★＝簡単に作れるので、初心者さんはこのマークの作品から。
★★＝時間はかかりますが、作り方を見て作れば、必ずでき上がります。
★★★＝難しいですが、完成したときの喜びは大きいです。

畝編みの丸持ち手バッグ
15ページ
作り方：76ページ
難易度：★★

３本網代のツートンバッグ
16ページ
作り方：83ページ
難易度：★★

花結びボタンのふたつきかご
17ページ
作り方：86ページ
難易度：★★

透かし編みのバッグ
18ページ
作り方：89ページ
難易度：★

ボストンバッグ風かご
19ページ
作り方：92ページ
難易度：★★★

ふっくらワンハンドルのかご
20ページ
作り方：58ページ
難易度：★

余った紙バンドでできるもの
21ページ
作り方：45、81、98ページ

かご作りに必要なもの ……… 22ページ
かご作りの基本の作業 ……… 23ページ
編み方基礎BOOK ……… 25ページ
基本のパーツと縁編み ……… 41ページ

HOT LINE ホットライン
この本に関するご質問は、お電話またはWebで
書名／編み応えのあるかご
本のコード／70538
担当／代田
Tel.03-3383-0765（平日13：00〜17：00受付）
Webサイト「手づくりタウン」　https://www.tezukuritown.com
サイト内“お問い合わせ”からお入りください（終日受付）。
（注）Webでのお問い合わせはパソコン専用となります。

飛ばし編みのバッグ

2種類の幅のひもを使っているように見えますが、
1本の細いひもでぐるぐると編んで模様を出しています。
使用する2色を同系色にするとやさしい印象に。

難易度 ★★　作り方 64ページ

サンプラーバッグ

いろいろな編み地が楽しめるバッグです。
形はシンプルですが、
編み模様がきれいに浮き出てくるよう工夫しました。
A4ファイルが入る、たっぷりサイズです。

難易度 ★★　作り方 61ページ

六角形の華編みかご

横長のかわいいフォルムと華編みが特長です。
ちょっと手ごわいですが、
頑張って作ったら自慢できるかごになると思います。

難易度 ★★★　作り方 48ページ

淡い色の紙バンドを使うと華編み部分がふっくらして見えます

菱出し模様のかご

飛ばし編みの技法を使い、菱形の模様が浮き出るようにしました。
輪編みなので誰でも同じ形に仕上げることができます。
上下に編んだ菱かがりがアクセントに。

難易度 ★★　作り方 96ページ

鎧編みのツートンバッグ

モコモコとした編み地がかわいい鎧編み。
白の縦ひもを使っていますが、鎧編みの部分は縦ひもが見えなくなるので、
上下の色がはっきり分かれるツートンカラーのかごに仕上がります。

難易度 ★　　作り方 57ページ

斜め網代の
台形バッグ

網代模様がきれいな台形バッグ。
迷ったときは縦ひもを図案と照らし合わせて、
ひもを出し入れしてください。
慣れてくるとひもの出し入れの法則がわかってきます。

難易度 ★★★　作り方 66ページ

ジグザグ編みのかご

ジグザグ模様は編みひもに折り目をつけてから編むため、
誰でも簡単にきれいに仕上がります。
縦ひもごとに編みひもを使うので、２色のひもを交互に編めばストライプのかごに。

難易度 ★★　作り方 70ページ

存在感のある六つ組みの持ち手です

菱ステッチの丸バッグ　大・小

流行の丸バッグ。透かし模様を菱ステッチで入れました。
大・小の編み方はほぼ一緒にしています。
マチ部分は縦ひもを２重にしているので丈夫です。

難易度 ★★　作り方 73ページ

横から見るとこんなふう。
マチの編み地は素編みなので見た目よりも簡単

リボンクラッチバッグ

鎧編みと引き返し編みを組み合わせたバッグ。
かぶせにマグネットボタンをつけ、
ふたの開閉をしやすくしました。
洋服にも和装にも合うデザインです。

難易度 ★★　作り方 80ページ

畝編みの丸持ち手バッグ

ひもの太さを変えながら３段ごとの畝編みをし、
チェック柄の編み地にしました。
かっちりとした丸持ち手がポイントになっています。

難易度 ★★　作り方 76ページ

3本網代のツートンバッグ

ツートンバッグですが、
十字に切り返しを入れているので、
よく見ると編み地は4パターン。
マチ部分には菱形の模様が現れます。

難易度 ★★　作り方 83ページ

シンプルな編み地にしてフォルムにこだわり、
置いておくだけでもかわいいかごにしました。
ふたつきなのでほこりがよけられ、
ソーイング用品や紙バンドの収納に役立ちます。

難易度 ★★　作り方 86ページ

ピクニックバスケットとして使っても

透かし編みのバッグ

菱ステッチと追いかけ編みを交互に入れたバッグです。
透かし模様を入れることで、単色で作っても表情豊かに、
軽やかな印象になります。

難易度 ★　作り方 89ページ

ボストンバッグ風かご

追いかけ編みと引き返し編みのシンプルな編み地ですが、
形にとことんこだわりました。
金具などは一切使わず、紙バンドだけで仕上げています。

難易度 ★★★　作り方 92ページ

ふたを開いたときと閉じたときで、
マチの見え方が違います

ふっくらワンハンドルのかご

追いかけ編みと引き返し編みで、
コロンとまるいかごを編みました。
追いかけ編みを編んだら、
そのまま引き返し編みをするのでラクチンです。

難易度 ★　　作り方 58ページ

ボリュームのある持ち手がアクセントに

余った紙バンドでできるもの

a リボン　b 花結びボタン　c 丸バッグミニ　d ミニマルシェバッグ　e ペタンコミニバッグ

かごを作り終えたら、チャレンジを。
様々な楽しみ方ができます。

作り方 **81**ページ (a)、**45**ページ (b)、**98**ページ (c、d、e)

ブローチピンを接着剤で貼ってブローチに

丸ゴムを通してヘアゴムに

持ち手部分にひもを通してバッグチャームに

かご作りに必要なもの

基本の材料と道具をご紹介。特別なものは必要なく、おうちにあるものですぐ始められます。

材料

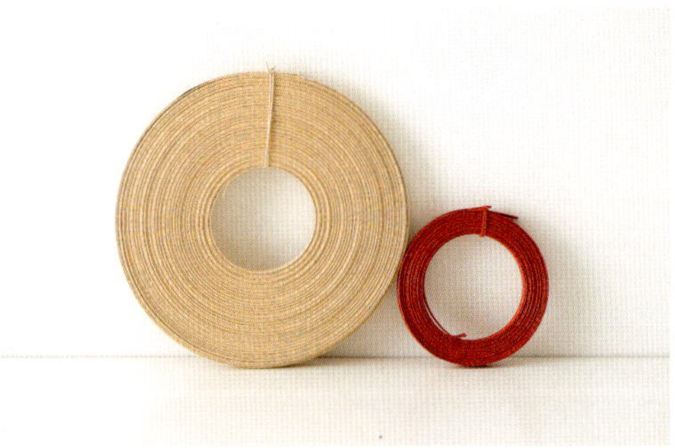

実物大

12本幅

紙バンド

再生紙を細い“こより”にして束ね、1本の平たいテープ状にしたもの。12本のこよりを束にしたものを、12本幅と呼びます。幅と厚さにはいくつか種類がありますが、この本では「12本幅」、厚さは「スタンダード」のものを使用。5m巻と30m巻があるので、各作品の材料を参照して使い分けましょう。

※解説では、必要な長さにカットし、割いた紙バンドは「ひも」と表記しています。

「用意するひもの幅と本数」と「カット図」のこと

各作品の「用意するひもの幅と本数」と「カット図」を参照して、紙バンドをカットし、割きます。
カット図にある「⑥2本幅・200cm×4本」とは、200cmにカットしてから、2本幅に割いたものを4本用意する、という意味です。

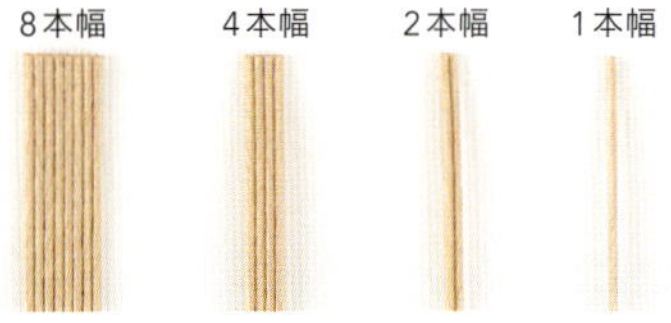

ひもの幅の例

［カット図の見方］

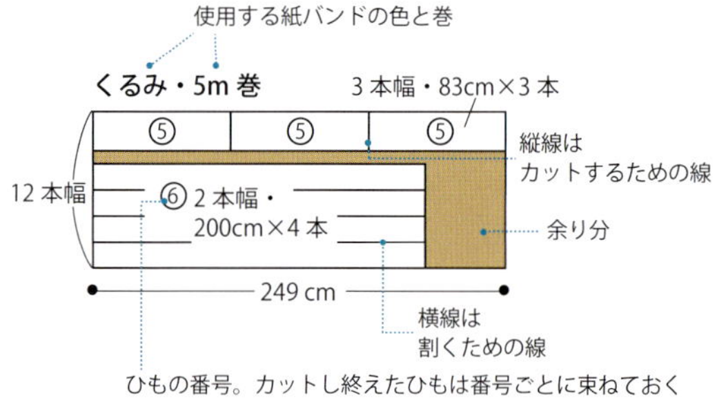

道具

PPバンド

梱包資材として販売されているもので、紙バンドを割くときに使います。摩耗するので長さ5cm程度のものを数枚用意。

マスキングテープ

ひもを束ねておくときや印つけなどに。

手芸用接着剤

乾くと透明になる、速乾性のものを。

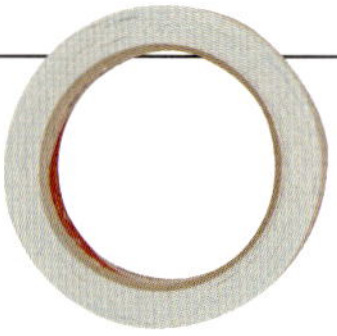

両面テープ

底を作るときに作業台に貼り、その上にひもを並べるとずれずに作業ができます。

洗濯ばさみ

ひもを貼り合わせたり、押さえたりするのに使用。10～20個くらいあるとよい。

マイナスドライバー、目打ち

ひもを編み目に差し込むときなどに。ドライバーが入らない場所には目打ちを使います。

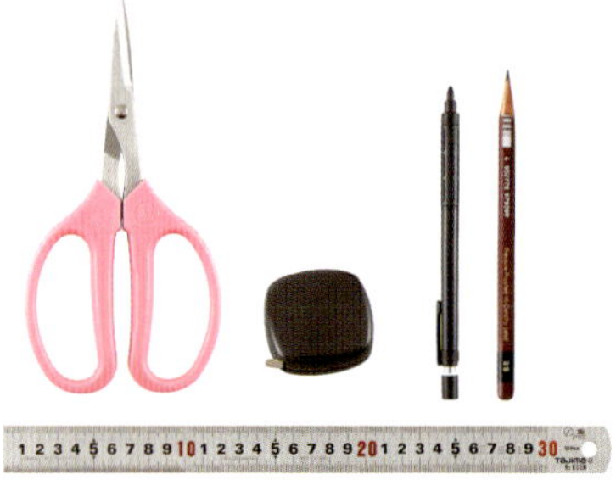

その他

はさみ、メジャー、定規、シャープペンシルまたは鉛筆

かご作りの基本の作業

知っておきたいこと、きれいに仕上げるためのコツなどをまとめました。
編み始める前にしっかり確認しましょう。

紙バンドをカットし、割く

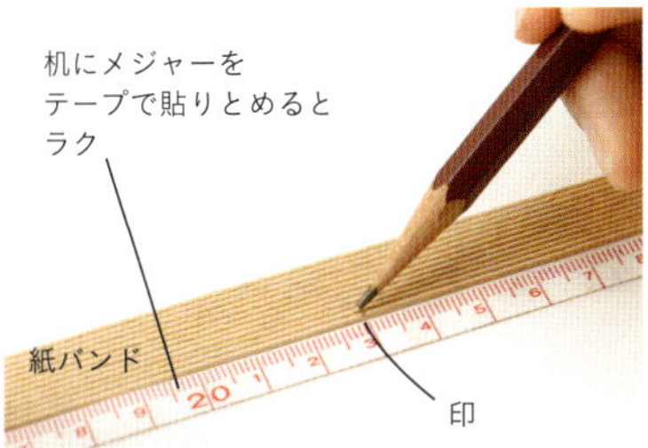

1 「用意するひもの幅と本数」と「カット図」を参照し、紙バンドをカットする長さに印をつける。

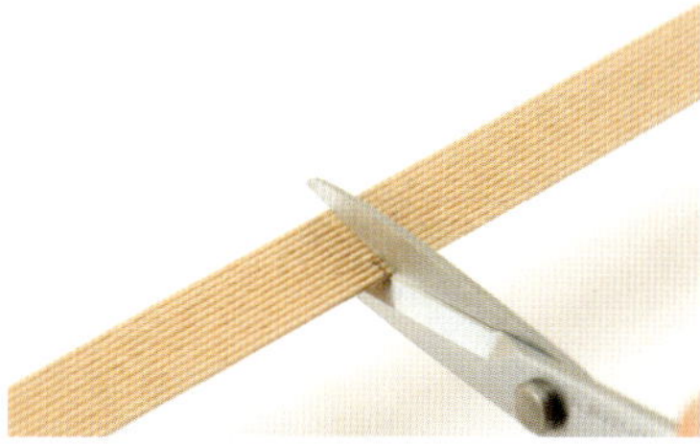

2 印に沿ってはさみでカットする。

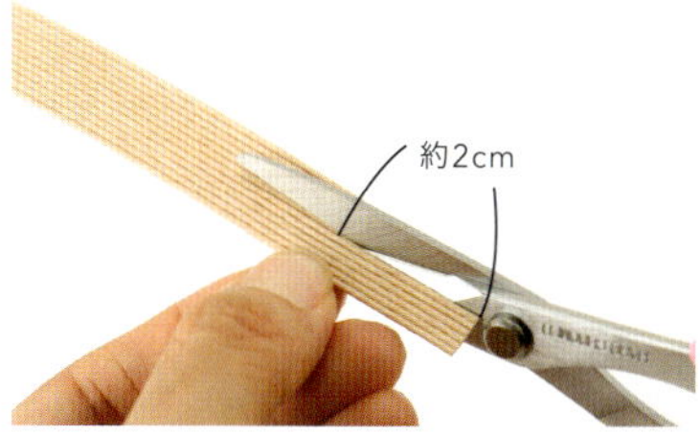

3 こよりどうしの間の溝(6本幅の場合は6本めと7本めの間)にはさみで切り込みを入れる。

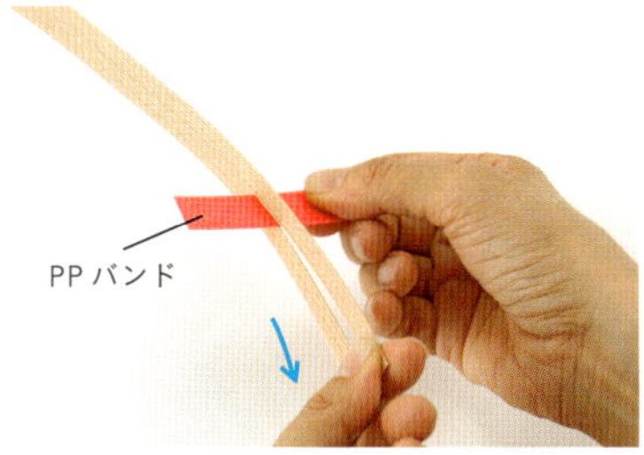

4 切り込みにPPテープを垂直に入れ、紙バンドを手前に引っ張って割く。

5 ひもの番号(①〜/カット図参照)ごとにマスキングテープで束ね、番号を書き入れる。

ひもの“くせ”をとる

紙バンドには巻きぐせがついているので、作る直前に指でしごくとくせがとれ、作業がしやすくなる。

編みひものつなぎ方

追いかけ編みなどで編みひもが何本かに分かれているときは、つなぎ目が隠れるようにして、途中で編みひもを貼り合わせます。編み途中のひも端が縦ひもの裏側に隠れるようにカットし、新しいひも端は1本前の縦ひもに突き合わせに。

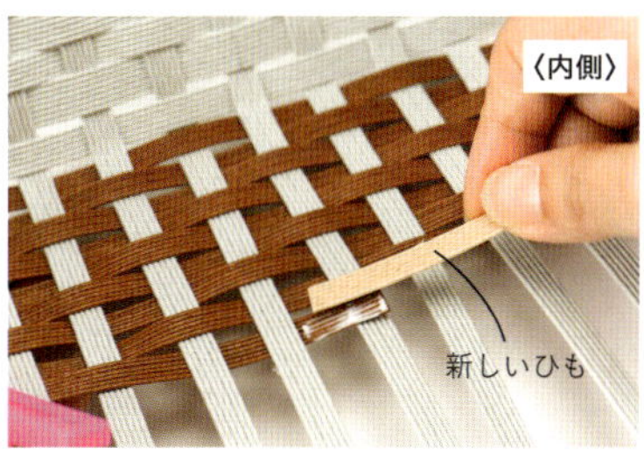

→

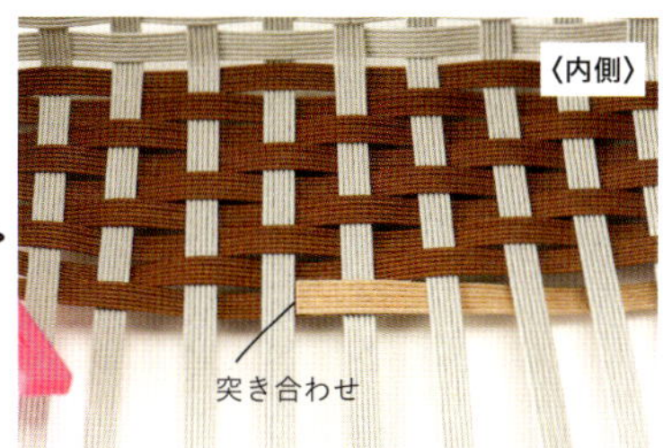

ひもを差し込むときは

目打ちまたはマイナスドライバーを刺して隙間を作ると、編み目にひもを差し込みやすくなります。長いひもを差し込む場合は、反対側からドライバーを刺しながら作業を。多少、形が崩れても手で整えれば元に戻るので、ぐさっと思いっきり刺しても大丈夫です。

洗濯ばさみで押さえて作業

編みひもと縦ひもとを洗濯ばさみで押さえ、編みひもが浮くのを防ぎます。接着剤が乾くまで押さえるときにも。

編みひもは束ねる

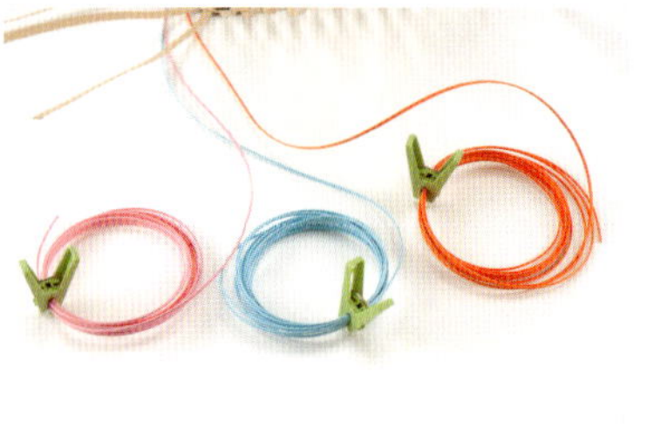

長い編みひもなどは、小さく輪にして洗濯ばさみでとめ、少しずつほどきながら編んでいきます。

接着剤のつけ方

広い面積に薄く均一に接着剤をつけたいときは、余ったひもをヘラ代わりにすると便利です。

貼り間違えたとき

スチームアイロンの蒸気を当てて接着剤を溶かし、ひもを少しずつはがします。固く絞った濡れ布で接着剤を拭き取ってから、再度接着剤をつけて貼り直します。

紙バンドを定規代わりに

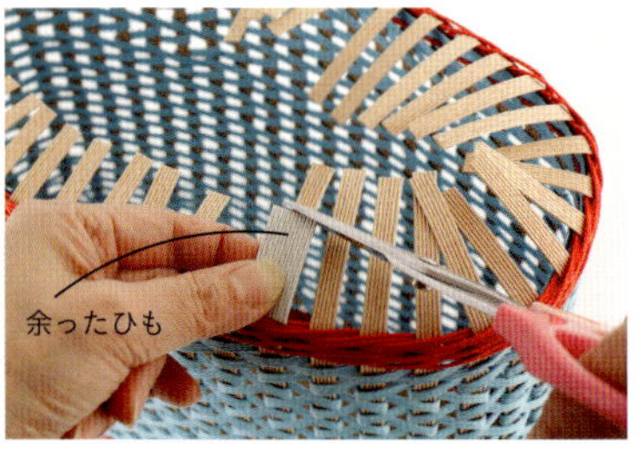

編み終わった後の縦ひもの処理のときなど、何本も同じ長さにひもをカットするときは、余ったひも（紙バンド）を指定の長さにカットして定規代わりに使うと便利です。

縦ひもの間隔を均等に

側面をまっすぐ編むコツは、縦ひもの間隔を一定に保つこと。縦ひもがまっすぐになっているかを確認し、広がりがちな角は縦ひもが平行になっているかとくに注意を。

縁内ひもは巻きぐせをつけておく

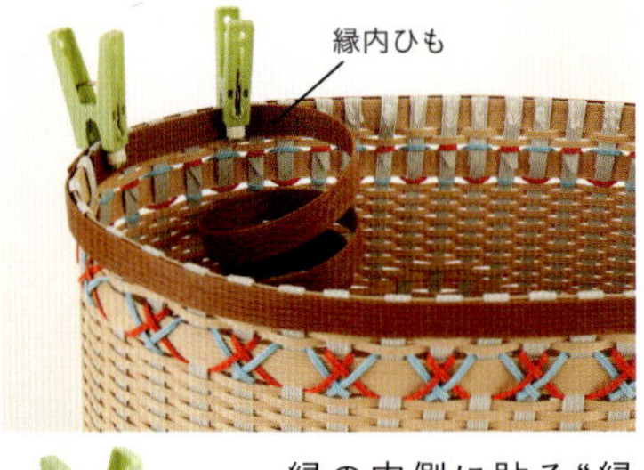

縁の内側に貼る“縁内ひも”は、小さく巻いてくせをつけておくと、貼りやすくなります。

編み目を詰める

編み終わってから形を整えるのは難しいので、数段編むごとに編みひもどうしの間を詰め、形を整えながら編むようにしましょう。

縦ひもの余分をカット

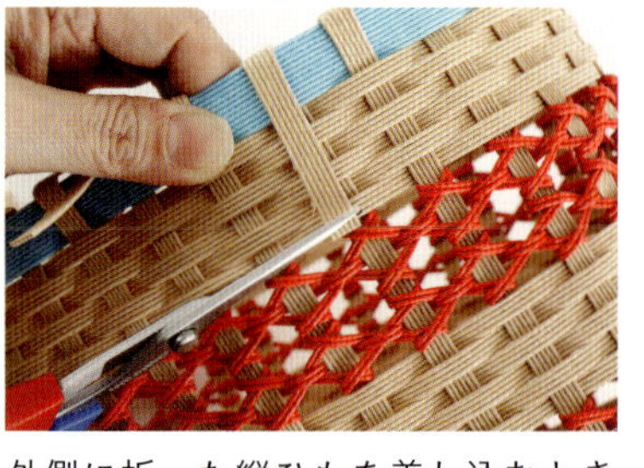

外側に折った縦ひもを差し込むときは、ひも端が編み目からはみ出ないかをチェック。編み目の裏側に隠れるように余分はカットします。

編み方基礎BOOK

この本で使用している編み方、17種類をまとめました。
ほとんどの編み方で共通となる
編み始めと終わりの始末も紹介しています。
何度も読み返して、かご作りに役立ててください。

素編み

1本の編みひもで縦ひもの前（表目）・後ろ（裏目）を交互に繰り返す、表1目・裏1目の一番シンプルな、基本となる編み方です。追いかけ編み（P37）や輪編み（P39）でも、同じ編み模様になります。

How To

1 下（または底側の端）の編み目と交互になるように、裏・表・裏・表と1目ずつ交互に通す。

2 2段めは、1段めの編み目と交互になるように通す。

飛ばし編み

表と裏の目数を変えた組み合わせの模様を繰り返して、1本の編みひもでぐるぐると編んでいきます。縦ひもの表と裏を通す本数や順番を変えることで、様々な編み模様を作り出すことができます。細いひもで編むと繊細に、太いひもでざっくり編むと柄がくっきり出てきます。

裏1目・表2目

1、3段め：表2目・裏1目・表1目・裏2目
2段め：表2目・裏2目・表1目・裏1目

How To ※裏1目・表2目の場合。

1 縦ひもに対して指定の目数（裏1目・表2目）を繰り返して通す。

2 2段めは表2目・裏1目と、1段ごとに編み目が左に1目ずつずれるように通す。

畝編み

太いひもと細いひもの2本で編みます。同じ太さのひもで編む追いかけ編み（P37）と編み方は同じですが、太さの異なるひもで編むだけで、がらりと違ったニュアンスに。色の組み合わせや、太いひもと細いひもの位置を変えることで、いろいろな表情を楽しめます。

How To

1 下の編みひもで素編み（P26）を編む。

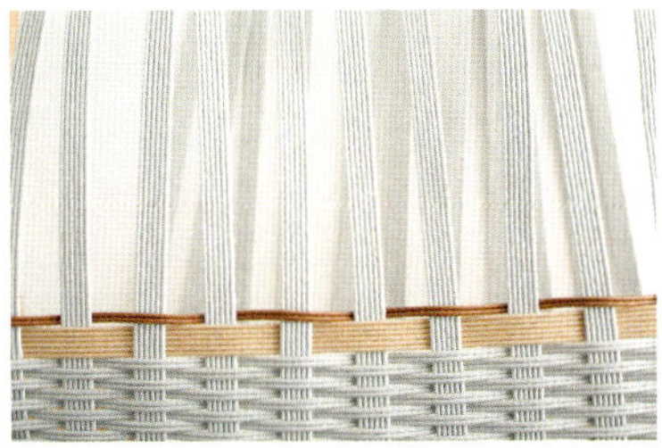

2 上の編みひもを、1本めの編み目と交互になるように通す。

3 2本めが1本めを追いかけるように交互に編むため、1周で2段編めたことになる。

編み始め

編みひも2本を上下に並べて縦ひもに洗濯ばさみでとめる。このとき、ひも端は縦ひも1本分以上長めに残しておく。

1周編んだら

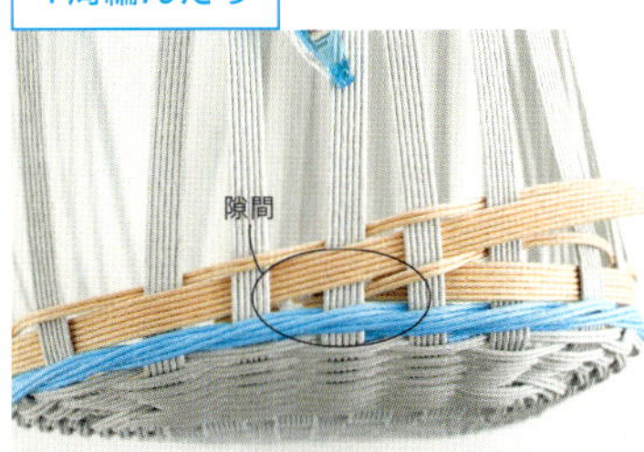

→

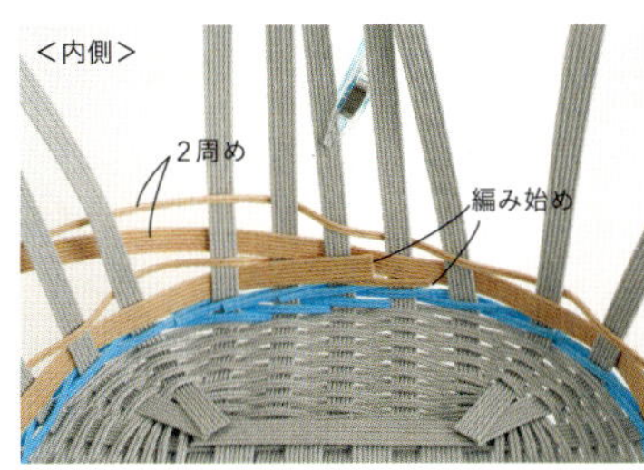

2周めとの隙間を埋めるようにして、編み始めのひも端を編みひもに貼る。とくに太いひもは隙間があきやすいので、きれいに仕上がるように表側から見て貼る位置を調整する。

鎧編み

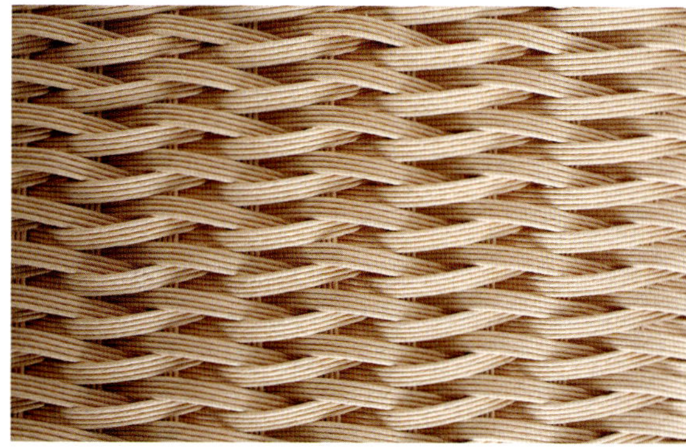

別名“のろい編み”と言われるほど迷うと迷宮入りしてしまう編み方ですが、じつはとってもシンプル。三つ編みのように、真ん中にもってきた編みひもを縦ひもにかけていくだけ。ゆがみやすいので、縦ひもが垂直になっているかを気をつけて編むと、きれいに仕上がります。

How To

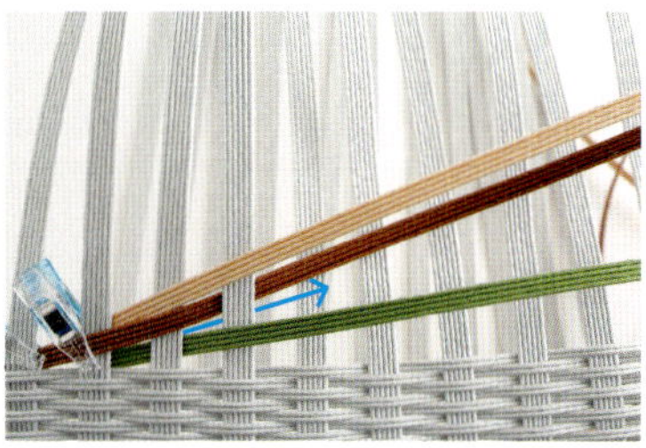

1 真ん中の編みひも（茶色）を、縦ひも2本分とばして3本めの縦ひもにかける。

2 上の編みひも（ベージュ）を縦ひも2本分とばして上から真ん中にもってきてから、3本めの縦ひもにかける。

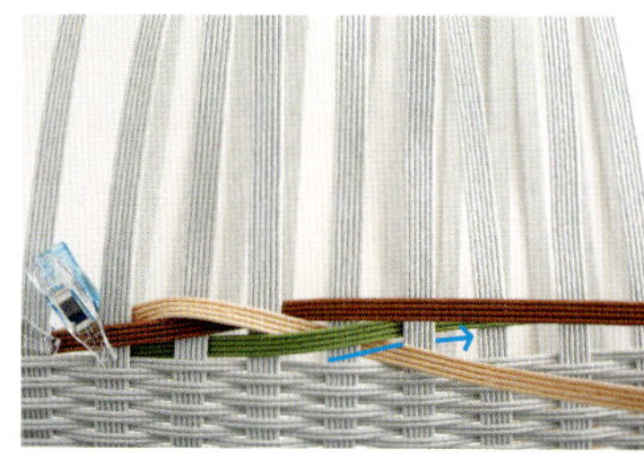

3 下の編みひも（緑）を縦ひも2本分とばして下から真ん中にもってきてから、3本めの縦ひもにかける。

4 **1**～**3**を繰り返す。

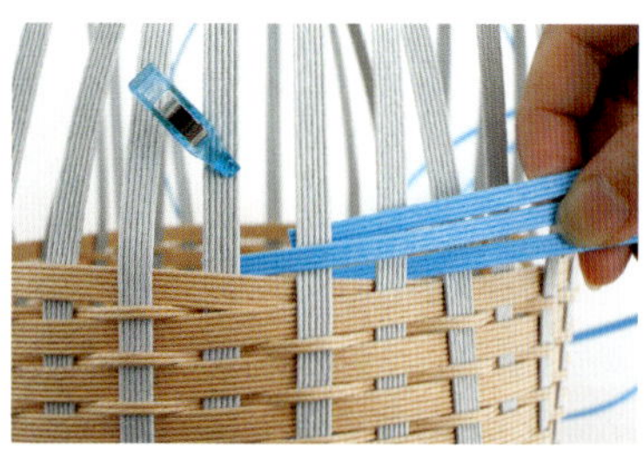

編み始め

編みひも3本を1本ずつずらして縦ひもの裏側に貼る（または洗濯ばさみでとめる）。このとき、真ん中の編みひもが一番長く、左端にくるように。

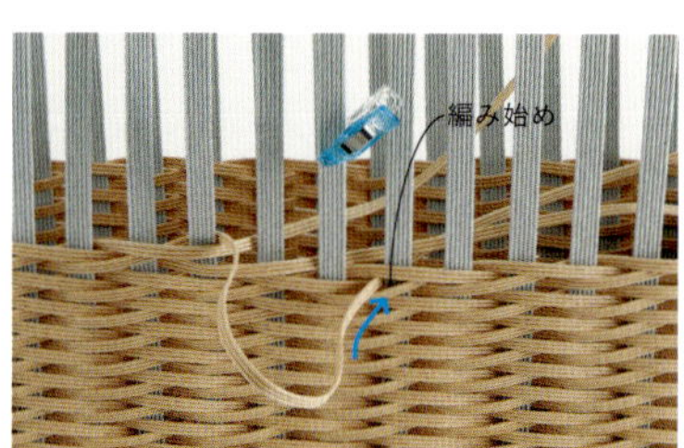

編み終わり

最後の1目（1本）は、最終段の編み始めのひもの下に通す。

菱かがり

Wステッチとも呼ばれているステッチ。太いひもを芯にして、2本の編みひもでステッチを入れていきます。単色でも素敵ですが、ステッチと芯の編みひもの色を変えて色の組み合わせを楽しむこともできます。

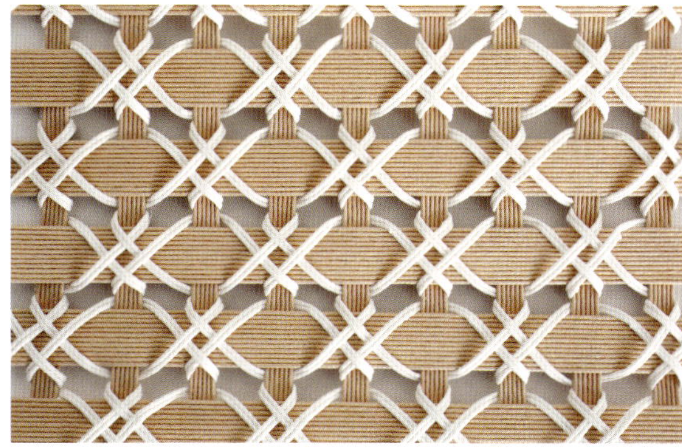

How To ※編み始めと終わりの始末のやり方はP97参照。

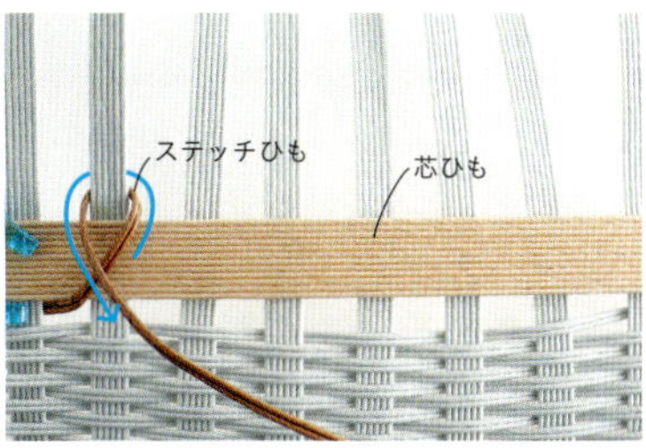

1 ステッチひもを、芯ひもの下から縦ひもに回しかけて交差させる。

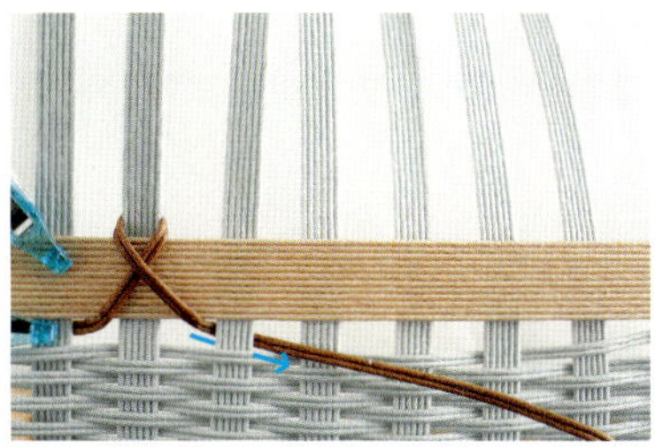

2 芯ひもの下をくぐらせて右隣の縦ひもにかける。

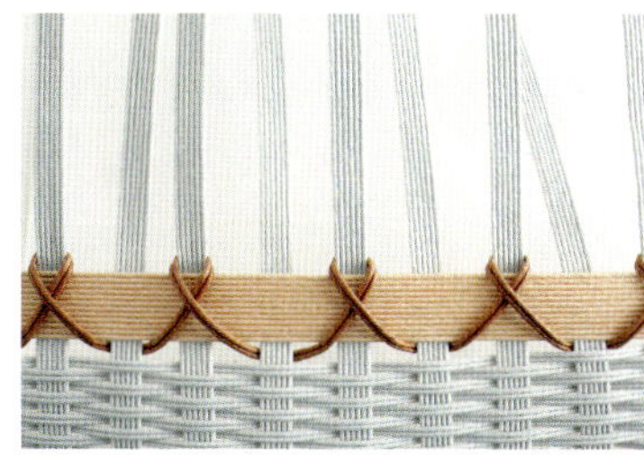

3 **1**、**2**を繰り返す。

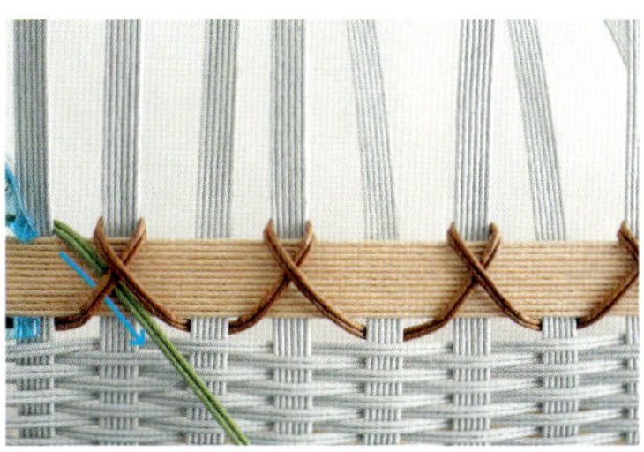

4 2本めのステッチひも（緑）を、芯ひもの上から、1本めのステッチの下をくぐらせる。

5 縦ひもに回しかける。

6 2本めのステッチの下をくぐらせ、右隣の縦ひもにかける。

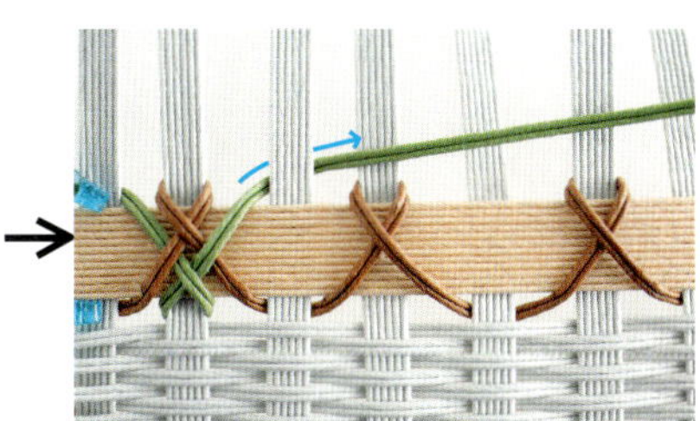

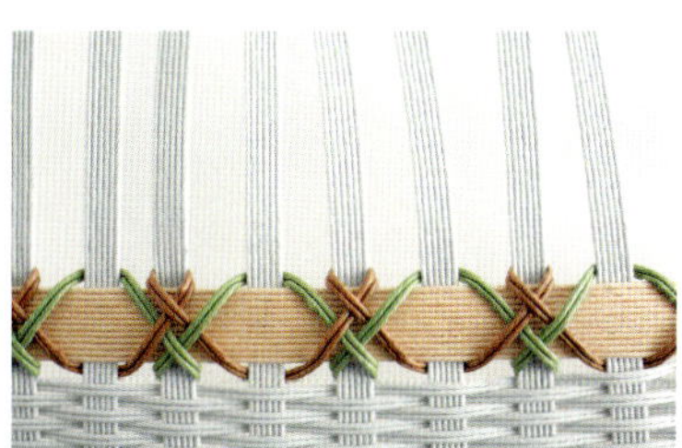

7 **4**～**6**を繰り返す。

矢羽編み

ねじり編み（P38）または3本縄編み（P31）を2段組み合わせてでき上がる模様です。1段めと2段めとで縦ひもにかけるひもの向きを逆にするだけ。編み地のアクセントとして、または底の立ち上げや縁の始末に使います。

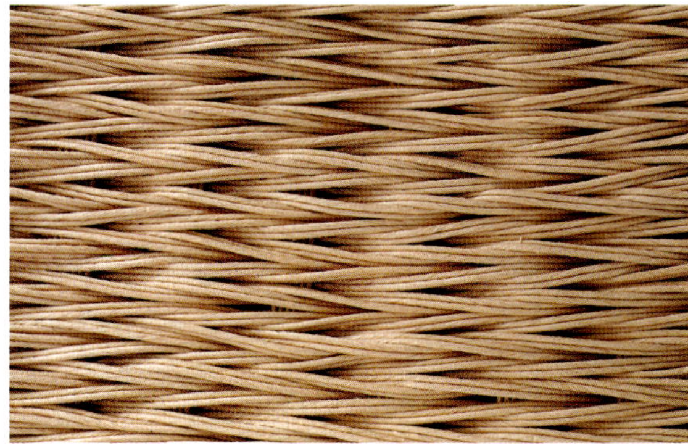

3本縄編みの矢羽

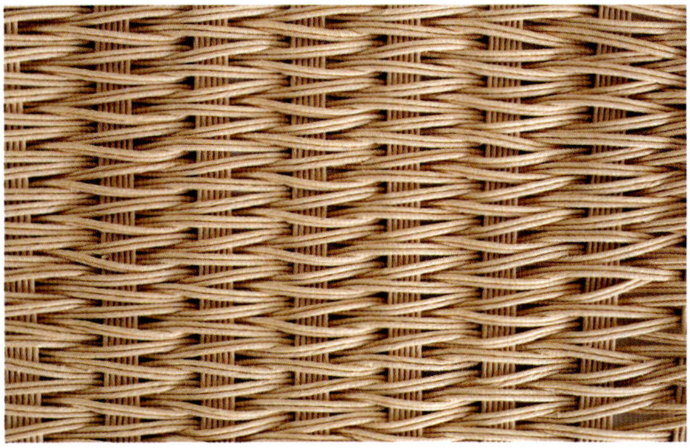

ねじり編みの矢羽

How To

—ねじり編みの矢羽—

1 ねじり編み（P38）で1段編む。2段めの編みひも2本を1段めと同じ縦ひもの位置に用意する。

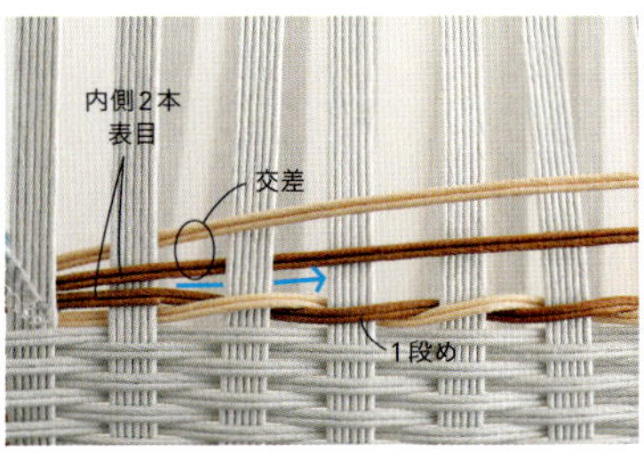

2 逆ねじり編みを編む。手前の編みひも（茶色）を、向こう側の編みひも（ベージュ）の“下”で交差させて縦ひもにかける。

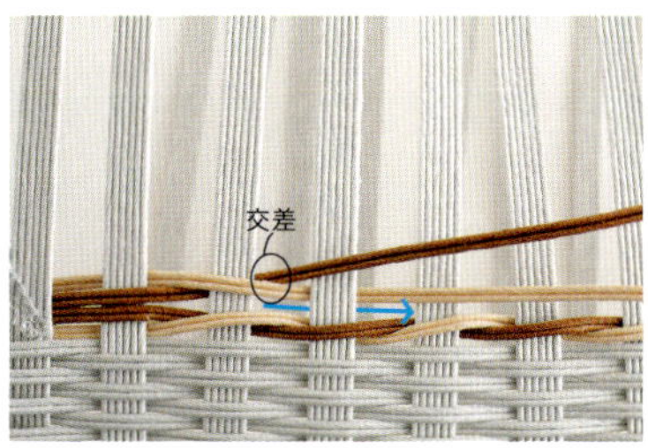

3 手前の編みひも（ベージュ）を、向こう側の編みひも（茶色）の下で交差させて縦ひもにかける。

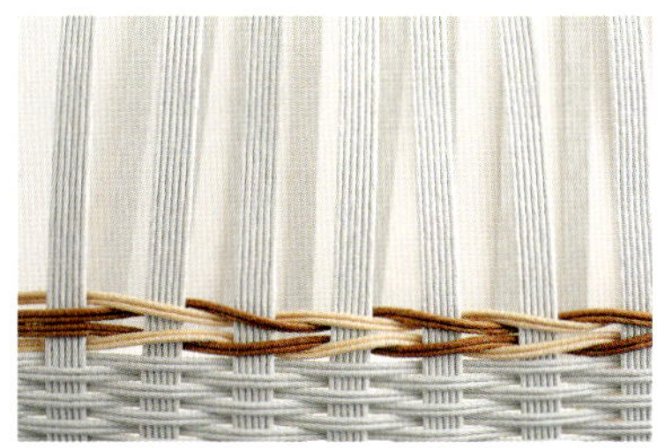

4 **2**、**3**を繰り返す。

編み終わり

最後の1目（1本）は、編み始めのひもの下に通す。

—3本縄編みの矢羽—

1 3本縄編み（P31）で1段編む。2段めの編みひも3本を1段めと同じ縦ひもの位置に用意する。

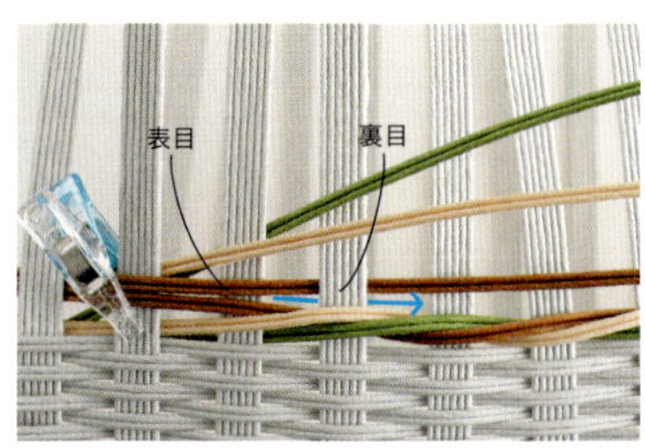

2 一番左の編みひも（茶色）を縦ひも2本分とばして“上から下にもってきて”3本めの縦ひもにかける。

3本縄編み

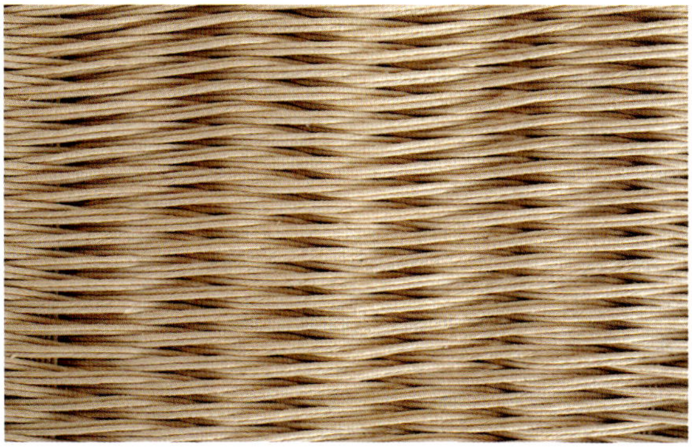

3本の編みひもで編みます。縦ひもが見えないので、ラインがきれいに出る編み方です。編み地を落ち着かせたいとき、ラインをきれいに入れたいとき、縁の始末をするとき、編み地にボリュームを出したいときなどに使います。

How To

1 編みひも3本を1本ずつずらして縦ひもに貼り（またはとめ）、外側に出す。

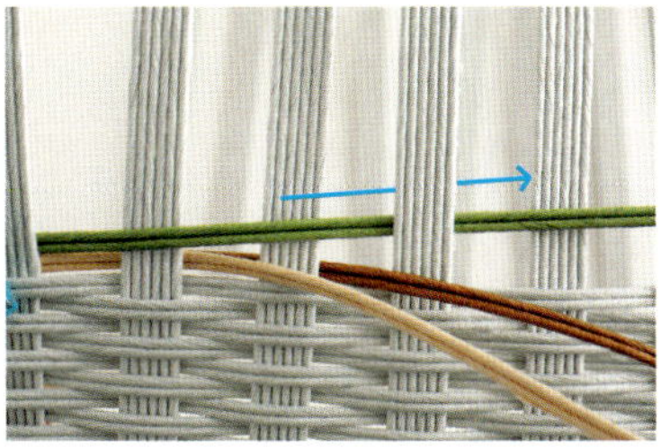

2 一番左の編みひも（緑）を、縦ひも2本分とばして3本めの縦ひもにかける。

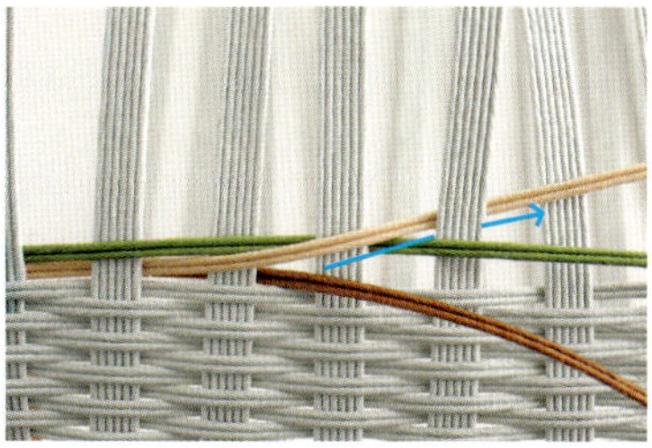

3 真ん中の編みひも（ベージュ）を、縦ひも2本分とばして"下から上にもってきて"3本めの縦ひもにかける。

4 一番右の編みひも（茶色）を、縦ひも2本分とばして3本めの縦ひもに。

5 **2**〜**4**を繰り返す。

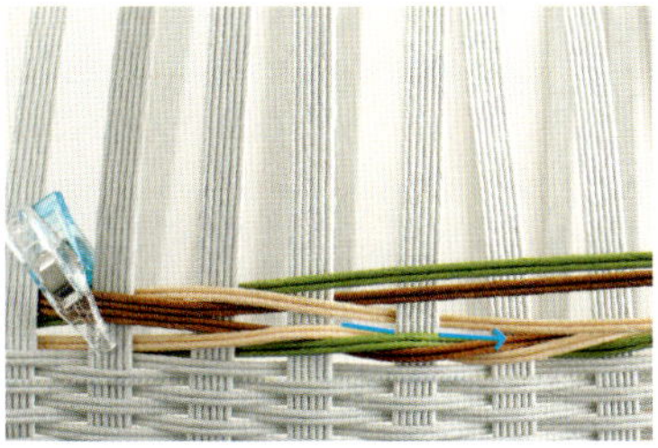

3 真ん中の編みひも（ベージュ）を、縦ひも2本分とばして3本めの縦ひもにかける。

4 一番右の編みひも（緑）を、縦ひも2本分とばして3本めの縦ひもにかける。

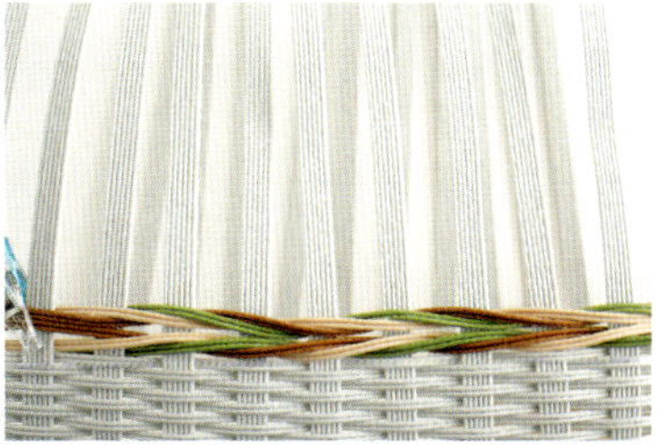

5 **2**〜**4**を繰り返す。

菱ステッチ

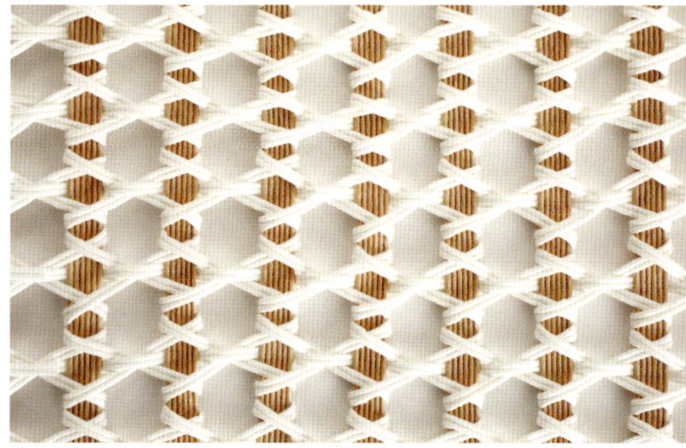

夏かごや軽めのかごを作りたいときにおすすめの編み方で、3本の編みひもを使用。縦ひもに沿ってきっちり折りながら編み進めるときれいに仕上がります。ワンポイントに使っても素敵です。

How To

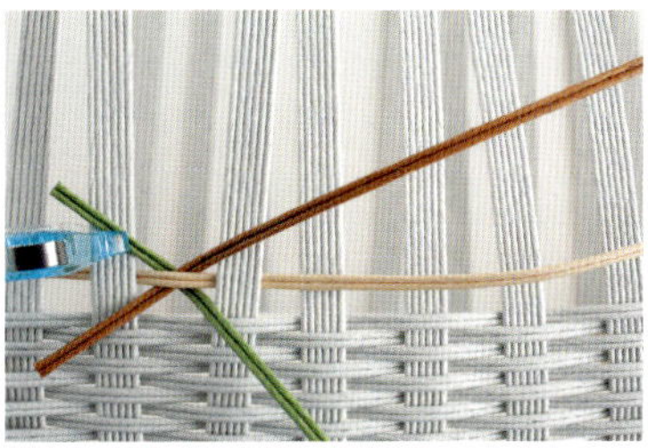

1 編みひも（ベージュ）を横方向の芯ひもにし、編みひも2本を芯ひもの裏側でクロスさせて縦ひもにとめる。

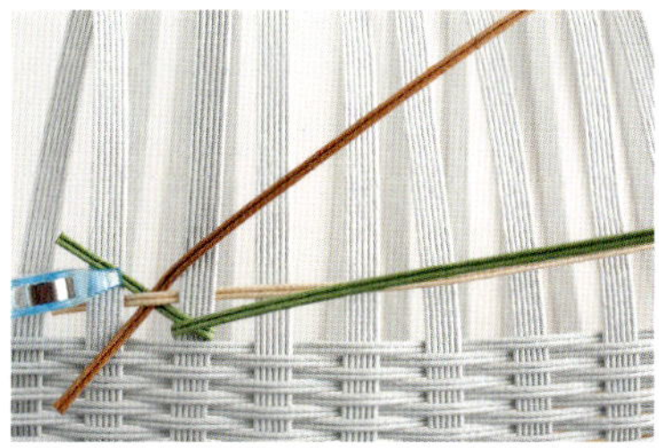

2 下の編みひも（緑）を縦ひもに巻きつける。

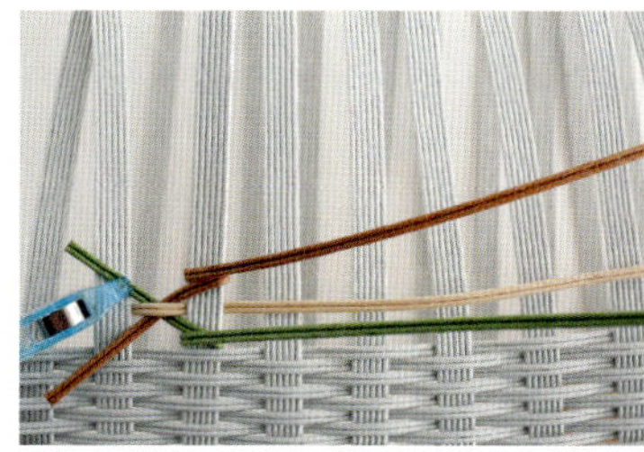

3 上の編みひも（茶色）を縦ひもに巻きつける。

4 巻きつけた2本を横方向の芯ひもの裏側で交差させ、芯ひもを縦ひもにかける。

5 **2**～**4**を繰り返す。

編み終わり

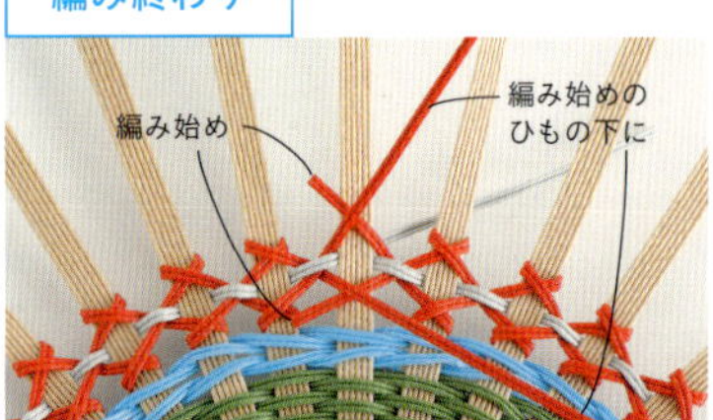

1周編み終わったら、上下の編みひもの編み始めと編み終わりの重なりを入れ替える。

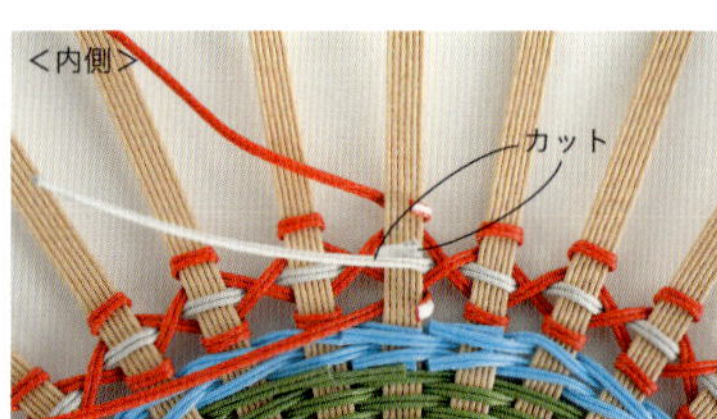

横方向の芯ひもは縦ひもに沿ってカットし、ひも端どうしを貼り合わせる。

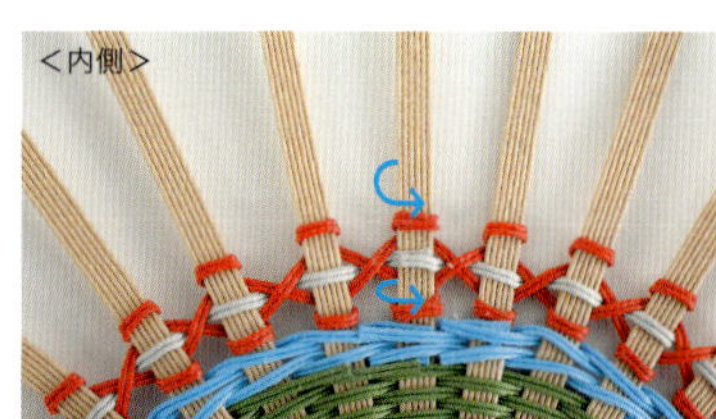

上下のひも端は縦ひもの幅に合わせてカットし、縦ひもの裏側で折り重ねて貼る。

ジグザグ編み

縦ひもの間を行ったり、来たり。ジグザグに折って、編み上がっていくのが楽しい編み方です。ゆがみやすくまっすぐ編むのが難しいのですが、この本では、最初に折り目をつけることで解決。初心者さんでもきれいな形に仕上げる工夫をしました。

How To ※互い違いに折った編みひもを用意する（P70・**4**、**5**参照）

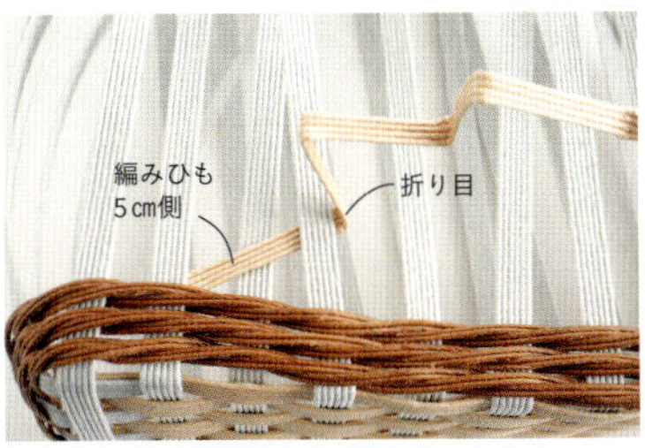

1 編みひもの5㎝側の端を、縦ひもの裏側の編み目1本に差し込む。編みひもの折り目と2本右隣の縦ひもの端を合わせる。

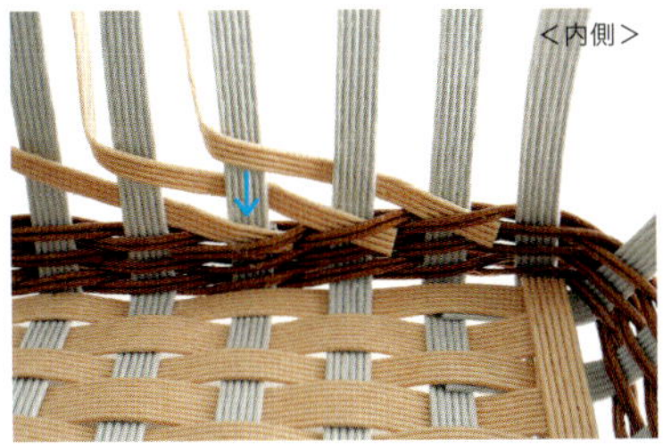

2 **1**と同様にして、縦ひもの裏側に編みひもを1本ずつ差し込む。3、4本ごとに編みひもを下に詰めて角度を整える。

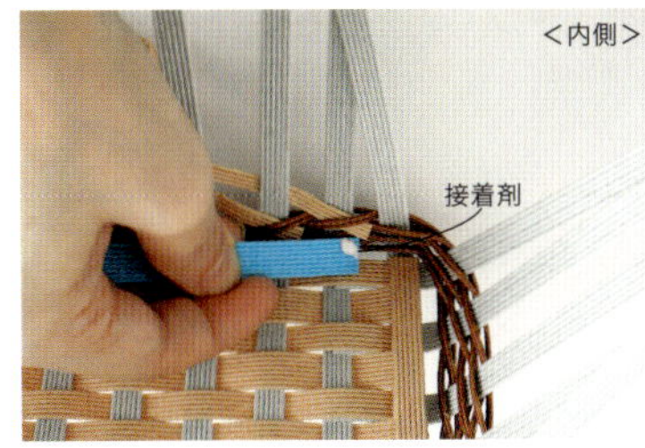

3 編みひもの先端を編み目に貼る。

4 すべての編みひもを差し終わったところ。
※編み進む方向がわかりやすいように、1本のみ色を変えている。

5 編みひもを折り目に沿って左に折り、左隣の縦ひもにかける。

6 折り目に沿って右に折り、右隣の縦ひもにかける。

7 数段ごとに編みひもどうしの間を詰めて整える。

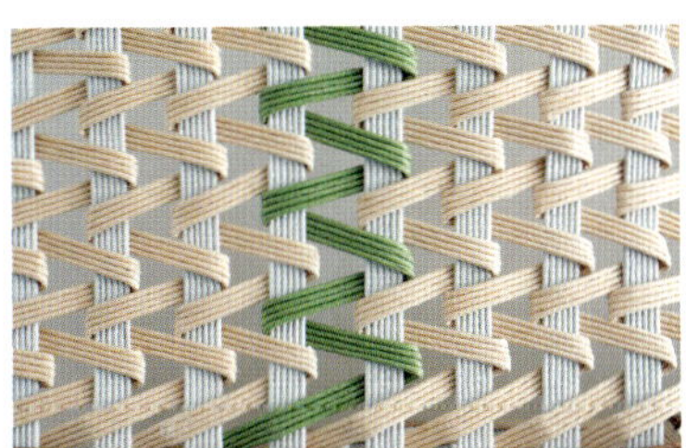

8 **5**～**7**を繰り返す。1本の編みひもは上に向かって編み上がっていく。

網代編み

3本網代の場合は、表3目、裏3目といった具合に、横ひもの表、裏と交互に縦ひもを通していく編み方。右上がりになったり左上がりになったりと、通す本数で変えることができます。作品では模様がきれいにつながるように、途中で本数を調整したり、向きを変えたりしています。

How To ※3本網代の場合。

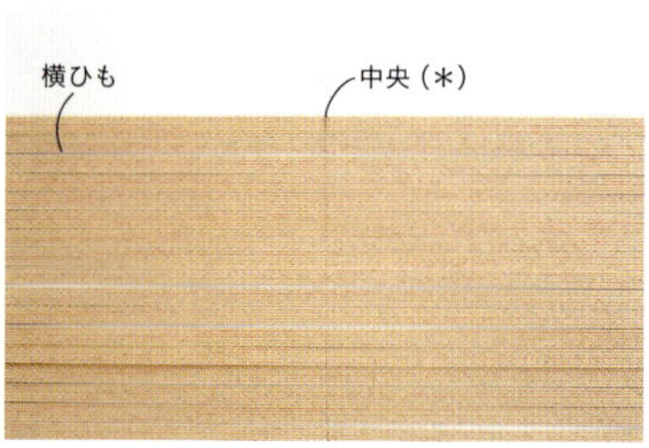

1 横ひもを、中央の印を合わせて隙間がないように並べる。

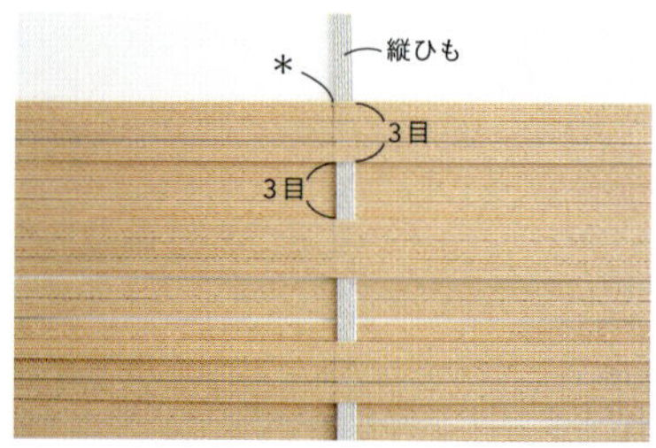

2 中央の印の右側に、表3目・裏3目を交互に繰り返して縦ひもを通す。

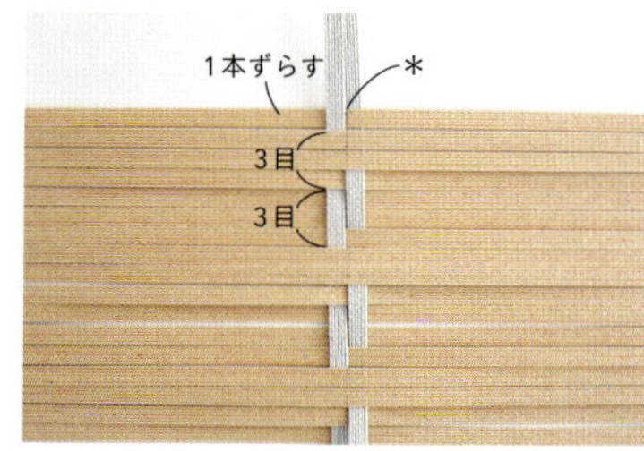

3 中央の印の左側に、**2**と横ひもを1本ずらして3目ずつ交互に縦ひもを通す。

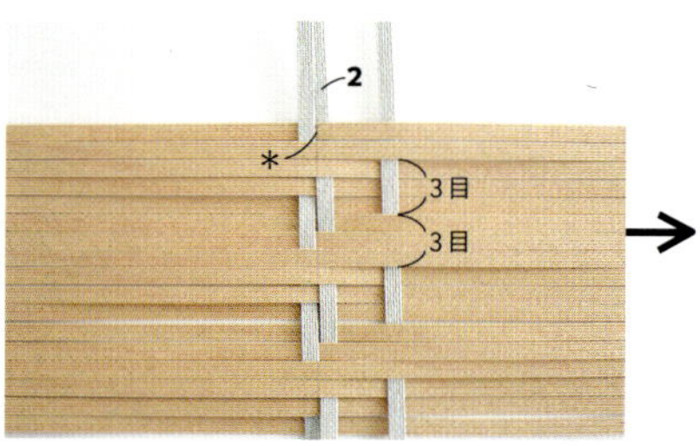

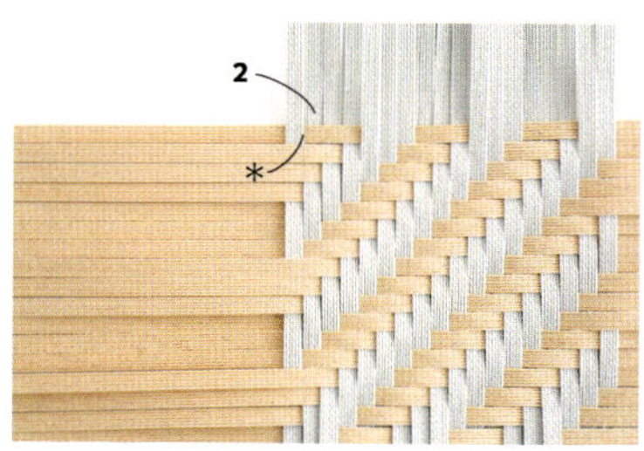

4 **2**の右側に、横ひもを1本ずつずらしながら**2**と同じ要領で縦ひもを通す。

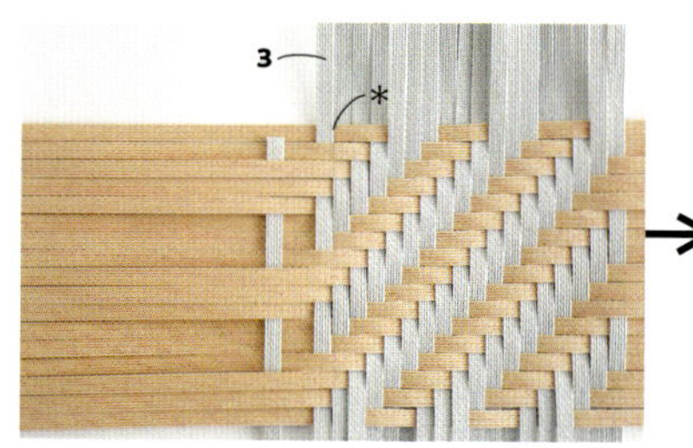

5 **3**の左側に、横ひもを1本ずつずらしながら**2**と同じ要領で縦ひもを通す。

斜め網代編み

斜めに底が組まれていく、上級技が光る編み方です。立ち上げたとき側面下側の模様が揃うようにするため、ひもを通す本数が不規則になっています。図案を見ながらていねいに編み進めていきましょう。

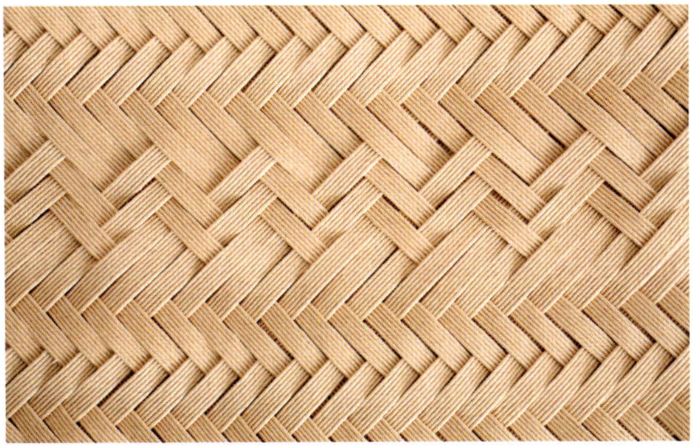

How To ※P66「斜め網代の台形バッグ」の底の一部で解説。

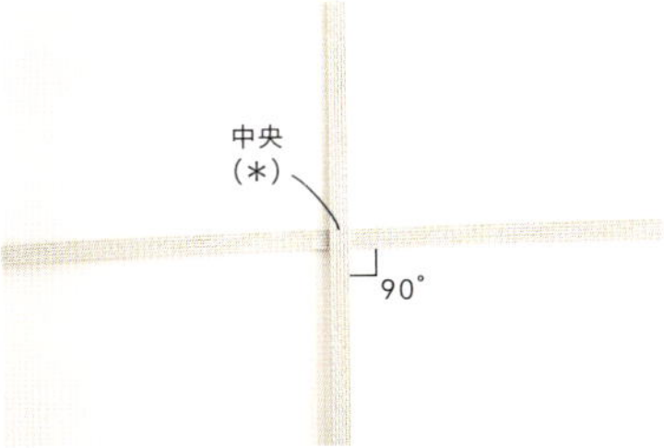

1 編みひも2本の中央どうしを合わせて十字に貼り合わせる。指定の本数を作る。

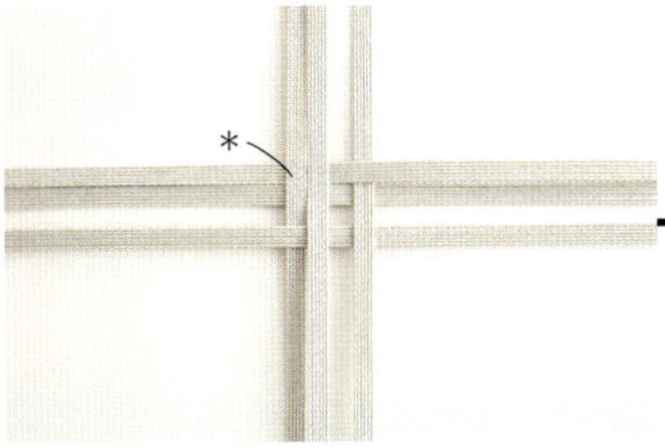

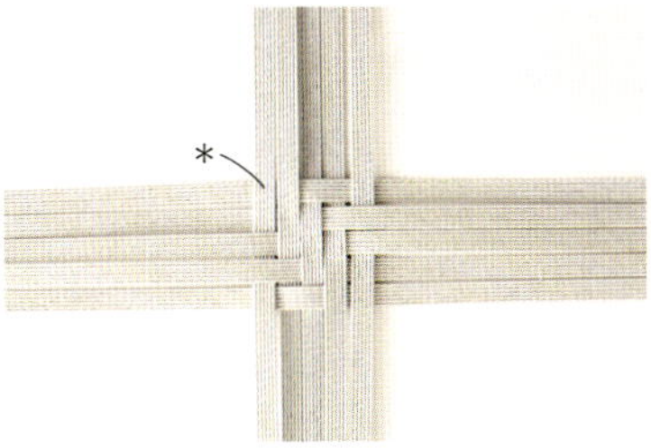

2 編み図（P102・A）を参照しながら、**1**を1組ずつ右下に組む。

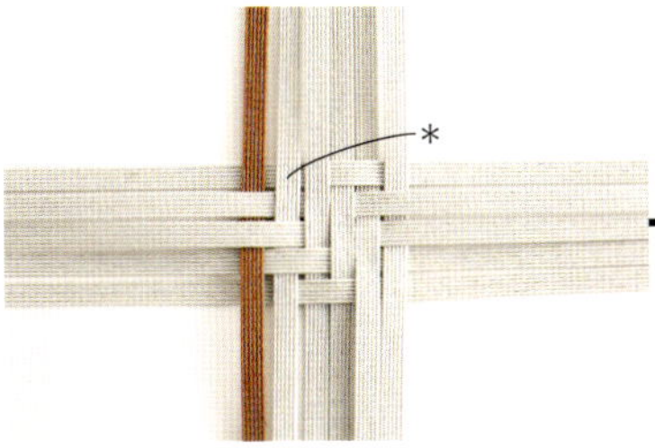

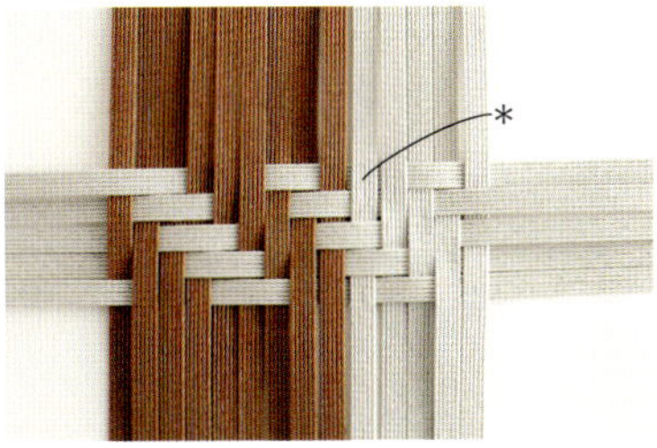

3 **2**の左側に、編み図を参照しながら編みひもを1本ずつ通す。

4 **3**の上側に、編み図を参照しながら編みひもを1本ずつ通す。

網代編み、斜め網代編みで目を詰めるとき

編みひもを5、6本通すごとに、スプレーで水をかけてから編み目どうしの隙間を詰める。水をかけると紙バンド自体の接着剤が少し溶けてゆるみ、詰めやすくなる。
※水をかけすぎると色落ちすることがあるので注意。

華編み

六つ目編みのかごにひもを通して、華模様を作ります。ひもを通す基本の順番は、「左方向→右方向→縦方向→横方向」です。ひもを通す順番と場所を確認して慎重に編み進めましょう。達成感と満足感を味わえる編み方です。

How To

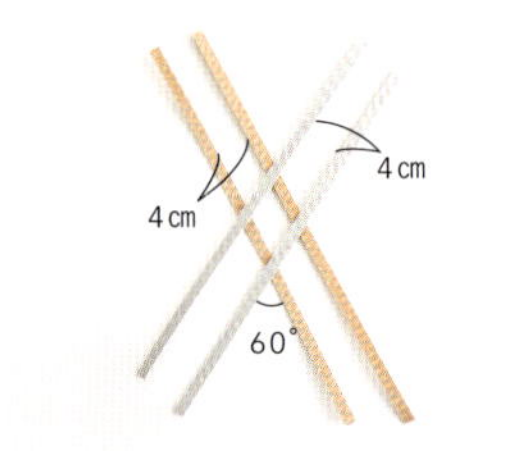

1 斜めひも2本を約4㎝あけて斜めに置く。もう2本を60°の角度で交わるように上に重ねる。

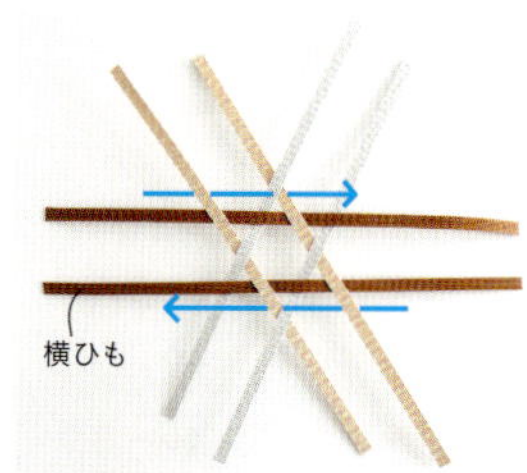

2 横ひも2本を通して正六角形に整える。

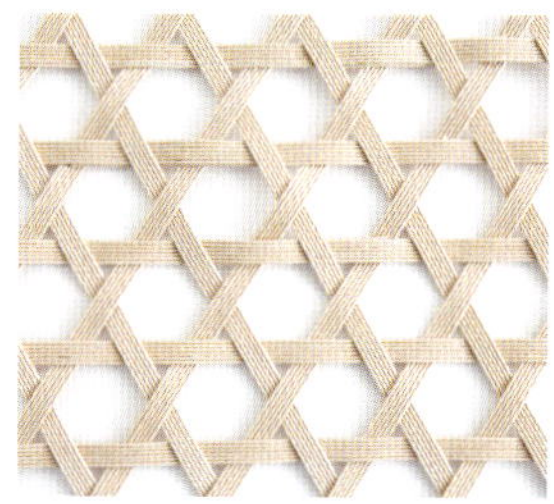

3 すべての横ひもを「左上からのひもの下、右上からのひもの上」に通して六つ目編みの完成。

4 六角形の外側の三角の中央に差しひも（赤）を左上方向に通す。

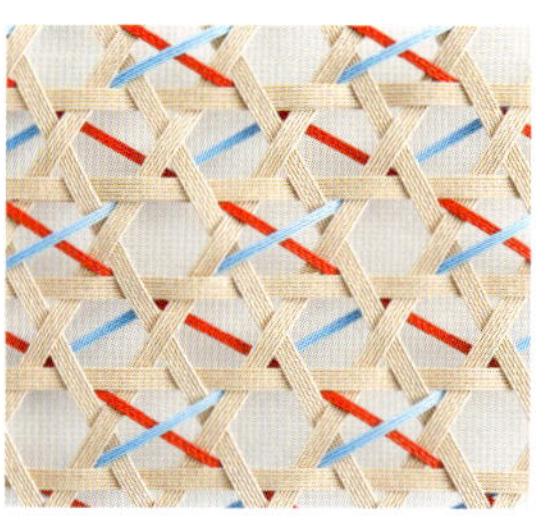

5 同じ要領で、差しひも（水色）を右上方向に通す。

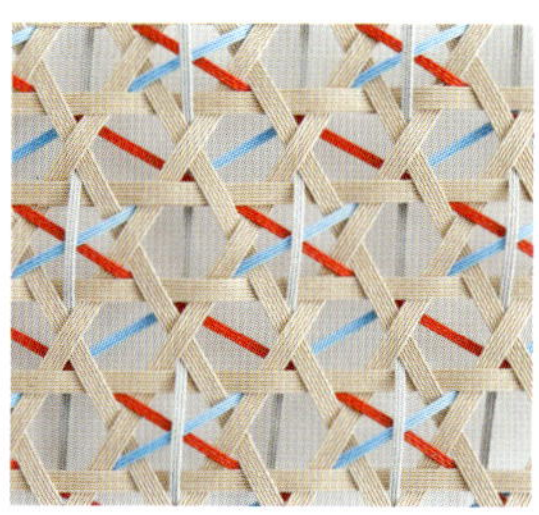

6 差しひも（グレー）を縦方向に通す。

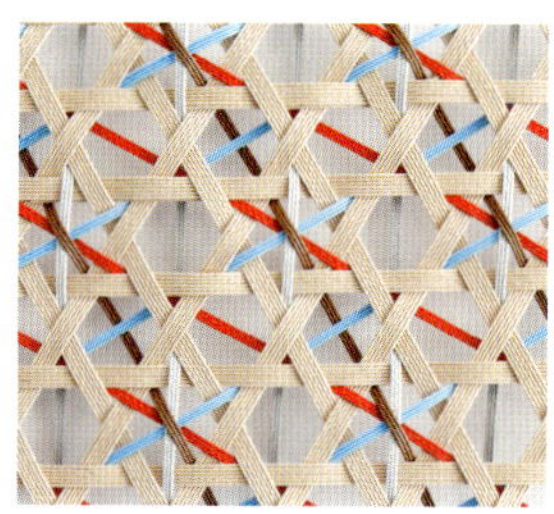

7 **4**～**6**の差しひも3本が交差している六角形の部分に、差しひも（茶色）を左上方向に通す。

8 **7**と同じ要領で、差しひも（茶色）を右上方向に通す。

9 **4**～**8**の差しひも5本が交差している六角形の部分に、差しひも（緑）を横方向に通す。

10 **7**で通した差しひもの間に、差しひも（茶色）を左上方向に通す。

11 **8**で通した差しひもの間に、差しひも（茶色）を右上方向に通す。

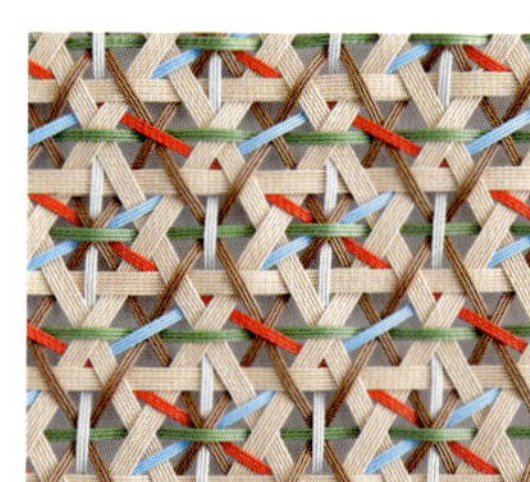

12 **9**で通した差しひもの間に、差しひも（緑）を横方向に通す。

菱出し模様

“菱”の模様が出るように、菱の前後は編みひもを縦ひもの裏に通して模様を浮き上がらせていきます。作品ではいずれも輪編み（P39）で行ないましたが、素編みで楽しむことも。シンプルな編み地のアクセントとして使います。

How To　※P61「サンプラーバッグ」の一部で解説。

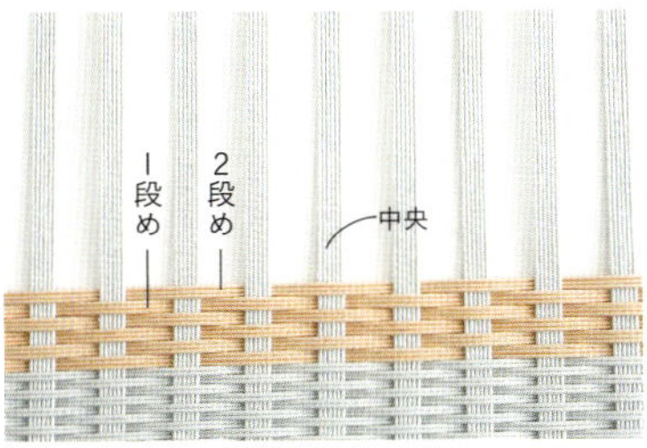

1　編み図（P100）を参照しながら、編みひもを通していく。1段めと2段めは素編み。

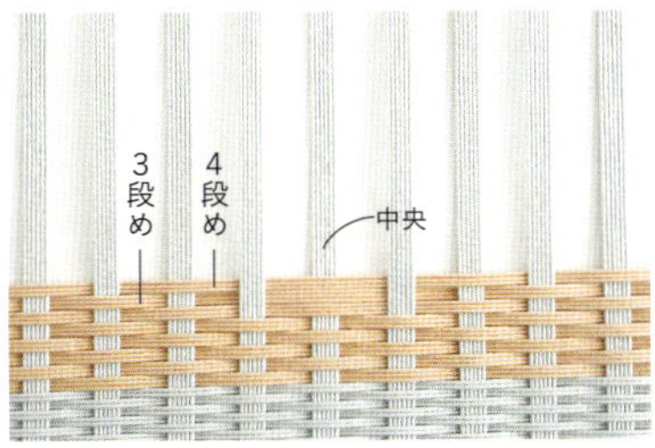

2　3段めは中央が表1目・両脇が裏2目、4段めは2段めと同様の素編み。

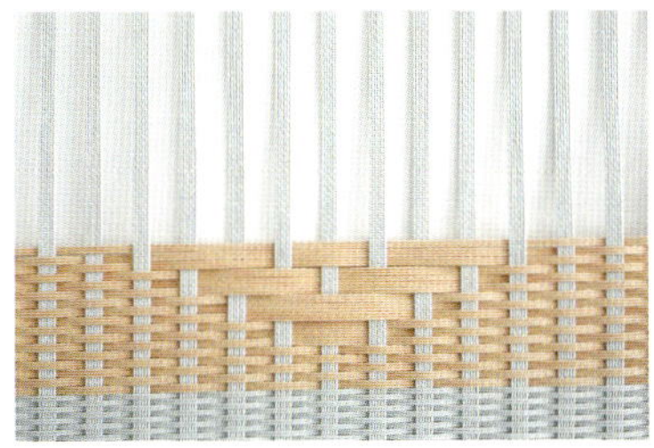

3　編み進めるごとに太いひもで編んだような菱形の模様が浮き出てくる。

追いかけ編み

1　編みひも2本で縦ひもをはさみ、内側の編みひも（茶色）で素編み（P26）を編む。

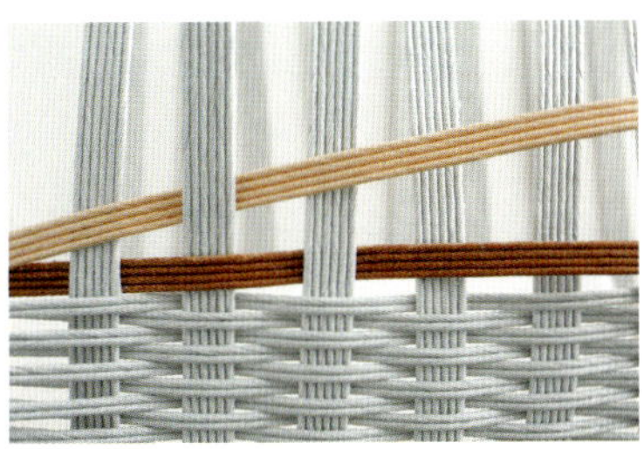

2　もう1本の編みひも（ベージュ）を、1本めの編み目と交互になるように通す。

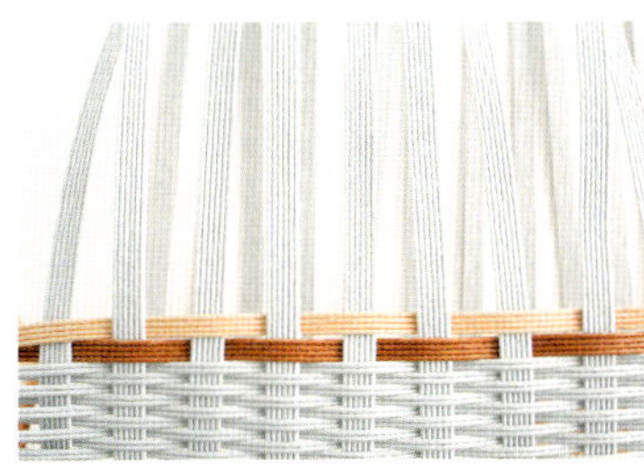

3　2本めが1本めを追いかけるように交互に編むため、1周で2段編めたことになる。

編み始め

編みひも2本を縦ひも1本分ずらして貼り合わせ、指定の縦ひもをはさむ。1段編み終わったら、畝編み（P27）と同じ要領で編み始めのひも端を編みひもに貼る。

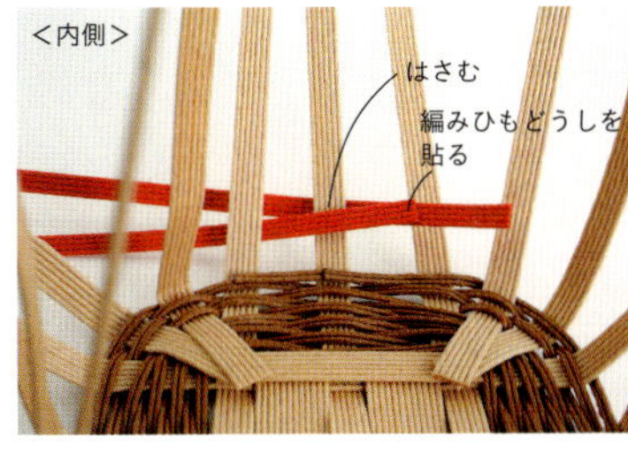

ねじり編み

2本の編みひもを交互に、もう一方の編みひもの上または下を通って縦ひもにかけていきます。底の編み地を落ち着かせたいとき、編み地の切り替えなどで使用。

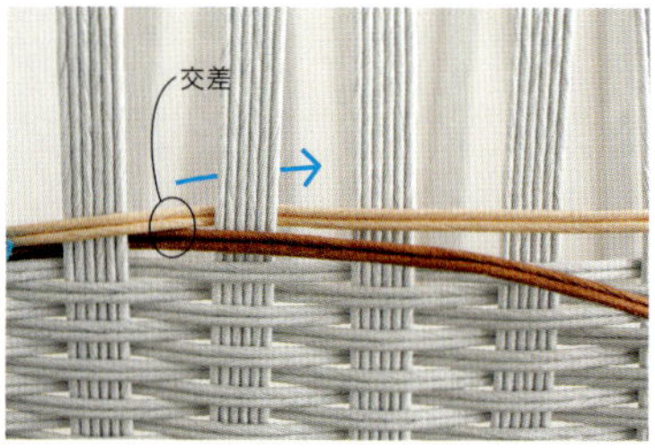

1 手前の編みひも（ベージュ）を、向こう側の編みひも（茶色）の上で交差させて縦ひもにかける。

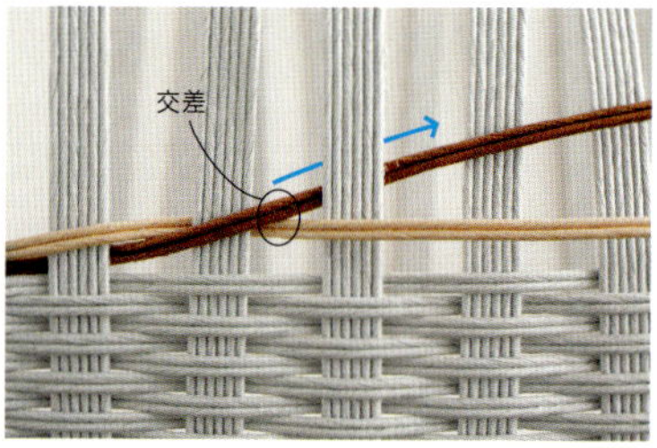

2 **1**と同じ要領で、手前の編みひも（茶色）を、向こう側の編みひも（ベージュ）の上で交差させて縦ひもにかける。

3 **1**、**2**を繰り返す。編みひも自体をねじらないように注意しながら、いつもひもの同じ面を見て編む。

引き返し編み

左右の縦ひもで折り返すことで往復して編み、編み地の幅や高さを変えることができます。縁に丸みをつけるなど、かごの形に変化をつけたいときに使います。

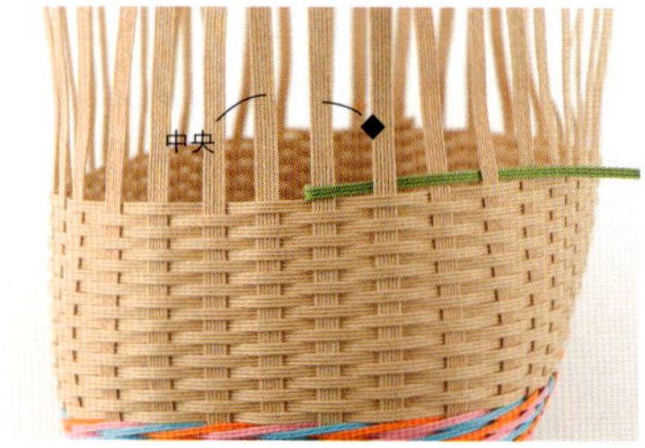

1 編みひもの端を0.5cm折り、ボンドをつけて中央の縦ひもの隣の縦ひも（◆）の裏側に引っかけて貼る。

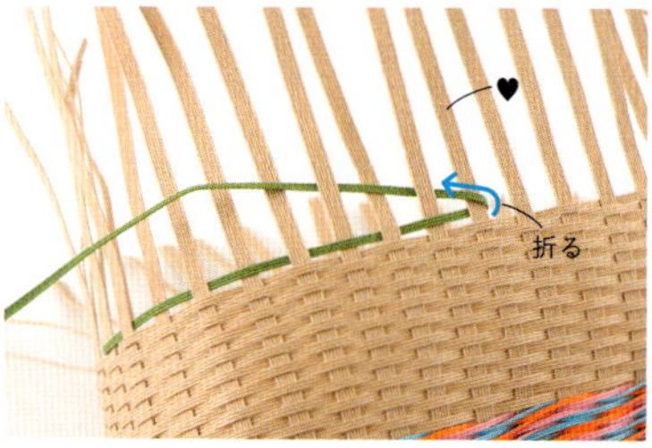

2 指定の位置の縦ひも（♥）まで素編み（P26）を編む。♥に巻きつけるように引き返し、縦ひもに沿わせて折る。

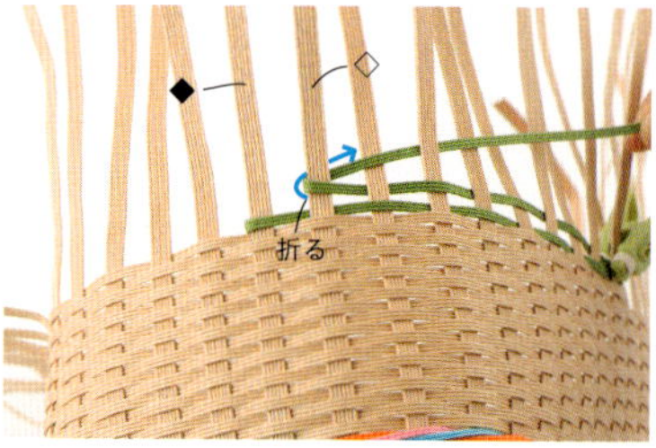

3 前段の編みひもと編み目が交互になるように縦ひも（◆）の1本手前まで編み、**2**と同様に縦ひも（◇）に巻きつけるように引き返して折る。

4 両端で縦ひも1本ずつ手前で引き返すようにし、指定の段数を編む。

編み終わり

<内側>

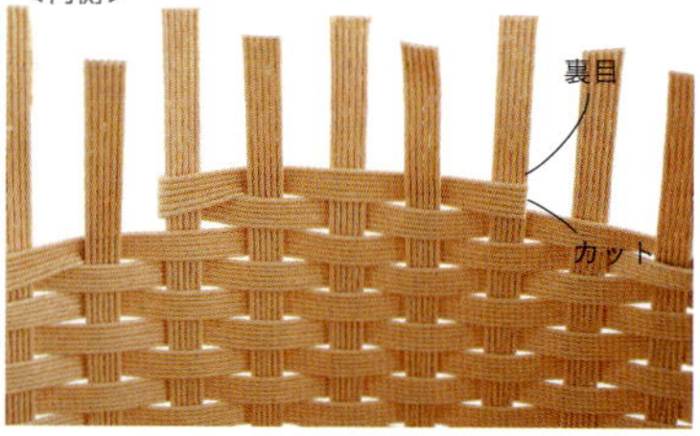

最後が裏目のときは、縦ひもの端に合わせてカットして貼る。

<内側>

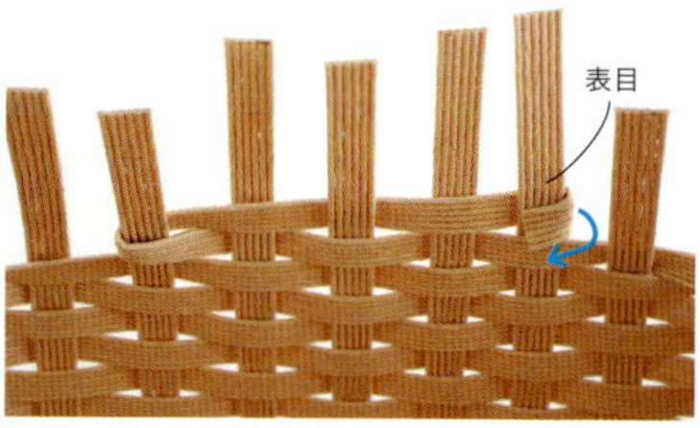

表目のときは、縦ひもの裏側に折って貼る。

輪編み

編みひもを“輪”にしてから編む編み方。手加減で形が変わることがなく、同じサイズで編むことができるので、初心者さんにおすすめです。

1 編みひもの端を、横側面の縦ひもの裏側に洗濯ばさみでとめ、編み目が底の端と交互になるように通す。

2 1周させたら、編み終わりのひも端が編み始めと1cm重なるように余分をカットして貼り合わせる。1段めが編めたところ。

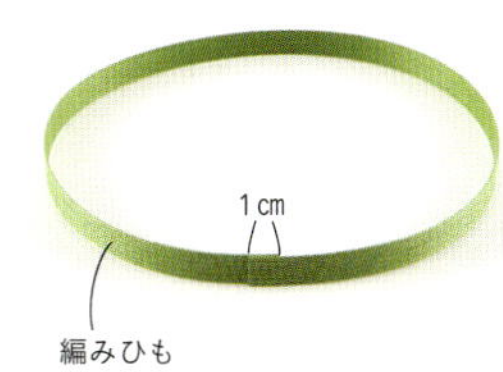

3 残りの編みひもは、**2**でカットした余分と同じ寸法をカットし、のり代1cmで貼り合わせて輪にする。

4 2段めを編む。**3**で輪にした編みひも1本を縦ひもにかぶせる。

5 前段と編み目が互い違いになるように縦ひもを引き出す。

6 2段めが編めたところ。縦ひもどうしの間隔が均等になるように気をつけながら、**4**、**5**を繰り返す。

7 3、4段編むごとに指で編みひもをはさみ、底側の縦ひもを押し上げて編みひもどうしの間を詰める。

8 編みひもが上がってこないように洗濯ばさみではさみながら、指定の段数を編む。

編みひものつなぎ目は、横側面（短い辺）の縦ひもの裏側に。編み進めると浮き上がってこなくなるので、**3**で輪にした長さは変えないように。

編み始めと編み終わりの始末

ほとんどの編み方で共通の処理の仕方です。とくに指定のない場合は、横側面などの目立ちにくい部分で始末するようにしましょう。
※輪編み、鎧編みは除く。そのほか、イレギュラーの場合は各作品の解説ページに記載している。

側面を1段編む場合

編み目がきれいにつながるように、編み始めと編み終わりの編みひもどうしを貼り合わせて始末します。
編み模様を変えるとき、縦ひもの始末の邪魔になる位置を編むときもこのやり方で。

編み始め

編みひもが2本以上の場合は1本ずつずらし、指定の位置の縦ひもの裏側に洗濯ばさみでとめる。このとき、編みひもの端は、縦ひもの右側の端に合わせる。

※写真ではわかりやすいように洗濯ばさみでとめていない。

編み終わり

ぐるりと1周編み終わったら、1本ずつ左の縦ひもの際でカットし、編み始めのひも端に重ねて貼る。

側面を2段以上編む場合

底または前の段の編みひもに貼り合わせてから編み始めます。
鎧編みのような編みひもが落ち着きにくい編み方のときもこのやり方で。

編み始め

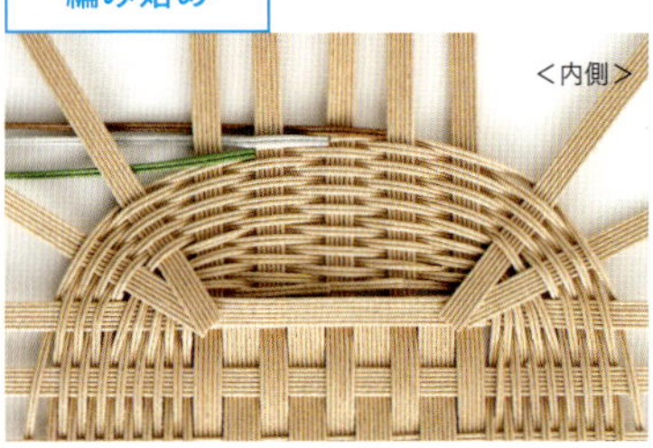

編みひもが2本以上の場合は1本ずつずらして、指定の位置の縦ひもの裏側の、底または前の段の編みひもに貼る。このとき、編みひもの先端は、1本右の縦ひもに突き合わせるように。

編み終わり

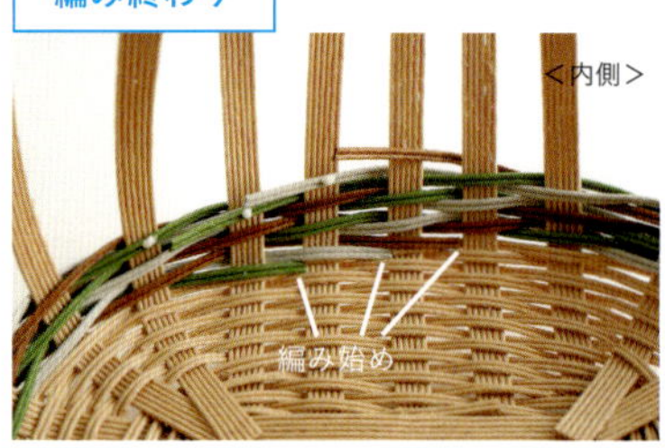

指定の段数を編み終わったら、編み始めの1本左の縦ひもの裏側の編みひもに沿わせるように貼る。

基本のパーツと縁編み

いくつもの作品で登場する「底」と「持ち手」の作り方、「縁編み」の編み方です。
わかりやすいようにひもの色を変えているので、実際の色は各作品の材料を参照してください。

底を作る

角底

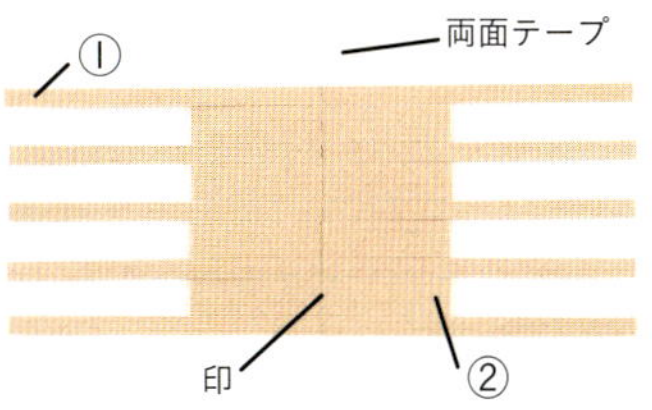

1 作業台に両面テープを貼る。その上に①横ひもと②横ひもを1本ずつ交互に、中央の印を合わせ、隙間がないように並べる。

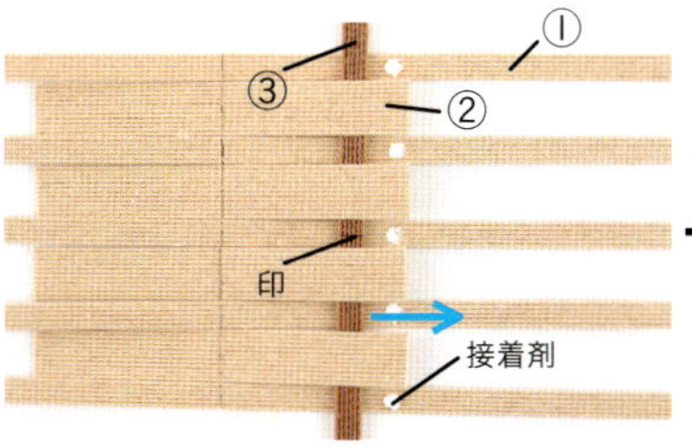

2 ③縦ひも1本を②の下に入れる。①の表側と②の裏側に接着剤を少量つけ、縦ひもの印と横ひもの上下中央を合わせて貼る。

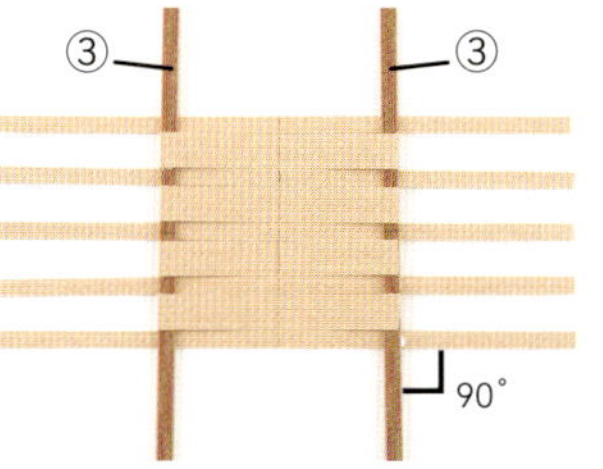

縦ひもは横ひもに対して90°になるように。反対側にも③1本を同様に貼る。

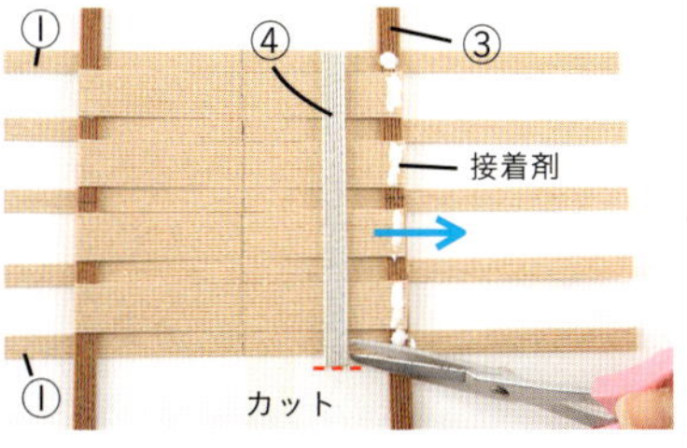

3 ④始末ひも1本を①の上下に合わせてカットし、③の上に貼る。

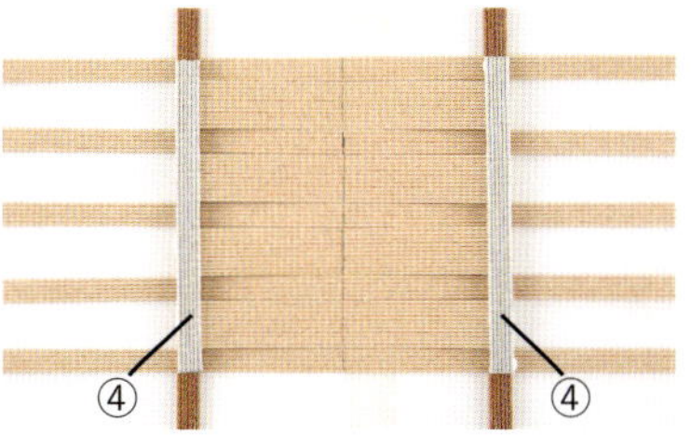

反対側にも④1本を同様に貼る。

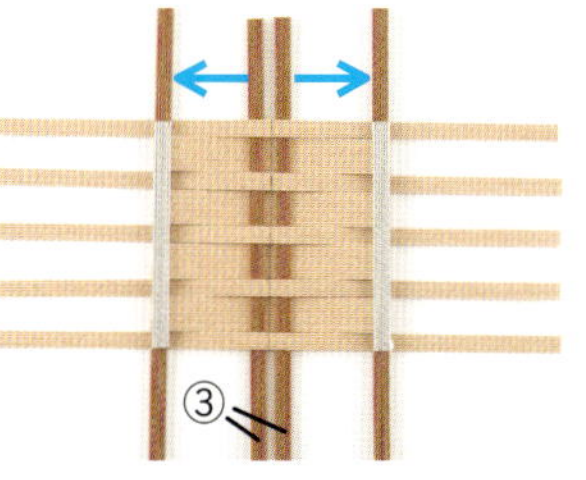

4 残りの③2本を、横ひもに対して編み目が交互になるように中央部分に入れ（このときは、**2**で入れた縦ひもと互い違いになるようにする）、左右に分ける。

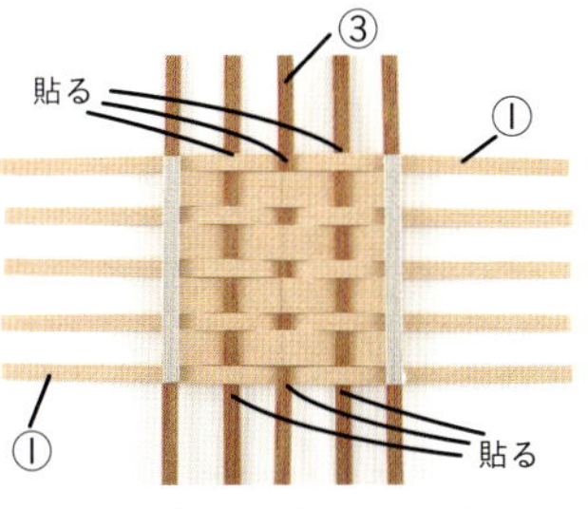

5 ③の最後の1本は真ん中に入れる。③どうしの間隔を均等にし、①の上下と③を貼り合わせる。角底のでき上がり。

楕円底

※角底の**1**～**5**と同様に作業する。

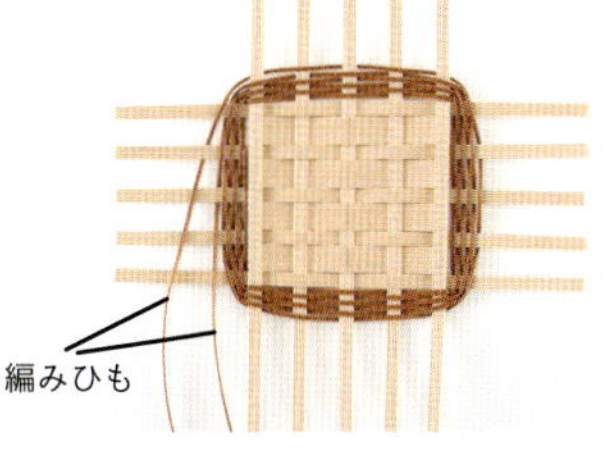

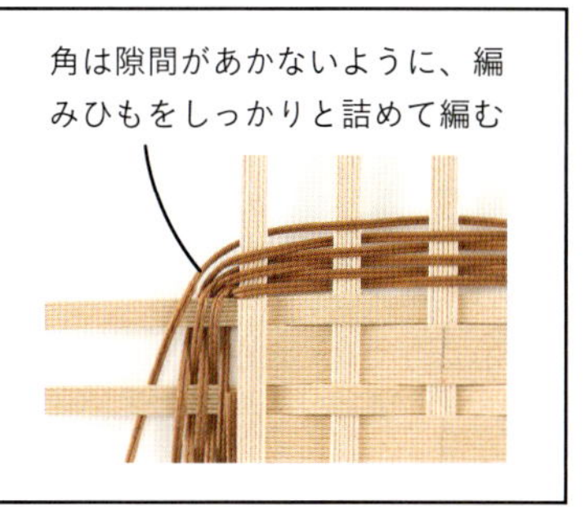

角は隙間があかないように、編みひもをしっかりと詰めて編む

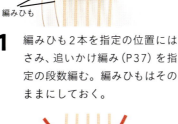

1 編みひも2本を指定の位置にはさみ、追いかけ編み（P37）を指定の段数編む。編みひもはそのままにしておく。

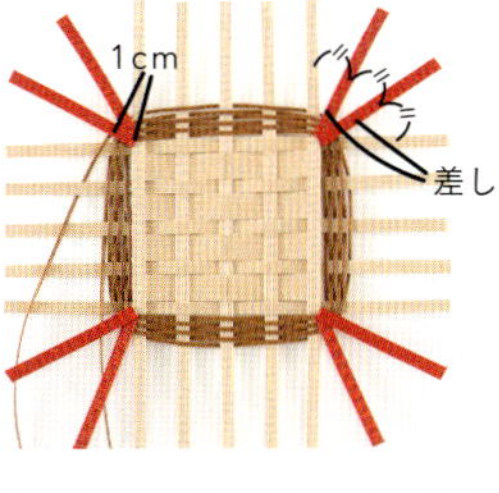

2 差しひもの片端1cmに接着剤をつけて、四隅の角（編みひもの上）に2本ずつ、ひもどうしの間が均等になるように貼る。

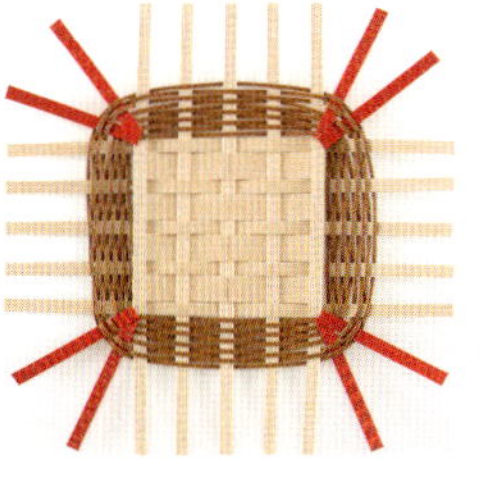

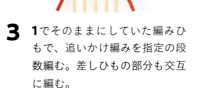

3 **1**でそのままにしていた編みひもで、追いかけ編みを指定の段数編む。差しひもの部分も交互に編む。

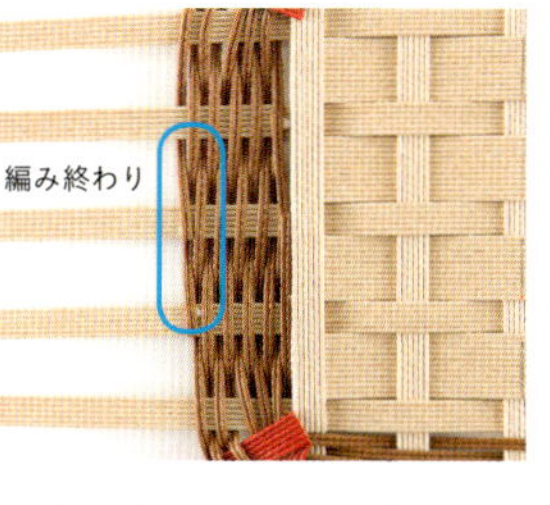

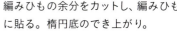

編みひもの余分をカットし、編みひもに貼る。楕円底のでき上がり。

丸底

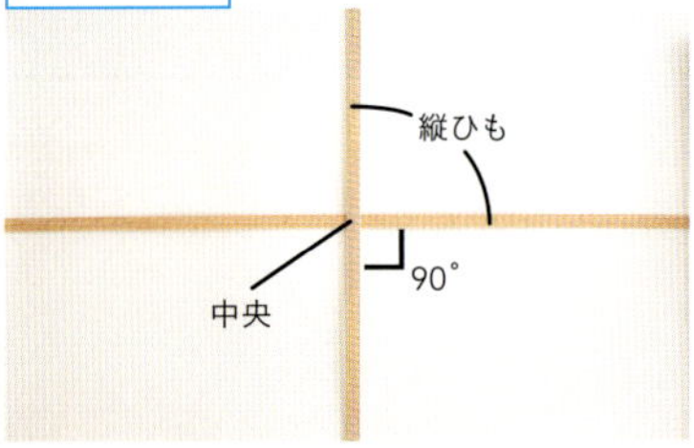

1 縦ひも２本の中央を十字に貼り合わせる。同様にして計４組作る。

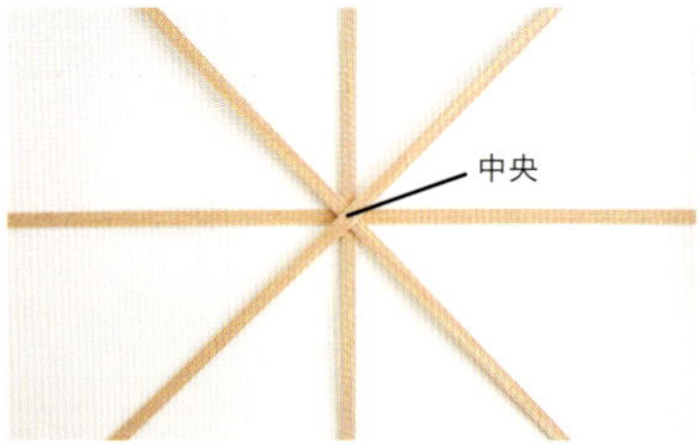

2 **1**の十字２組の中央を合わせ、ひもどうしの間が均等になるように貼る。

3 もう２組もひもどうしの間が均等になるように重ねて貼る。

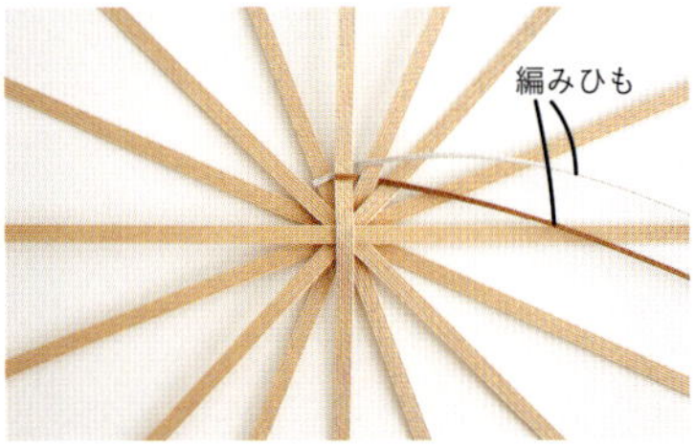

4 隣り合う縦ひも２本に、編みひも２本をそれぞれ貼る。１本は一番上の縦ひもに貼り、縦ひもの先端に編み始めの目印になるマスキングテープを貼る（**6**参照）。

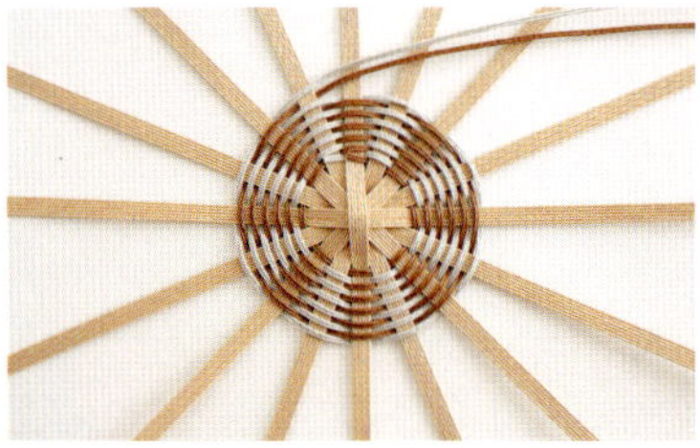

5 追いかけ編み（P37）を指定の段数編み、編みひもはそのままにしておく。

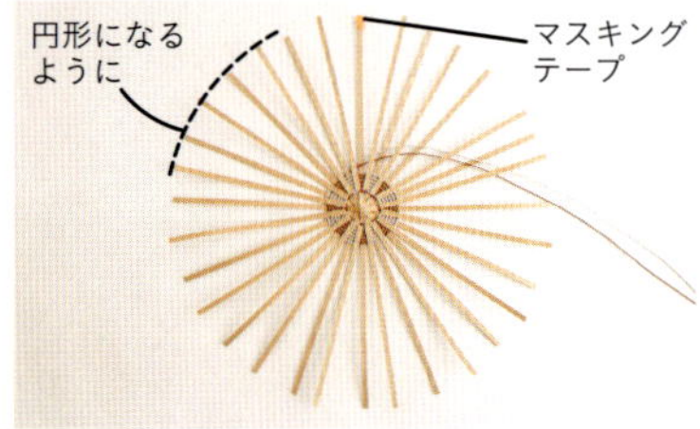

6 差しひもを、縦ひもどうしの間の追いかけ編みの部分に貼る。このとき、縦ひもと差しひもの外側の端のラインをつなげると円形になるように。

7 内側の編みひも（茶色）を１本分戻し、左隣の差しひもの上に出す（★）。

→

5で休ませていた編みひもで、追いかけ編みを指定の段数編む。

8 編みひもの余分をカットし、編みひもに貼る。でき上がり。

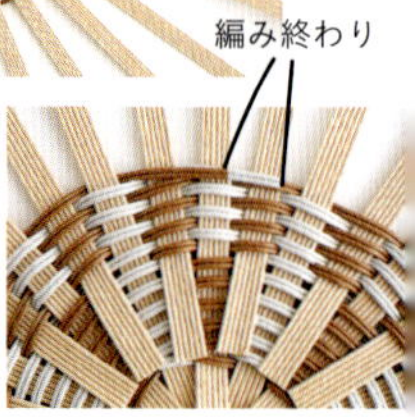

ひもを立ち上げる　※以降、立ち上げたひもは「縦ひも」と呼ぶ。

■しっかりと立ち上げる

→

定規を当てながら、底に対して垂直になるように、周囲に出ているひもをしっかりと折り上げる。

■ゆるやかに立ち上げる

→

てのひらで押さえ、丸みを出すようにしてひもを起こす。

持ち手を作る

持ち手A　持ち手を作ってから、かごに取りつける。　※リングを使用しない作品の場合は、リングを通さずに同様に作業する。

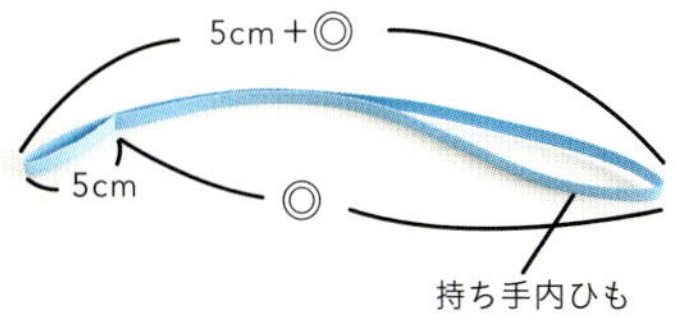

1　持ち手内ひもを2か所で折る。

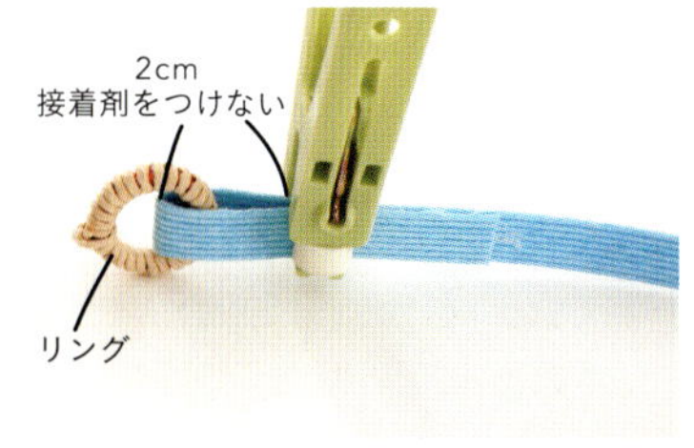

2　5cm側のひも端にリング(P44)1個を通して貼る。

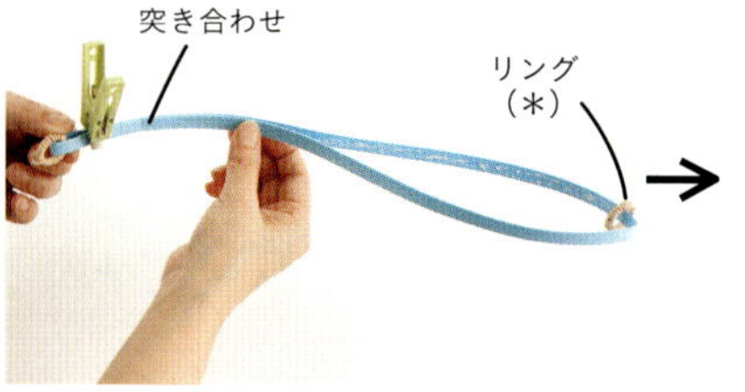

3　もう一方の端にリング1個を通し、ひも端どうしを突き合わせにして接着剤で貼り合わせる。

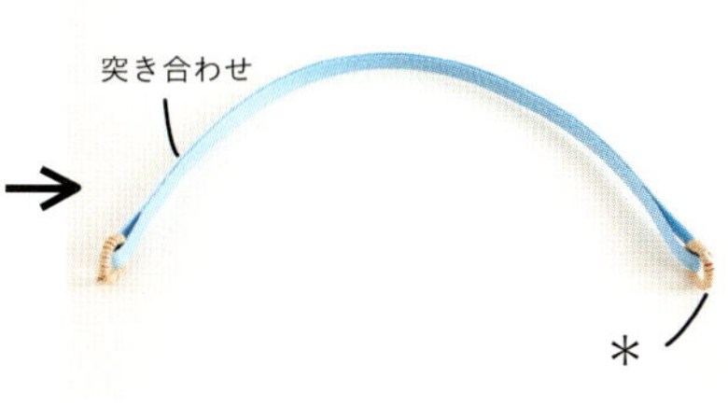

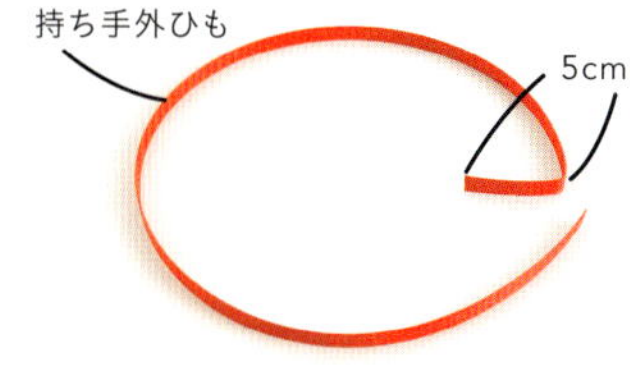

4　持ち手外ひもの片端を折る。

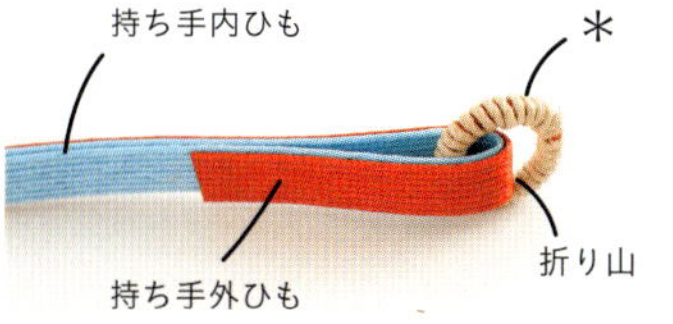

5　**3**で通したリング(＊)に持ち手外ひも 5cm 側のひも端を通し、持ち手内ひもに貼る。

6　持ち手外ひもの裏側全体に接着剤をつけ、持ち手内ひもをはさむようにして貼る。

ひも端どうしが突き合わせになるようにし、余分をカットする。

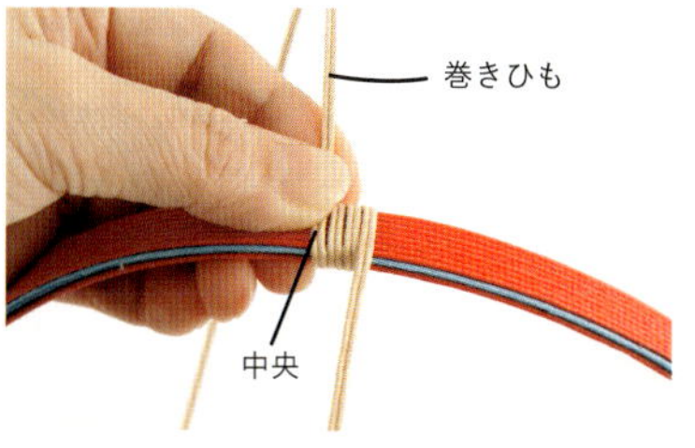

7　巻きひもと持ち手の中央どうしを合わせ、端に向かって隙間なく巻きつける。

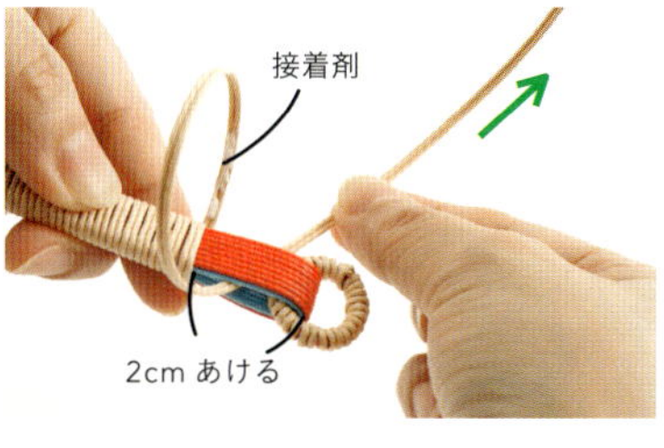

8　巻き終わりは裏側に接着剤をつけ、持ち手のつけ根の輪にひも端を通す。

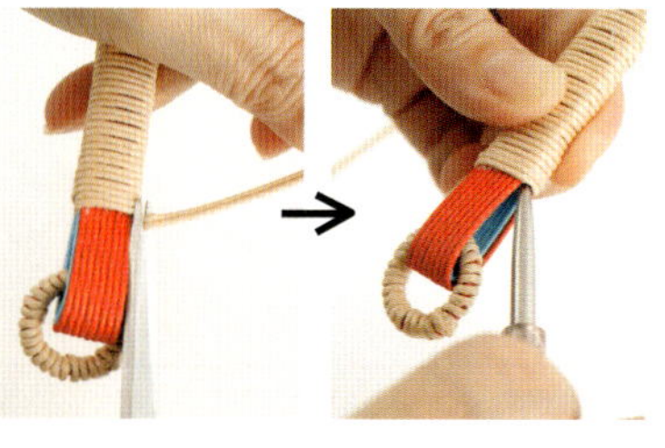

9　ひもを引きながら持ち手の際でカットし、ひも端を目打ちで持ち手の中に入れ込む。

10　反対側も**7**～**9**と同様に作業する。

持ち手B　かごに取りつけながら、持ち手を作る。

1 持ち手内ひもと持ち手外ひもを折る（P43･**1**、**4**）。

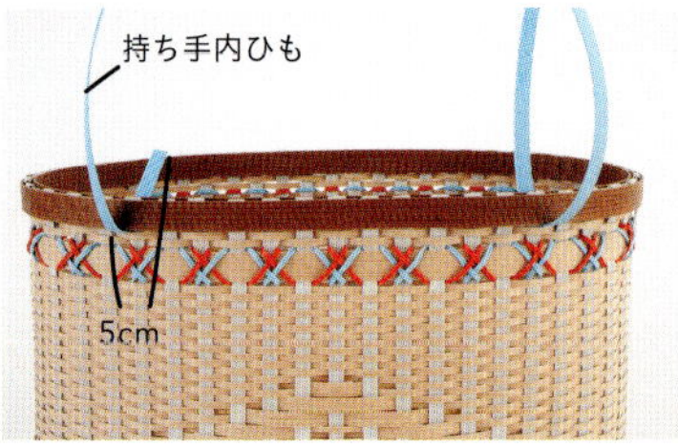

2 持ち手内ひもの両端を、かごの指定の位置に外側から内側に通す。

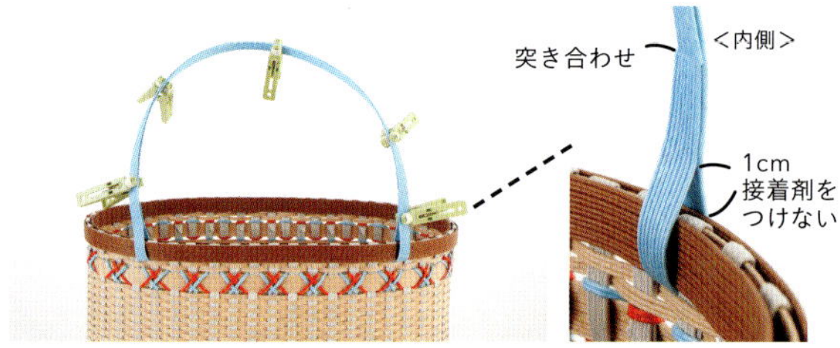

3 縁から1cm上の裏側全体に接着剤をつけ、端どうしを突き合わせにして貼り合わせる。

4 持ち手外ひもを**2**と同じ位置に、外側から内側に通す。

5 持ち手外ひもの裏側全体に接着剤をつけ、内ひもをはさむようにして貼り合わせる（P43・**6**）。

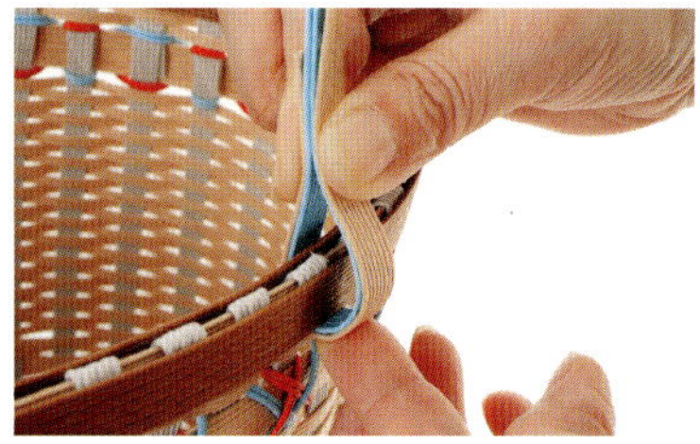

6 持ち手のつけ根の折り山がなだらかになるようにつぶす。こうすることで、持ち手が動かしやすくなる。

7 巻きひもを隙間なく持ち手に巻く（P43・**7**〜**10**参照）。

リング

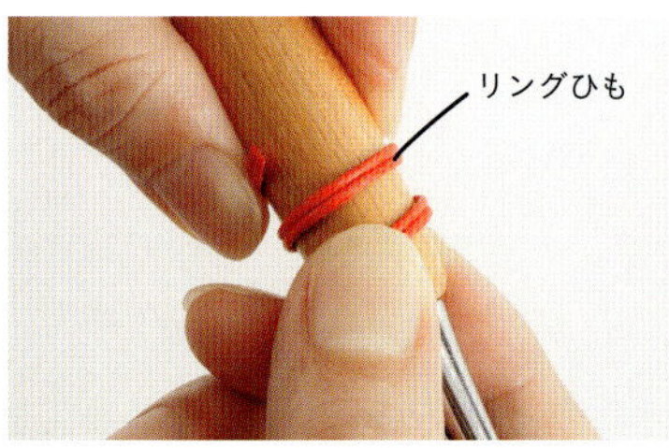

1 直径1.5〜2cmの棒状のものにリングひもを巻きつけ、丸みをつける。

2 リングひもの端どうしが突き合わせになるように指定の回数巻き、貼り合わせて輪にする。

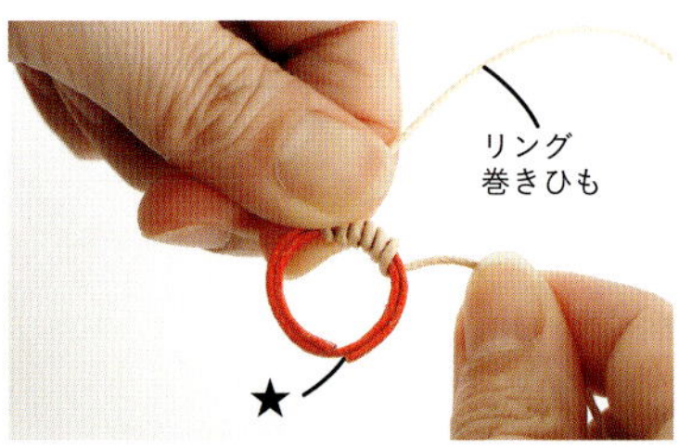

3 突き合わせの反対側とリング巻きひもの中央を合わせ、半周ずつ隙間なく巻きつける。

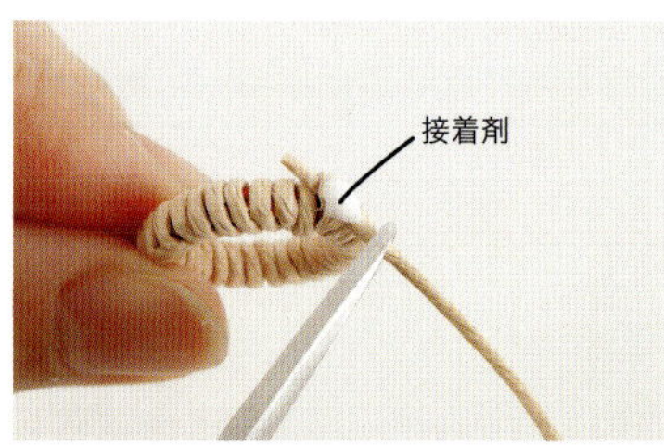

4 巻きひもを1回結び、結び目に接着剤をつけて余分をカットする。

花結びボタン

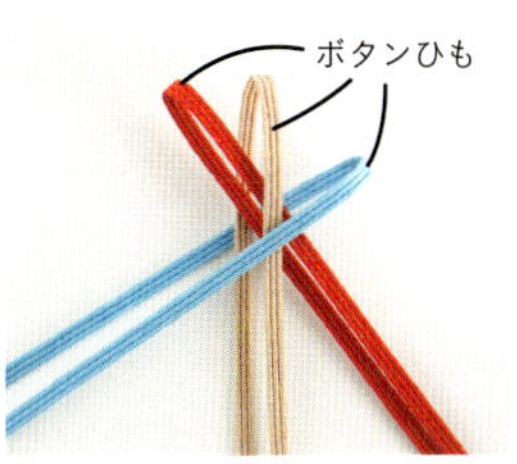

1 ボタンひも3本を折り目をつけずに半分に折り、はさむようにして重ねる。それぞれの下側のひもを左にずらす。

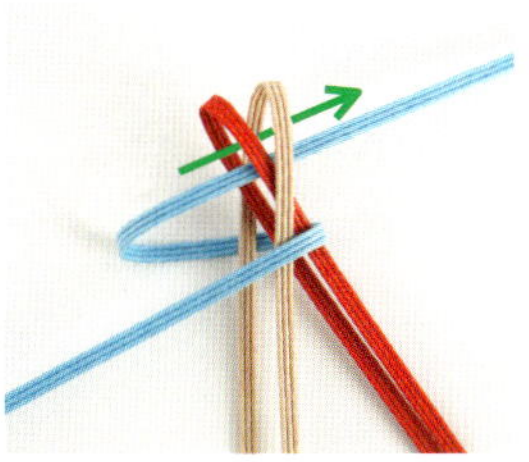

2 左のひもの下側のひも端を折り上げ、ほかのひもの2つの輪に通す。

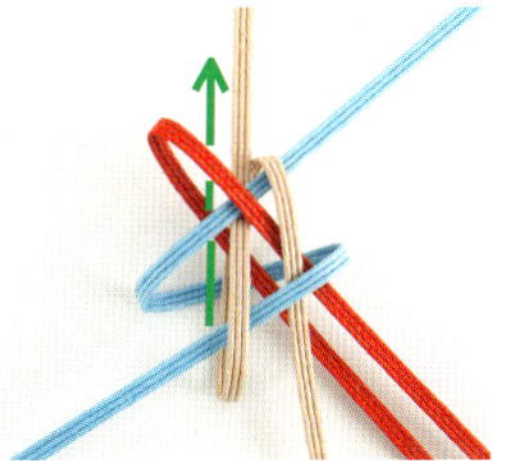

3 真ん中のひもの下側のひも端を折り上げ、ほかのひもの2つの輪に通す。

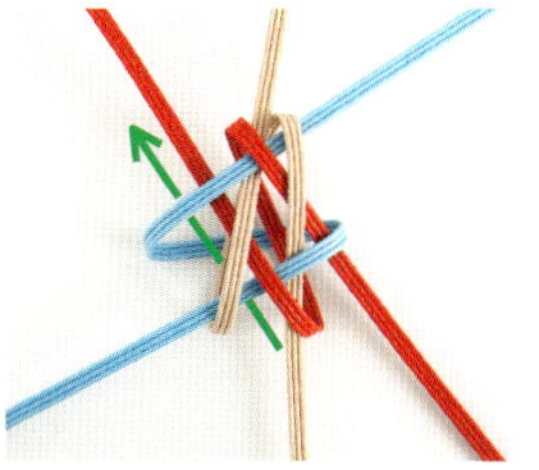

4 右のひもの下側のひも端を折り上げ、ほかのひもの2つの輪に通す。

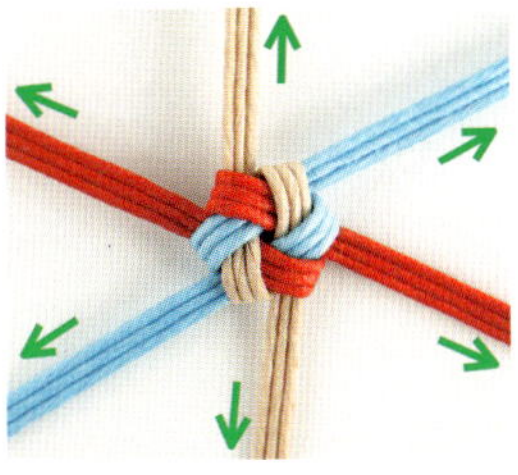

5 すべてのひもを引き締める。

6 裏に返し、上から2本めのひも下にボタンつけひもを通す。

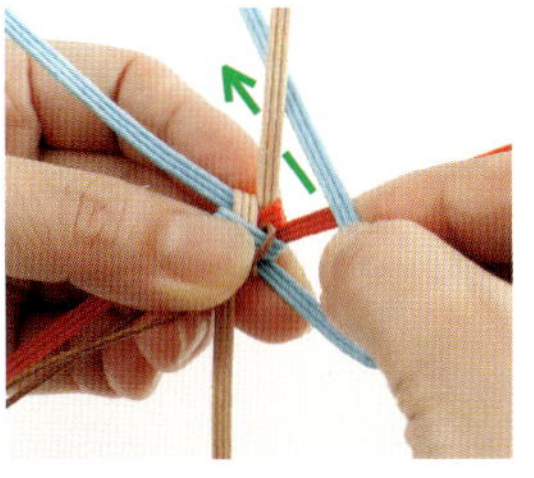

7 ひも端を2本右のひもの下に入れる。

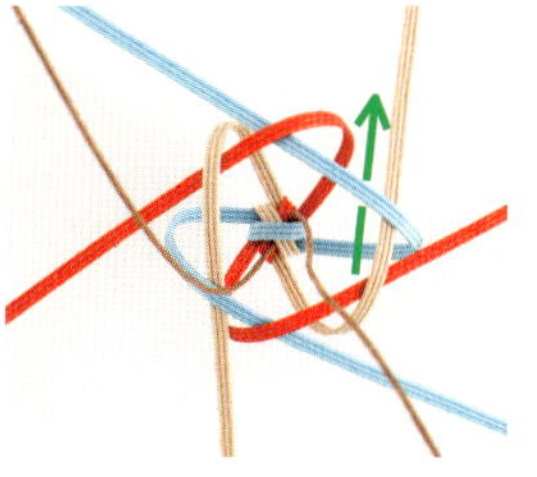

8 残りのひもも反時計回りに同様に作業し、最後の1本は、**7**で折り上げたひもの輪に通す。

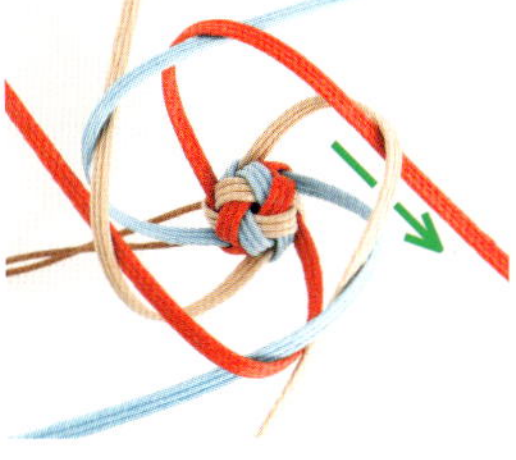

9 すべてのひもを引き締める。表に返し、時計回りに**7**〜**9**と同じ要領で作業する。

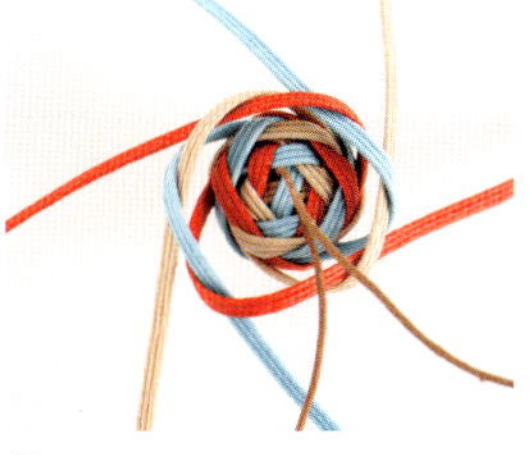

10 裏、表、裏と**7**〜**9**を繰り返す。

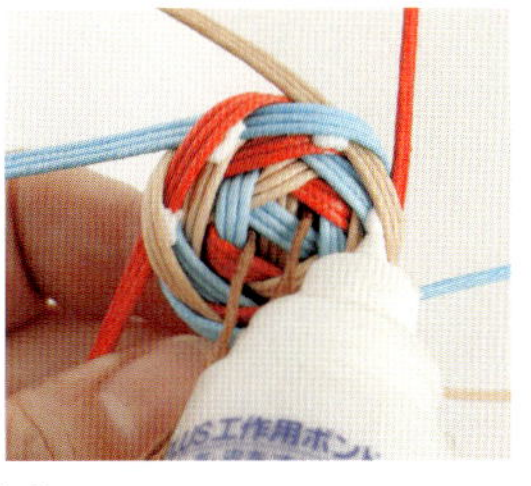

11 形を整え、外側のひもどうしの重なり部分に接着剤をつける。

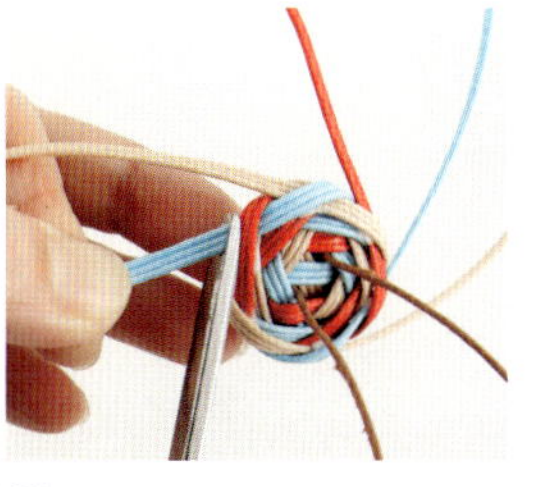

12 接着剤が完全に乾く前に、ひも端を軽く引きながら際でボタンひもの余分をカットする。

ボタンかけひも

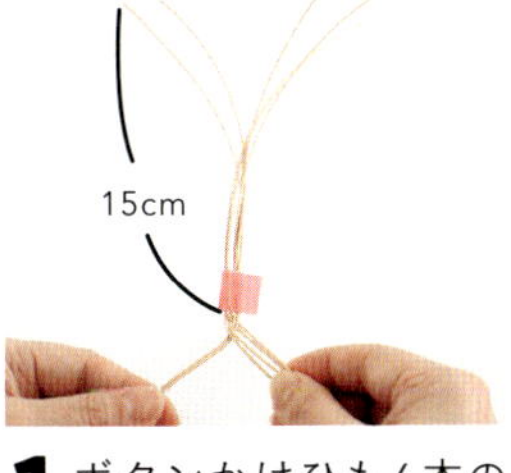

→

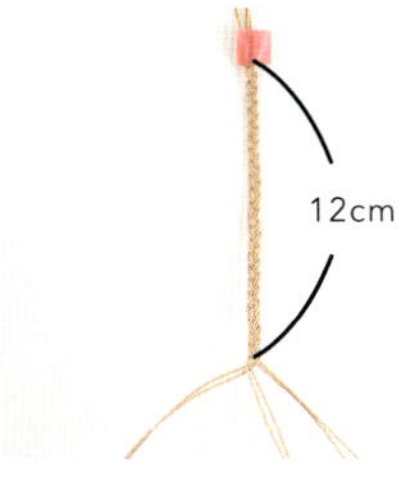

1 ボタンかけひも6本の端15cmを残してマスキングテープでとめる。2本ずつの束で三つ編み(P72)を12cm分編む。

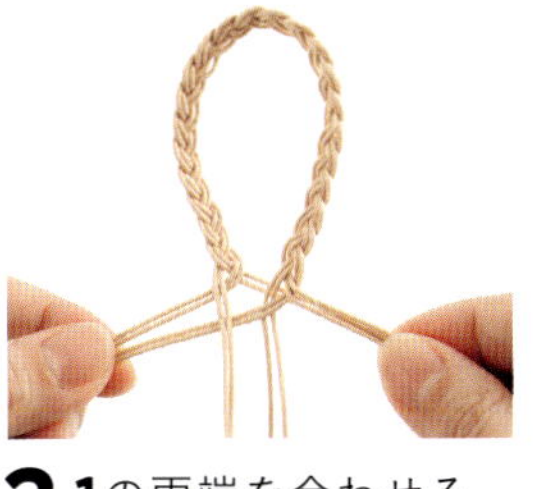

2 **1**の両端を合わせる。それぞれの端から2本ずつを合わせた4本の束で三つ編みを指定の長さ編む。

3 一番短いひもに合わせて、ひも端をカットする。

縁編み

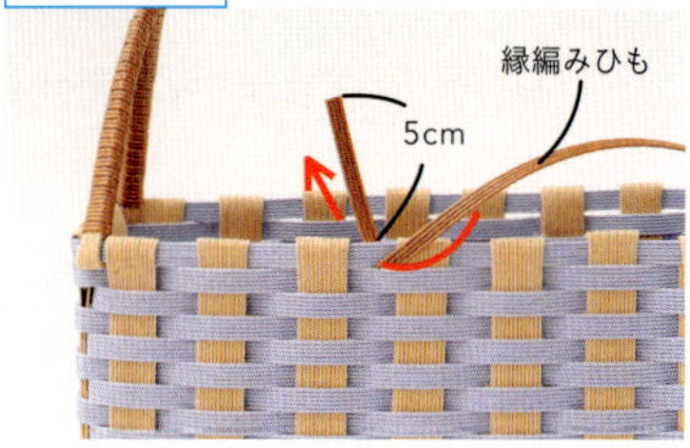

1 縁編みひもを最後の段の編みひもの下に外側から内側に通し、ひも端を5cm出す。

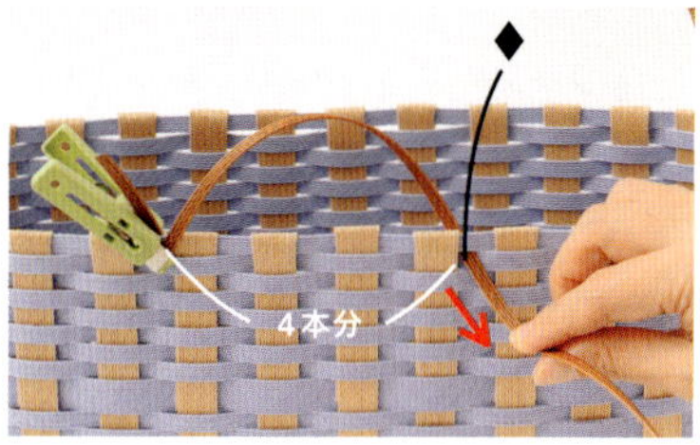

2 反対側のひも端を縦ひも4本分とばして進み、内側から外側に出す。

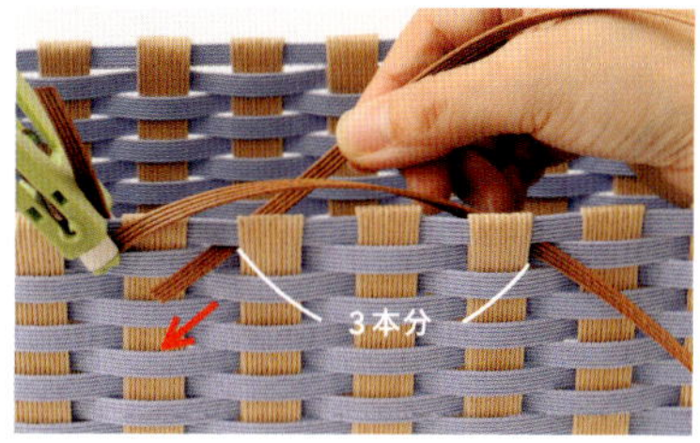

3 縦ひも3本分とばして戻り、内側から外側に出す。

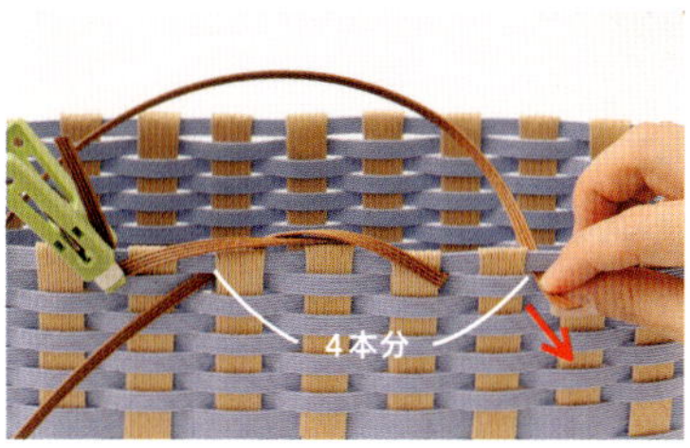

4 縦ひも4本分とばして進み、内側から外側に出す。

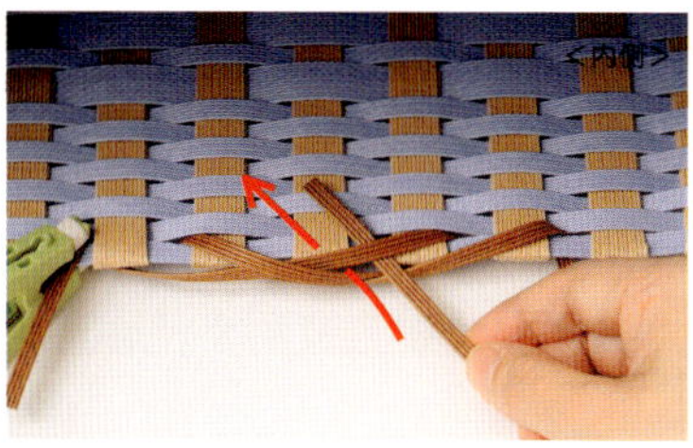

5 内側の斜めに渡っている右から2本めのひも下に通す。

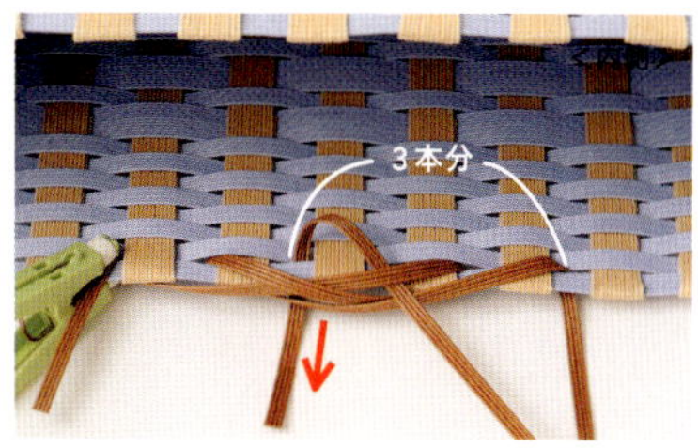

6 縦ひも3本分とばして戻り、内側から外側に出す。

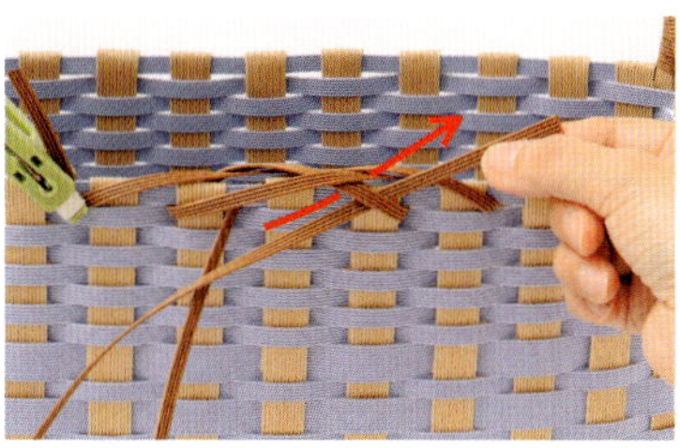

7 外側の斜めに渡っている右から2本めのひも下に通す。

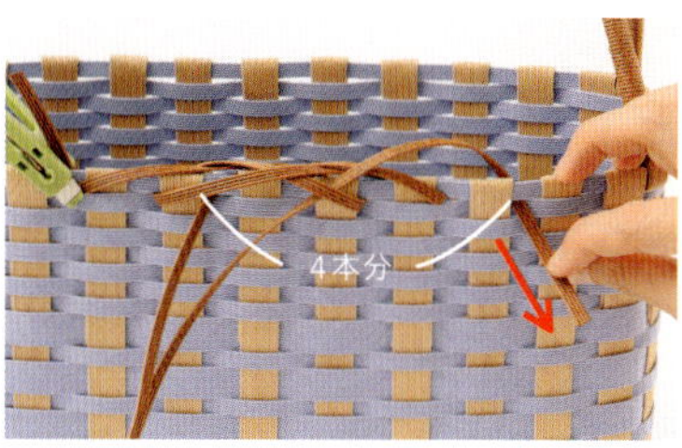

8 縦ひも4本分とばして進み、内側から外側に出す。

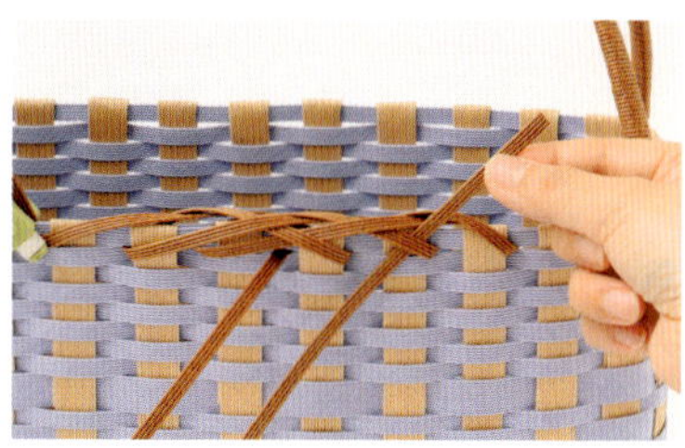

9 **5**～**8**を繰り返す。

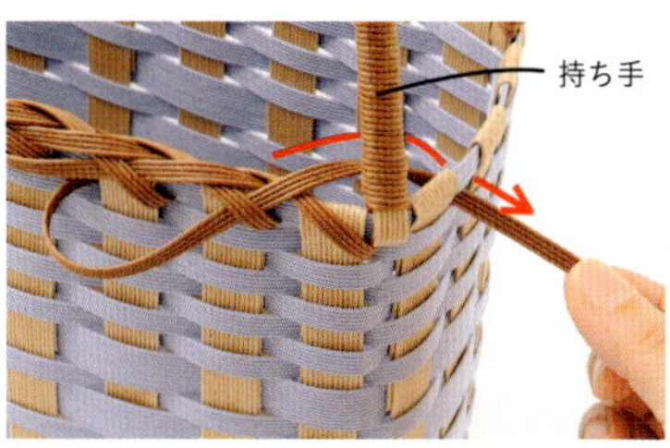

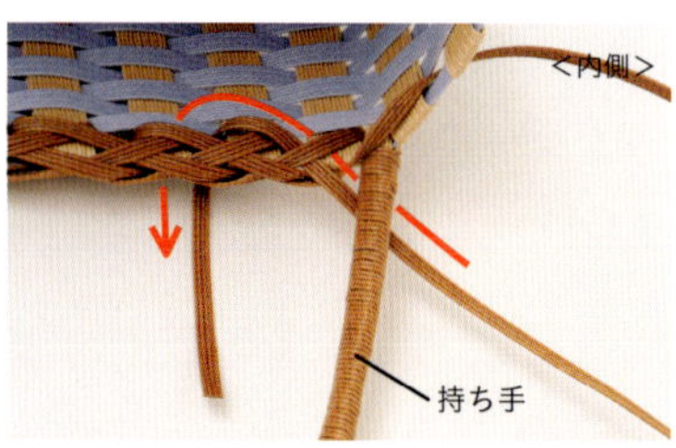

10 持ち手部分も**5**～**8**を繰り返すが、持ち手の内側を通して進み、外側を通して戻る。

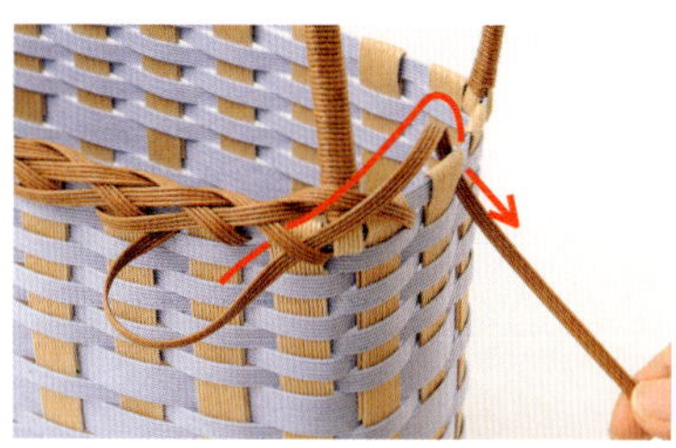

11 持ち手の外側を通して進み、内側を通して戻る。

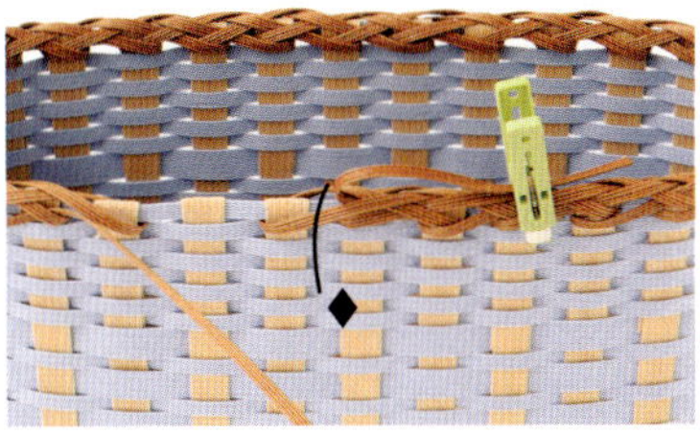

12 編み始めの近くまで編んだら、残しておいた5cmのひも端を外側に引き出して、編み始め側の編み目に重ねて洗濯ばさみでとめる。**5**～**8**と同様に作業し、編み始めの手前まで編む。

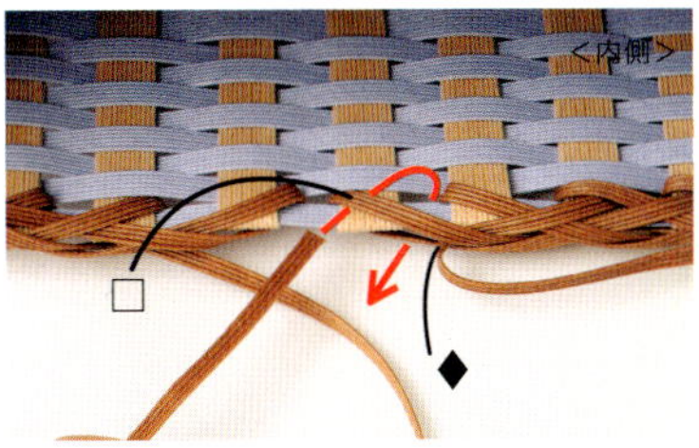

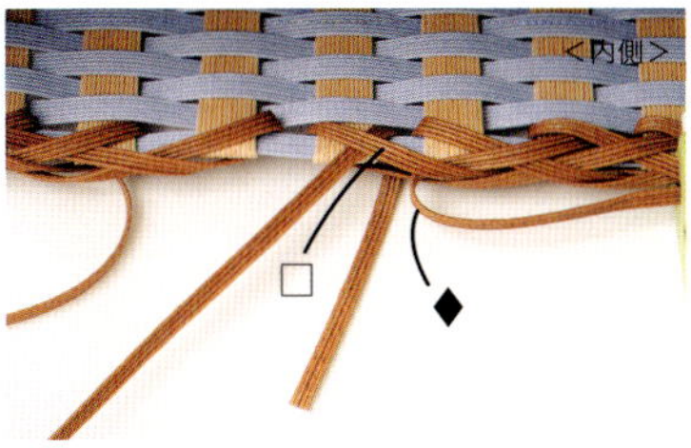

13 内側の斜めに渡っている編み始めのひも（□）の下に通してから、内側から外側に出す。

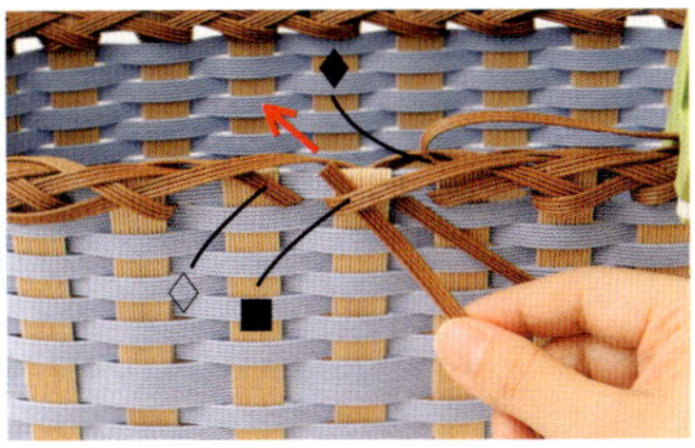

14 斜めに渡っている外側の編み始めのひも（■）の下に通す。

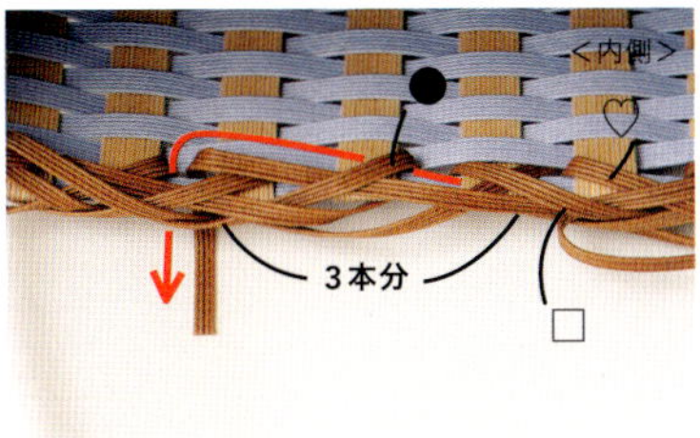

15 内側の斜めに渡っているひも（●）の下に通して縦ひも3本分とばして戻り、内側から外側に出す。外側の斜めに渡っているひも（**14**・◇）の下に通す。

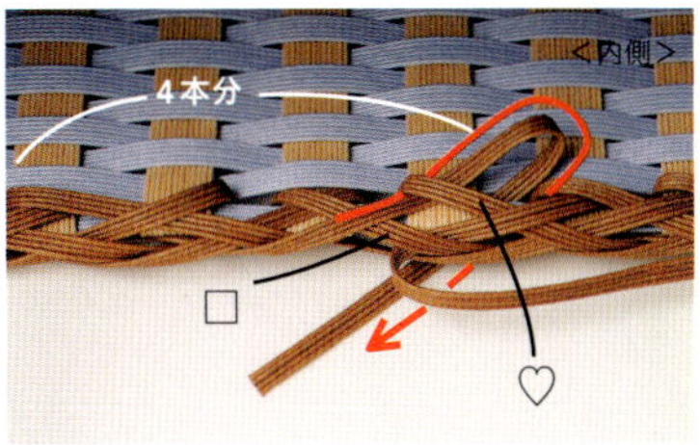

16 内側の斜めに渡っているひも（♡）の下に通して縦ひも4本分とばして進み、内側から外側に出す。

17 外側に斜めに渡っているひも（♥）の下に通す。

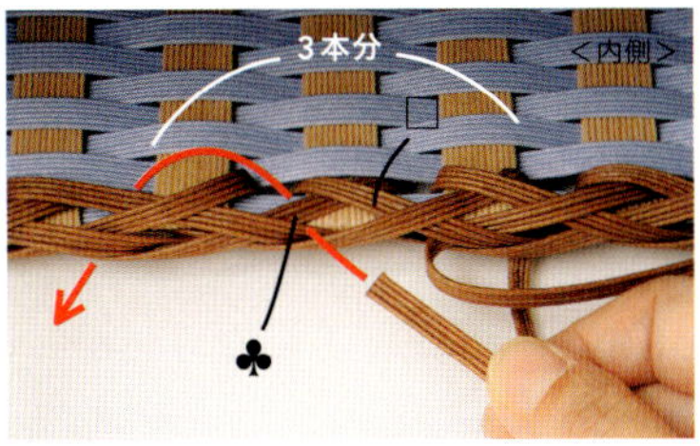

18 内側の斜めに渡っているひも（♣）の下に通して縦ひも3本分とばして戻り、内側から外側に出す。

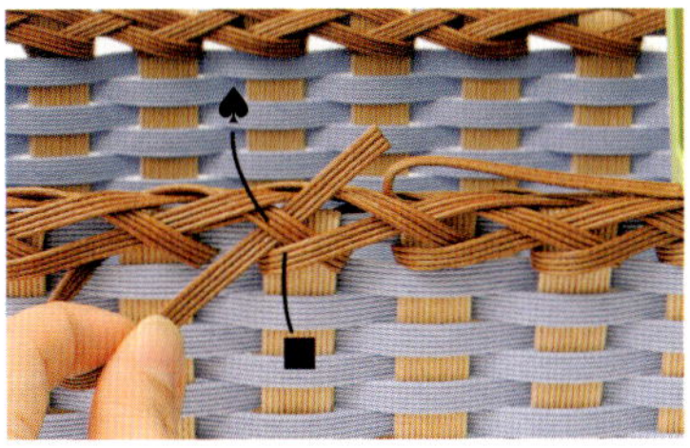

19 外側の斜めに渡っているひも（♠）の下に通し、ひもを引き締める。

20 斜めに渡っている上のひも（◎）の端と平行にカットする。

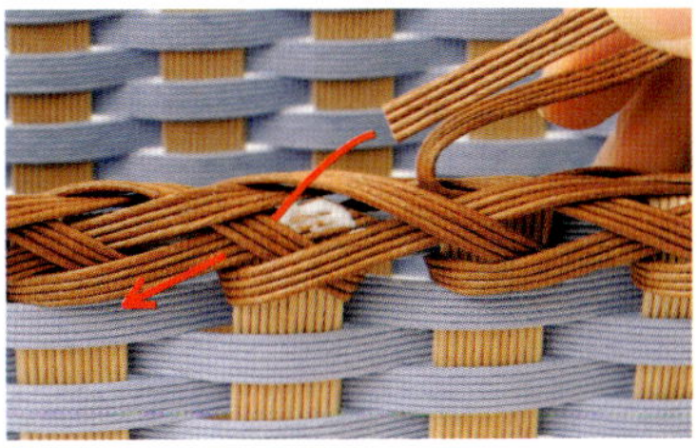

21 編み終わりのひも端に接着剤をつけ、編み始めのひも端を編み目の下に通して貼り合わせる。余分をカットする。

ひもをつなぐときも**20**、**21**と同じ要領で作業する

六角形の華編みかご photo：6ページ

a

b

■材料

紙バンド（a 白／No.2、b スカイブルー／No.10）・5m 巻…2巻、（a あい／No.18、b あんず／No.34）・30m 巻…1巻

■でき上がりサイズ

約幅35.5×マチ10×高さ18.5cm（持ち手含まず）

■用意するひもの幅と本数

※指定以外の色はaあい、bあんず。

①斜めひも　6本幅・76cm…12本
②斜めひも　6本幅・90cm…8本
③横ひも　6本幅・80cm…4本
④編みひも　6本幅・100cm…4本
⑤縁ひも　6本幅・20cm…2本
⑥差しひも　3本幅・120cm…12本
⑦差しひも　3本幅・60cm…9本
⑧差しひも　3本幅・80cm…10本
（a白、bスカイブルー）
⑨差しひも　3本幅・90cm…8本
（a白、bスカイブルー）
⑩差しひも　3本幅・80cm…3本
（a白、bスカイブルー）
⑪差しひも　3本幅・50cm…4本
⑫差しひも　3本幅・80cm…2本
⑬差しひも　3本幅・30cm…4本
⑭差しひも　3本幅・40cm…8本
（a白、bスカイブルー）
⑮差しひも　3本幅・102cm…4本
（a白、bスカイブルー）
⑯縁外ひも　12本幅・75cm…1本
⑰縁内ひも　12本幅・71cm…1本
⑱ステッチひも　1本幅・300cm…1本
⑲持ち手内ひも　6本幅・75cm…2本
⑳持ち手外ひも　6本幅・76cm…2本
㉑巻きひも　2本幅・330cm…2本
（bスカイブルー）

■カット図

余り分＝（灰色）

紙バンドを指定の長さにカットし、割く。①、③〜⑮の中央に印をつける。≫P23「紙バンドをカットし、割く」

a あい、b あんず・30m 巻

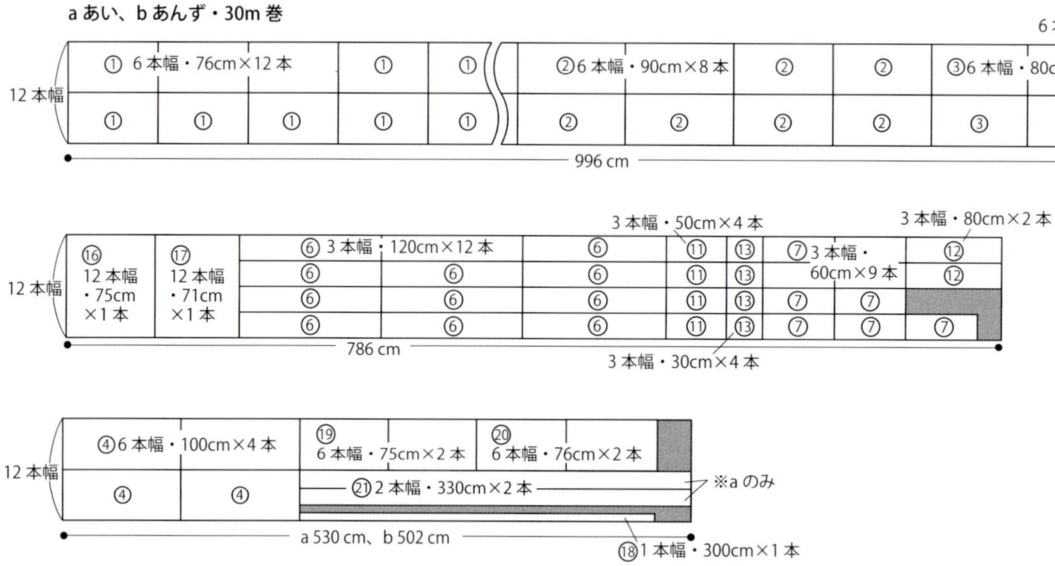

a 白、b スカイブルー・5m 巻

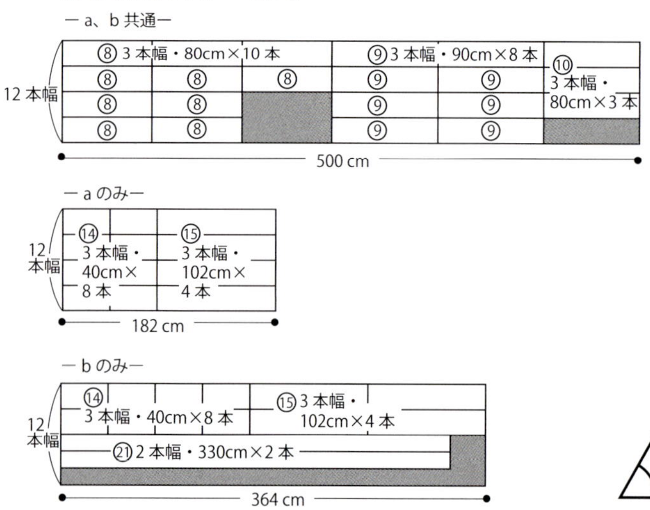

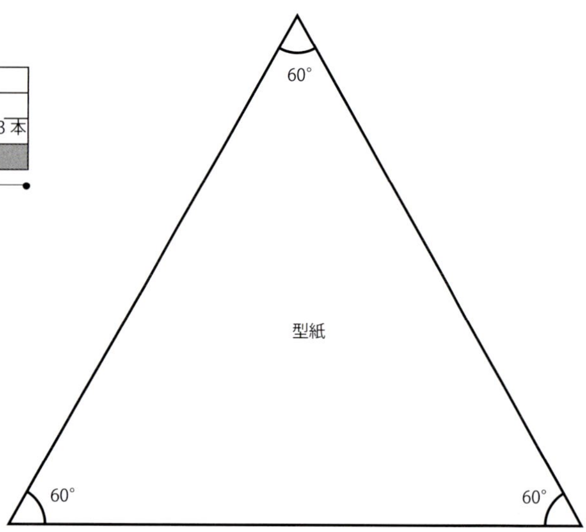

■作り方 ≫P36「華編み」 ※わかりやすいように、ひもの色を変えている。

◇底を編む

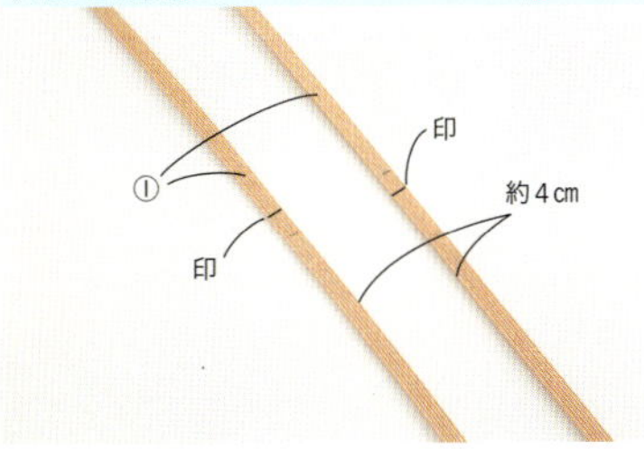

1 ①斜めひも2本を中央の印を合わせ、約4cmあけて斜めに置く。ひも端を文鎮などの重しで押さえたり、マスキングテープでとめたりすると作業しやすい。

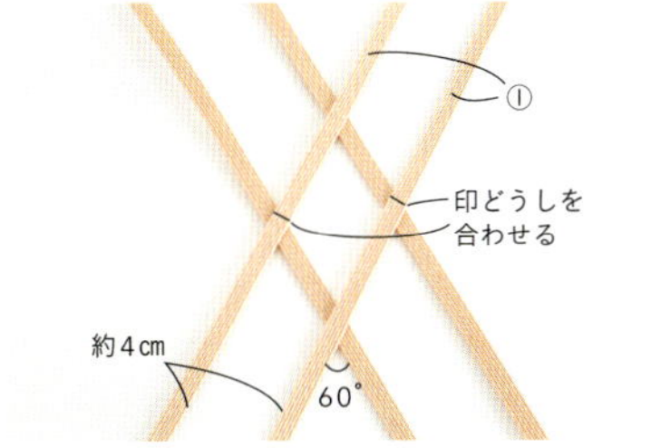

2 同じ要領で、**1**に重ねて①2本を60°の角度で交わるように置く（60°の型紙はP48）。

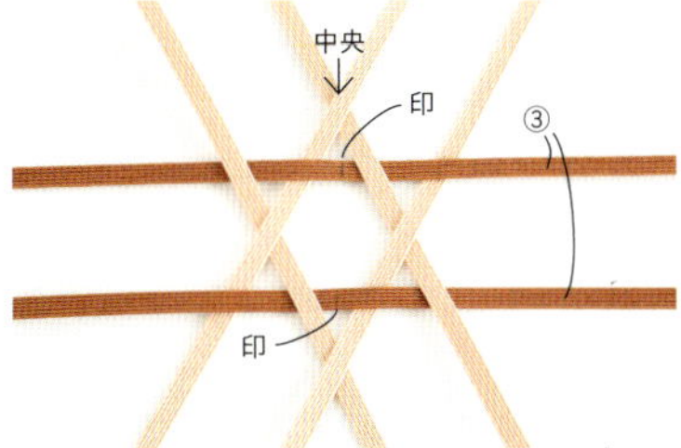

3 ③横ひも2本を通して六つ目に編む。このとき、**2**の中央と印を合わせる。

・型紙を当てて60°の角度を保ち、それぞれのひもを必ず内側に詰めて形を整えながら編む。
・六つ目に編むときは、横ひもを「左上からのひもの下、右上からのひもの上」に通す。

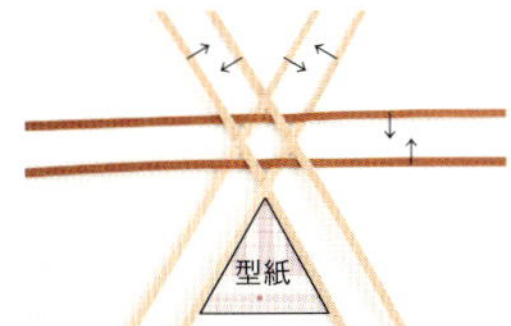

4 同じ要領で、③2本を**3**の上下に1本ずつ通す。

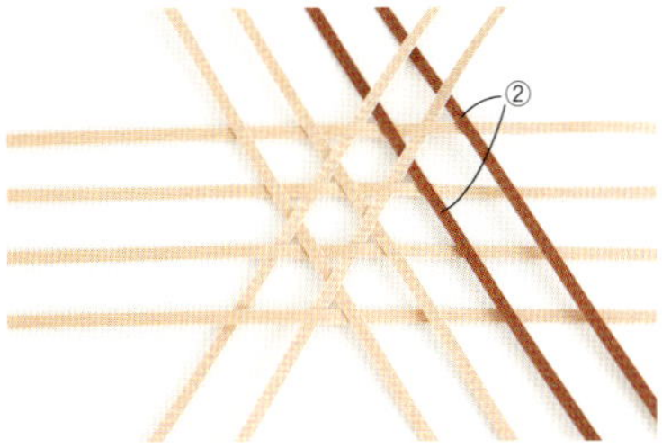

5 ②2本を右側に、ひもの上端どうしを合わせて左上方向に通す（**6**参照）。

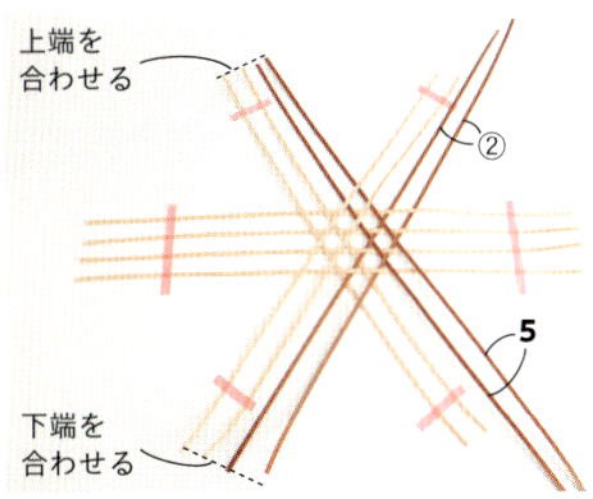

6 ②2本を右側に、ひもの下端どうしを合わせて右上方向に通す。

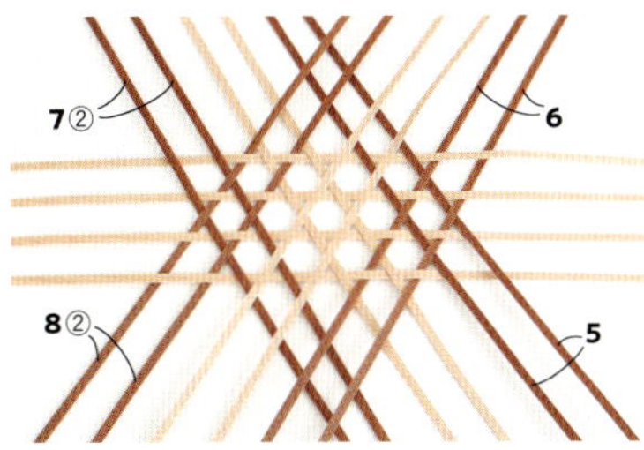

7 ②2本を左側に、ひもの下端どうしを合わせて左上方向に通す。

8 ②2本を左側に、ひもの上端どうしを合わせて右上方向に通す。

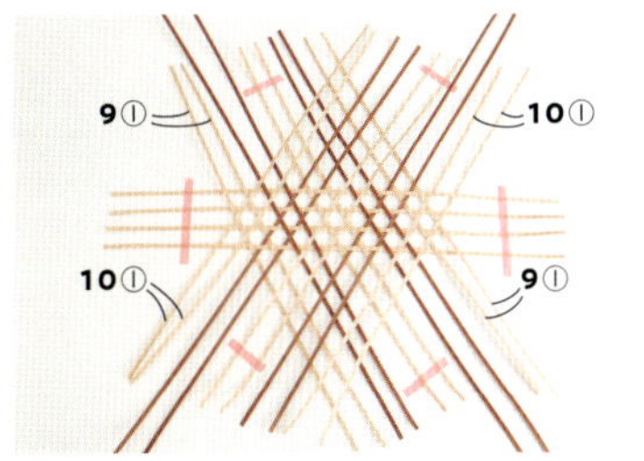

9 ①4本を両脇に2本ずつ中央の印を合わせ、左上方向に通す。

10 ①4本を両脇に2本ずつ中央の印を合わせ、右上方向に通す。

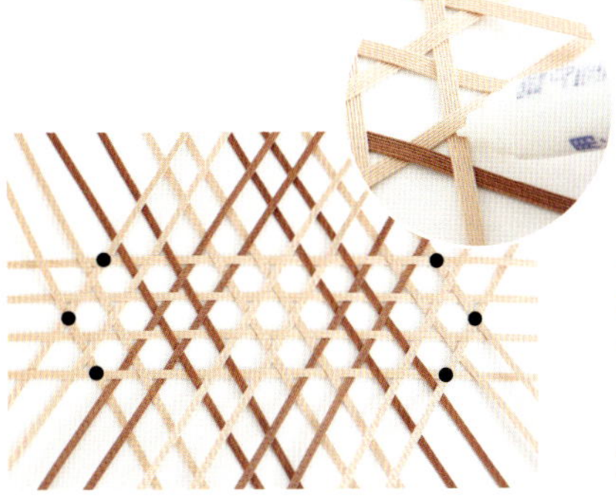

11 ひもどうしの間が正六角形になるように詰めて整える。編み目が六角形になっている角（●）を貼り合わせる。

12 四方に出ている側面（長い辺）の手前側と向こう側のひもをしっかりと立ち上げる。
≫P42「ひもを立ち上げる」

◇側面を編む

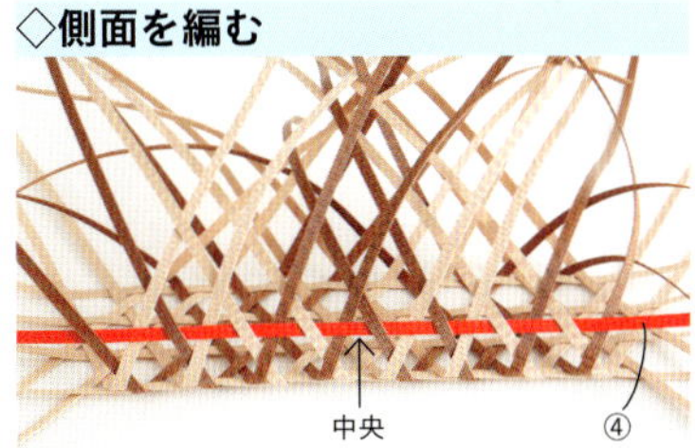

13 側面に④編みひも1本を、中央どうしを合わせて六つ目に編む。

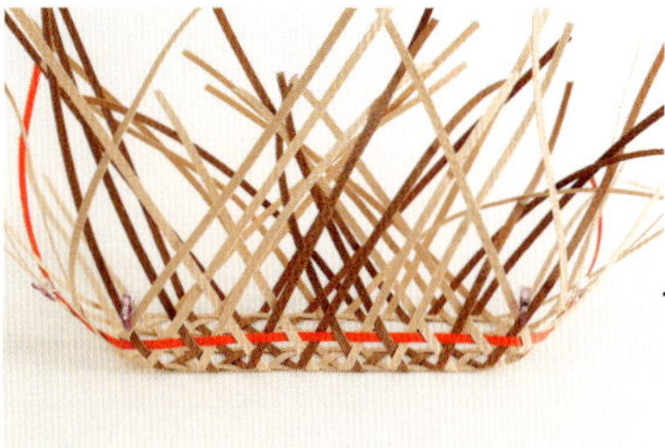

14 横側面（短い辺）のひもをゆるやかに立ち上げながら、横側面の中央まで六つ目に編む。

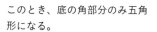

このとき、底の角部分のみ五角形になる。

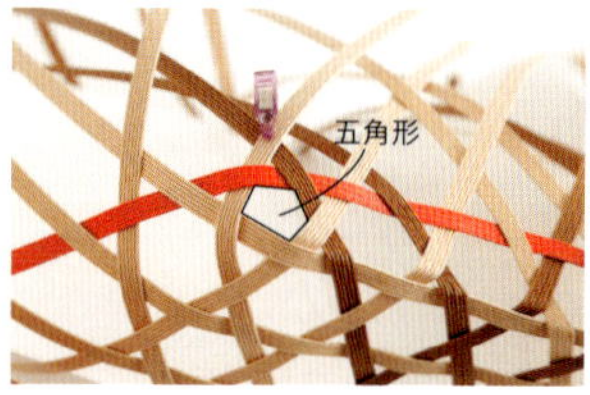

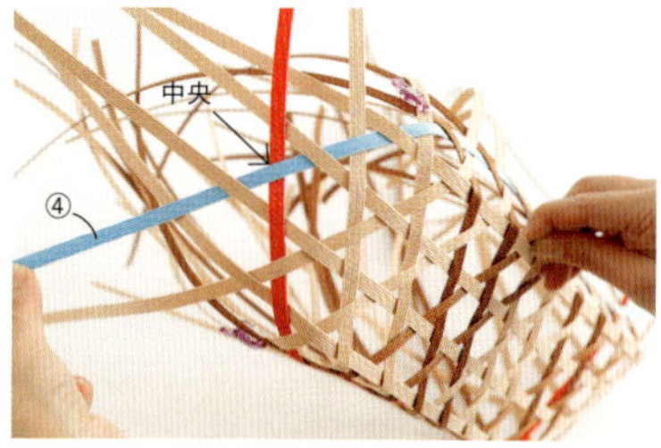

15 ④1本で反対面も**13**、**14**と同様に作業し、横側面の中央で編みひもを交差させる。1段めの完成。

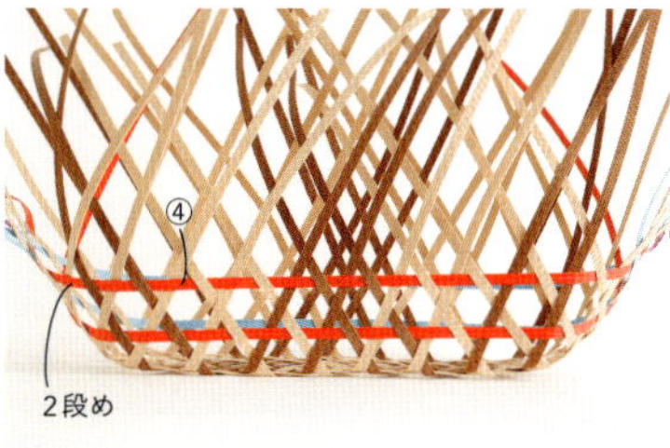

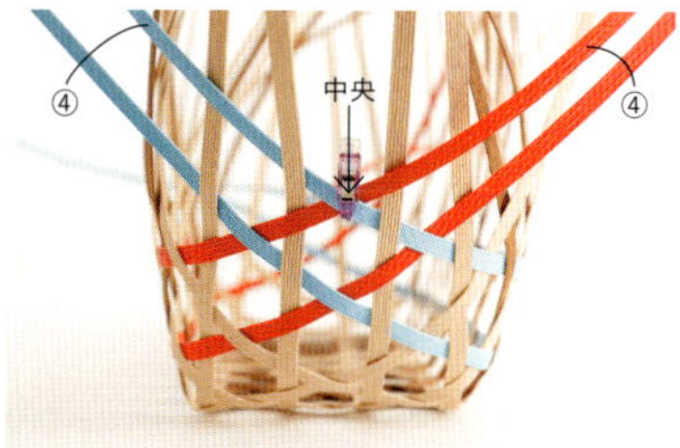

16 **13**～**15**と同じ要領で2段めを六つ目に編む（角は六角形になる）。

横に渡るひもは下げられるところまで詰め、縦ひもどうしが平行に、一定の間隔を保つようにする。

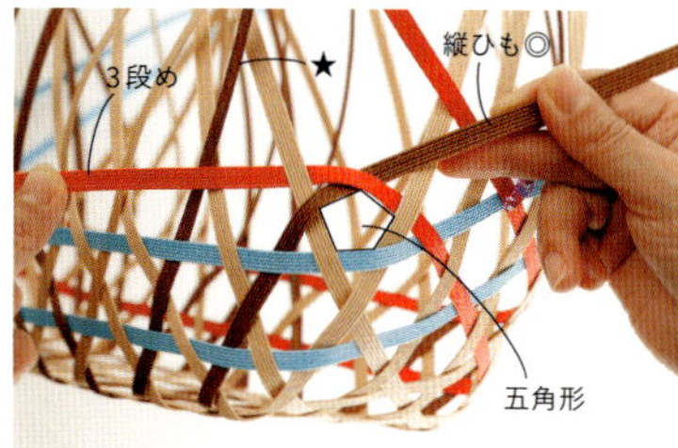

17 1段めを編んだ横側面のひもと縦ひもで角に五角形を作り、側面の中央まで3段めを六つ目に編む。

18 反対側も同様に作業し、ひも端どうしは側面の中央で重ねておく。

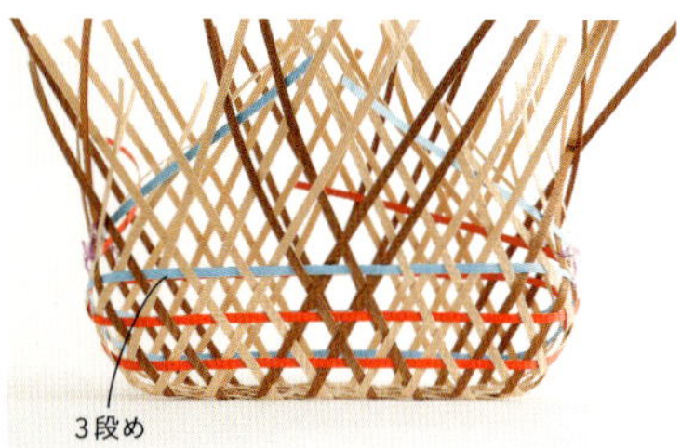

19 反対面も**17**、**18**と同様に作業し、3段めが編めたところ。

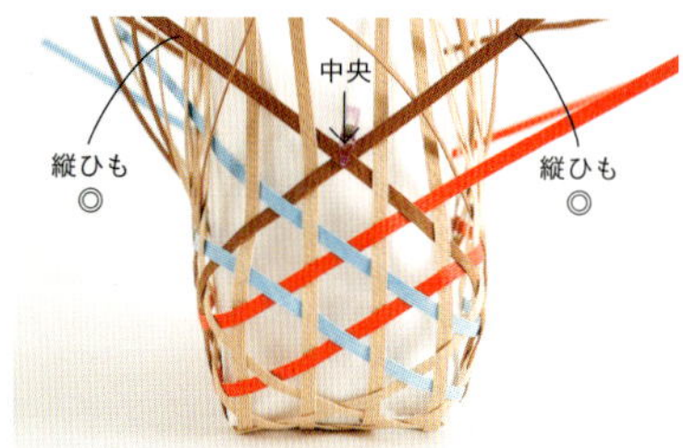

20 **17**～**19**で五角形を作ったときの縦ひも2本で、横側面の中央まで六つ目に編む。
※以後**23**まで反対面も同様に。

21 2段めを編んだ横側面のひもで、4段めを六つ目に編む（角は六角形になる）。

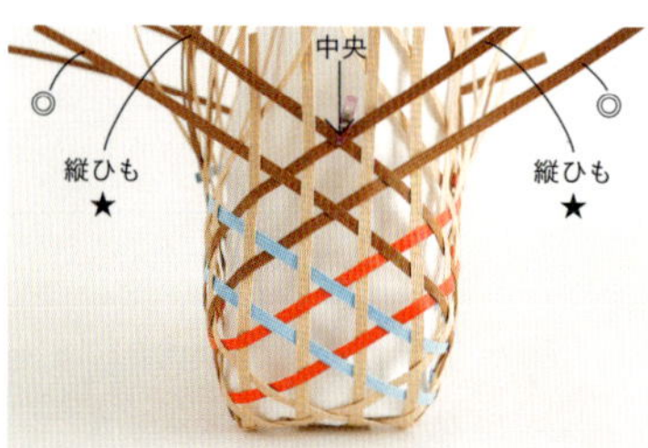

22 **20**の隣の縦ひも（**17**・★）1本ずつで横側面の中央まで六つ目に編む。

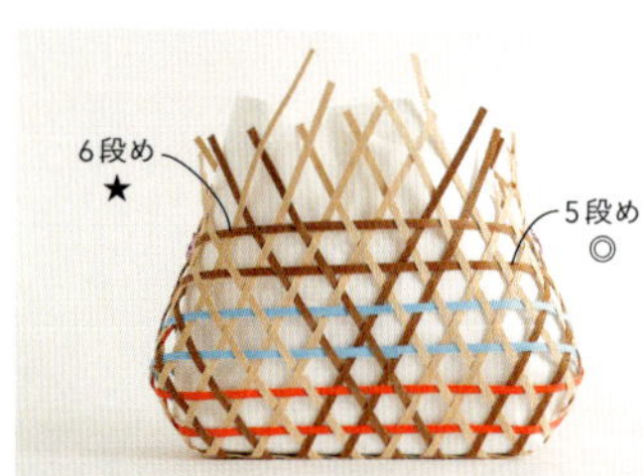

23 **20**の縦ひも（◎）で5段め、**22**の縦ひも（★）で6段めを六つ目に編む。

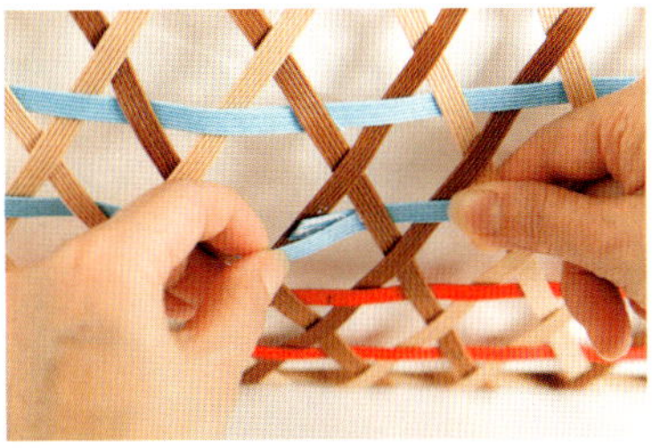

24 側面で重ねておいた3〜6段めのひも端を縦ひもに沿ってそれぞれカットし、貼り合わせる。

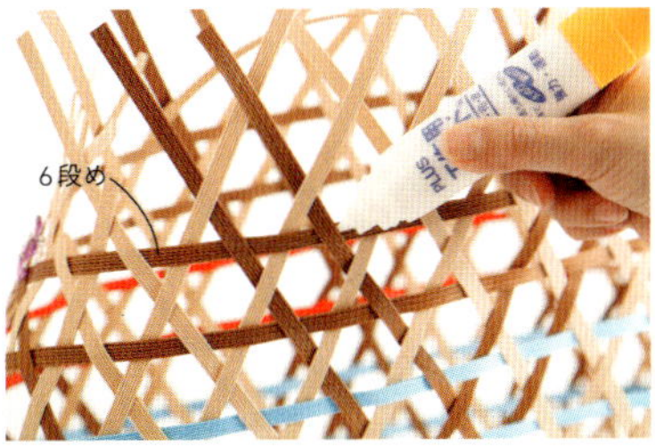

25 6段めのひもと縦ひもを貼り合わせる。

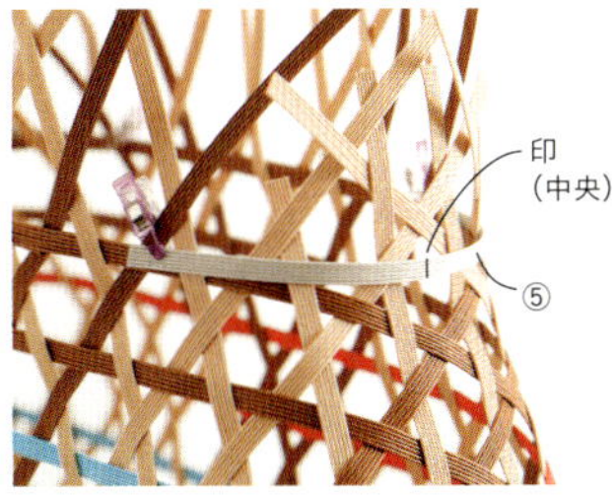

26 横側面に⑤縁ひも1本を中央どうしを合わせて、6段めの側面の編みひもと水平になるように貼る。反対側も同様に。

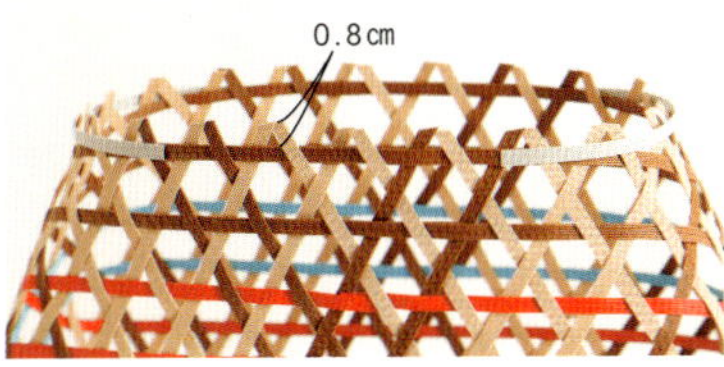

27 縦ひもを0.8cm残してカットする。

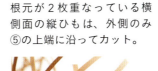

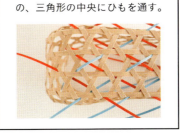

根元が2枚重なっている横側面の縦ひもは、外側のみ⑤の上端に沿ってカット。

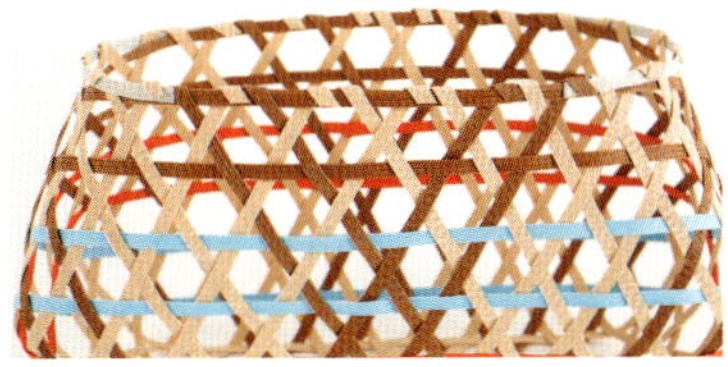

28 6段めの編みひもと⑤をくるむように縦ひもを折り、貼る。

◇底に差しひもを通す

※指定のない限り、差しひもと底の中央どうしを合わせて通す。各工程の写真が見えにくい場合はP53・Aを参照する。

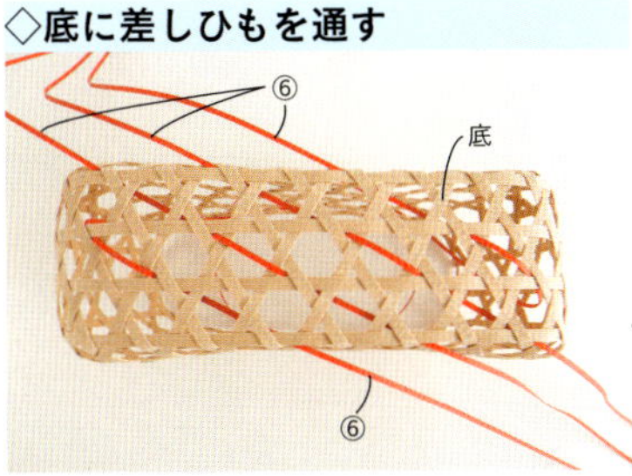

29 ⑥差しひも4本を左上方向に通す。このとき、左上と右下のひも端は本体の中に収まった状態に。

29〜**37**では、六角形の外側の、三角形の中央にひもを通す。

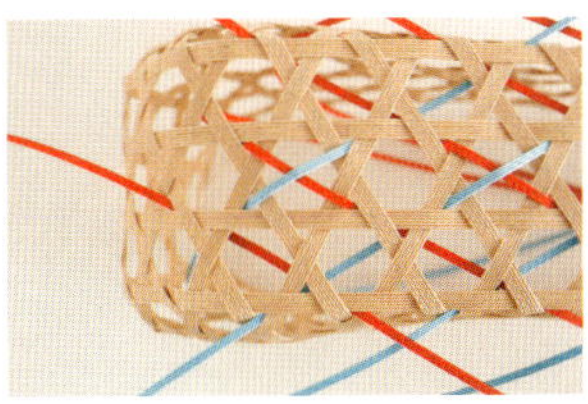

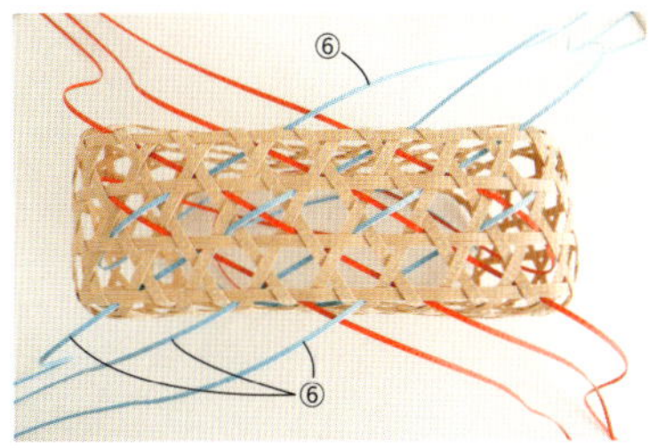

30 **29**と同じ要領で、⑥4本を右上方向に通す。右上と左下のひも端は本体の中に。

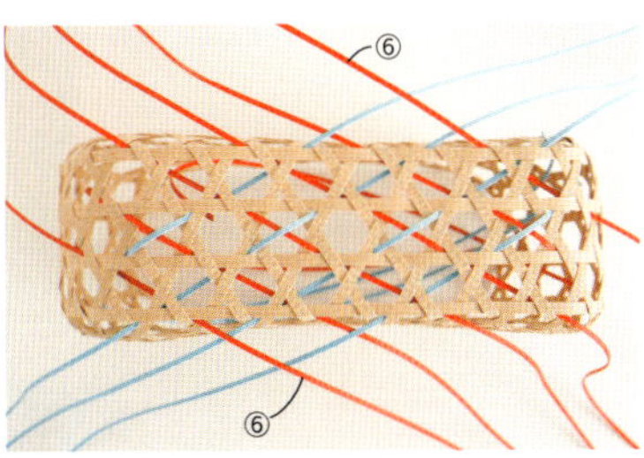

31 **29**で通したひもの両脇に⑥を1本ずつ、左上方向に通す。

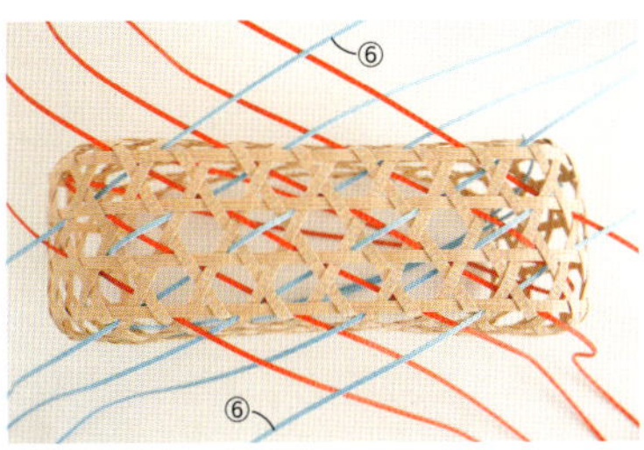

32 **30**で通したひもの両脇に⑥を1本ずつ、右上方向に通す。

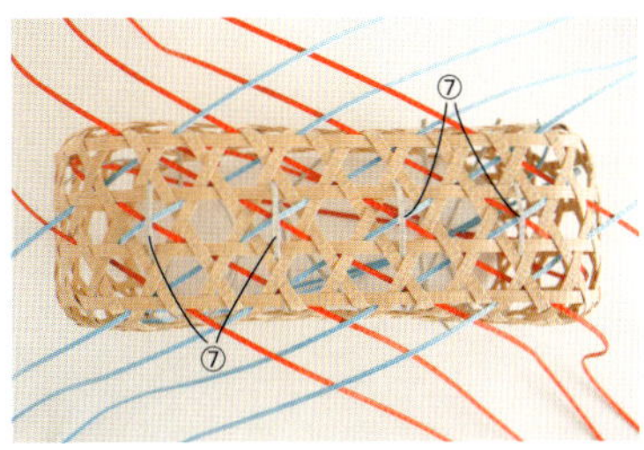

33 ⑦差しひも4本を縦方向に通す。それぞれのひも端は本体の中に。

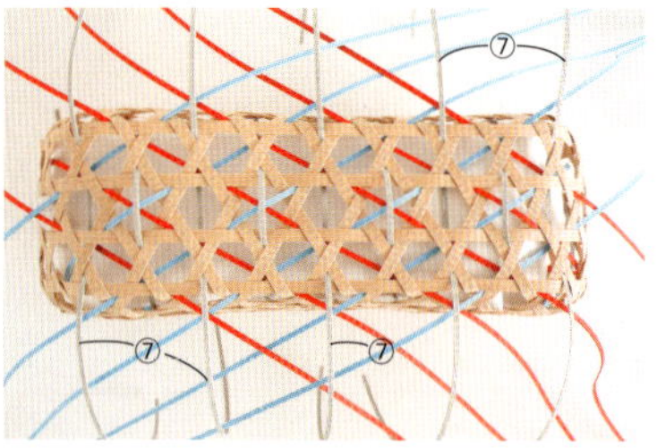

34 **33**で通したひものそれぞれの間と両脇に、⑦5本を縦方向に通す。

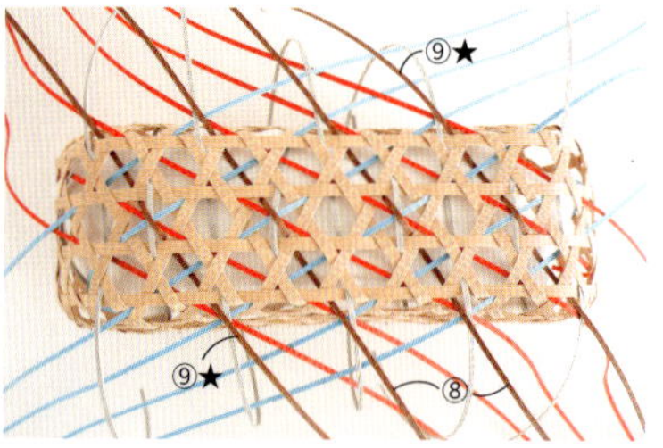

35 ⑧・⑨差しひも2本ずつを左上方向に通す。

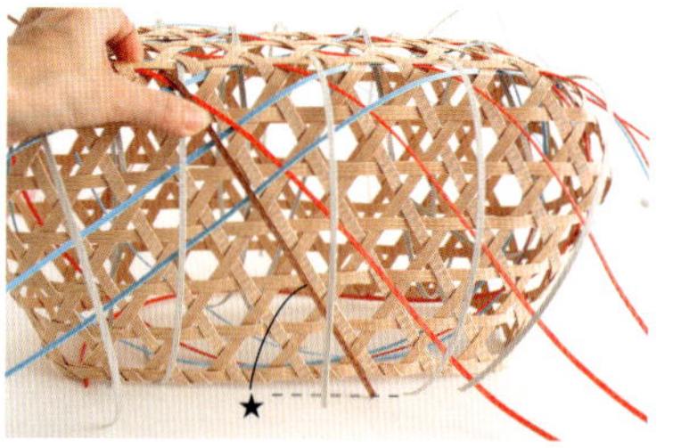

36 ⑨2本の片側のひも端（★・**35**参照）を側面の縁端に合わせる。

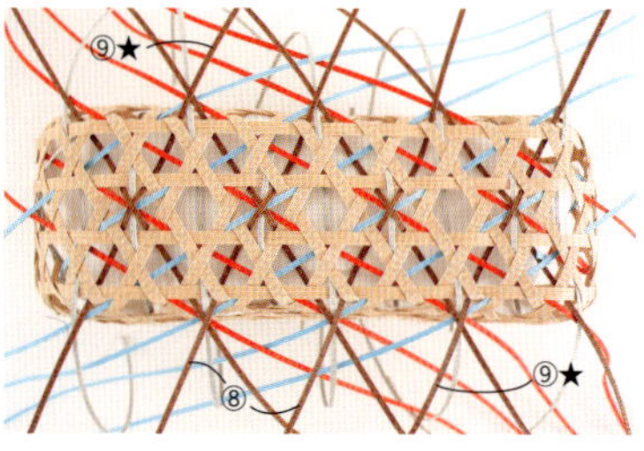

37 **35**、**36**と同じ要領で、⑧と⑨2本ずつを右上方向に通す。

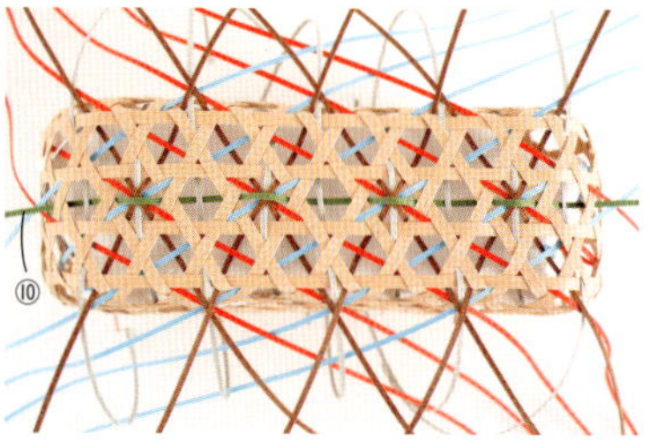

38 ⑩差しひも1本を横方向に通す。

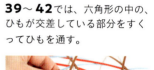

39～**42**では、六角形の中の、ひもが交差している部分をすくってひもを通す。

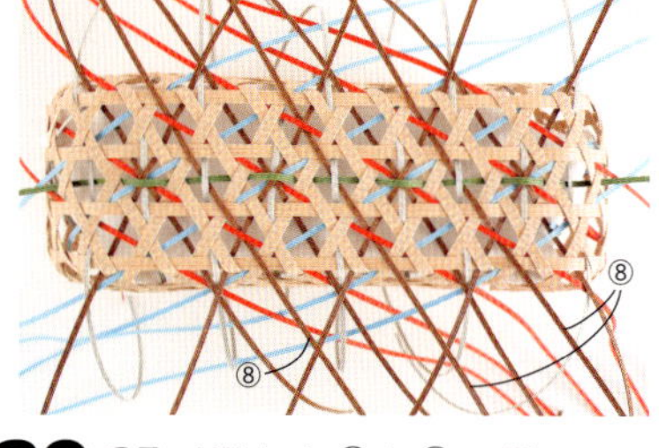

39 **35**で通した⑧と⑨の間に、⑧3本を1本ずつ左上方向に通す。

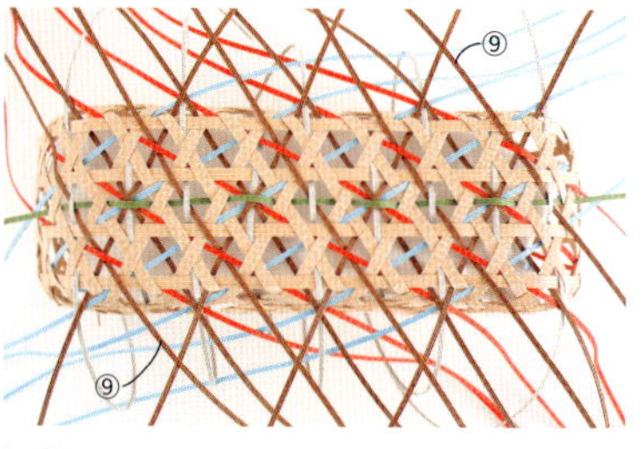

40 両脇に1本ずつ⑨を左上方向に通す。

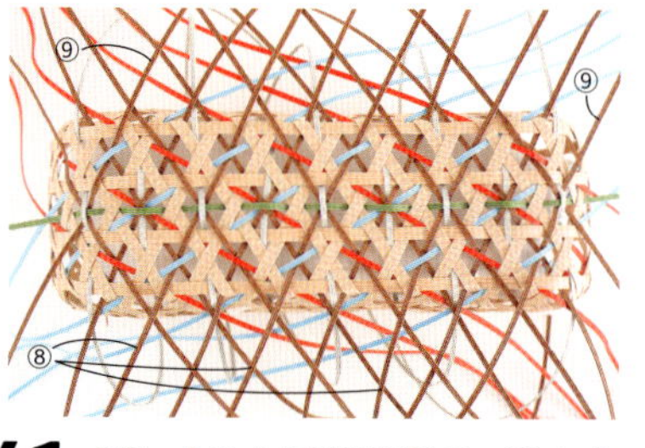

41 **39**、**40**と同じ要領で、⑧3本と⑨2本を右上方向に通す。

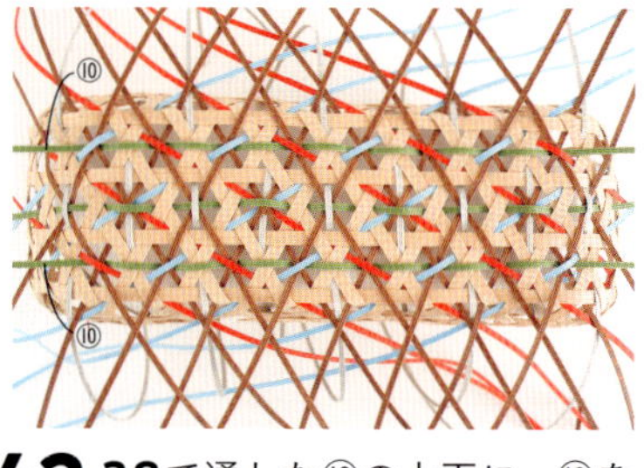

42 **38**で通した⑩の上下に、⑩を1本ずつ横方向に通す。

◇側面に差しひもを通す

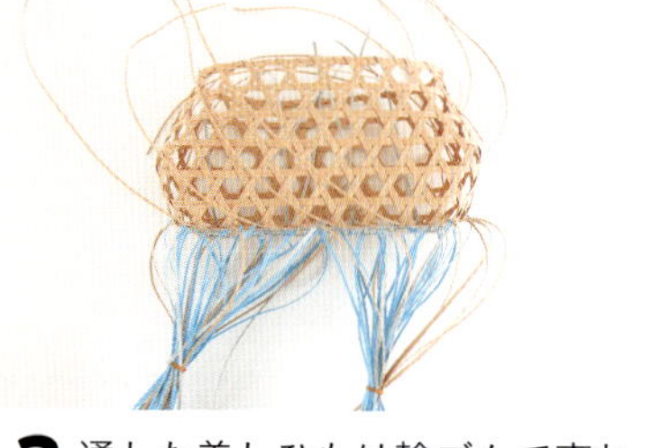

43 通した差しひもは輪ゴムで束ね、必要なひものみ引き出して作業していく。

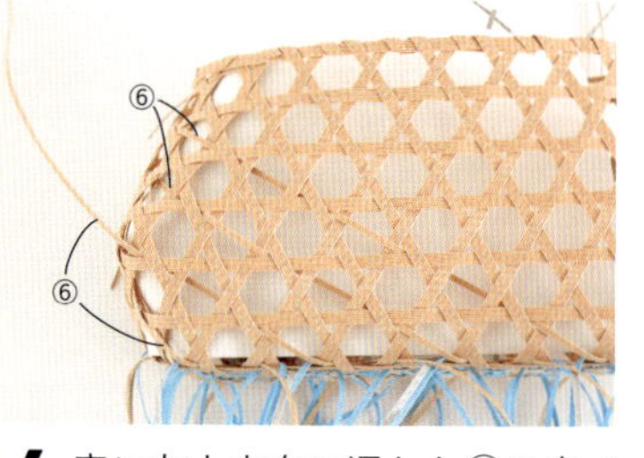

44 底に左上方向に通した⑥の右4本（P53A・★）を側面の左上方向に通す。下から2番め以外のひも端は、本体の中に。

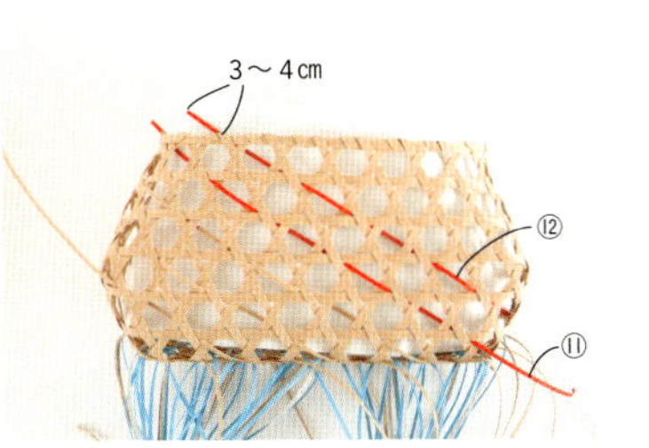

45 **44**の右側に⑪差しひも、さらにその右側に⑫差しひもを1本ずつ左上方向に通す。上端はそれぞれ3～4㎝残し、⑫の下側のひも端は本体の中に。

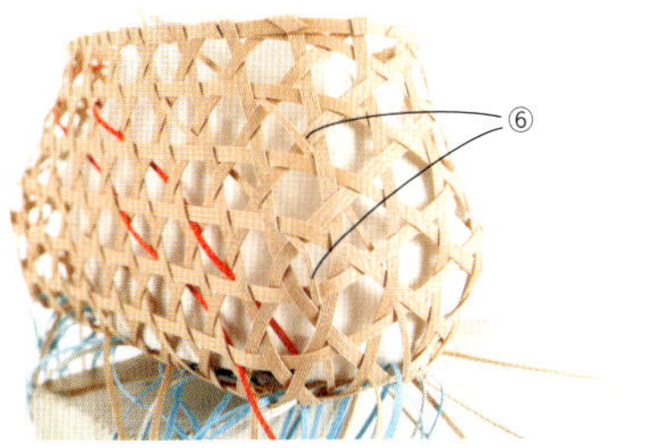

46 底に右上方向に通した⑥の右2本（A・♥）のひも端を、横側面から側面に向かって左上方向に通す。

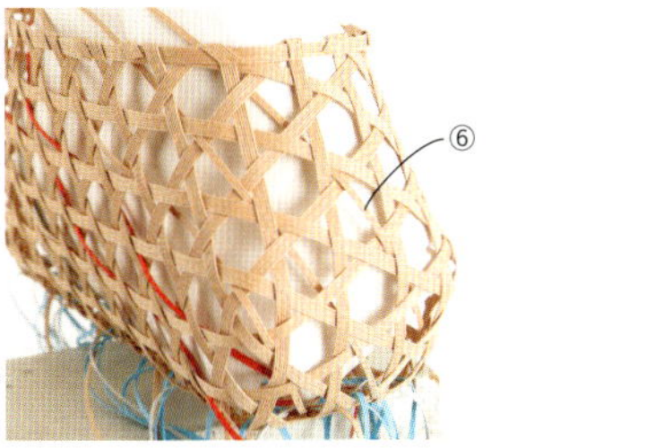

47 **44**で通した左端の⑥1本を横側面で左上方向に通す。**44**～**47**と同様にして、それぞれの反対面にも左上方向に通す。

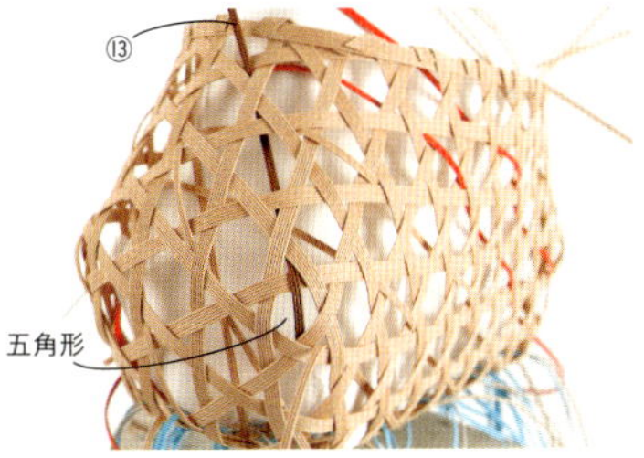

48 ⑬差しひも1本を横側面の五角形（**17**参照）の下端の裏側に貼り、左上方向に通す。反対面も同様に。

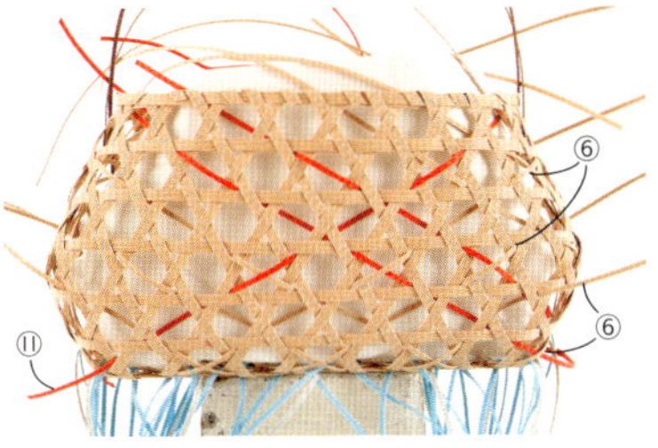

49 **44**～**47**と同じ要領で、底に右上方向に通した⑥の左4本（A・☆）と左上方向に通した⑥の左2本（A・♡）、⑪2本（両側面に1本ずつ）を右上方向に通す。

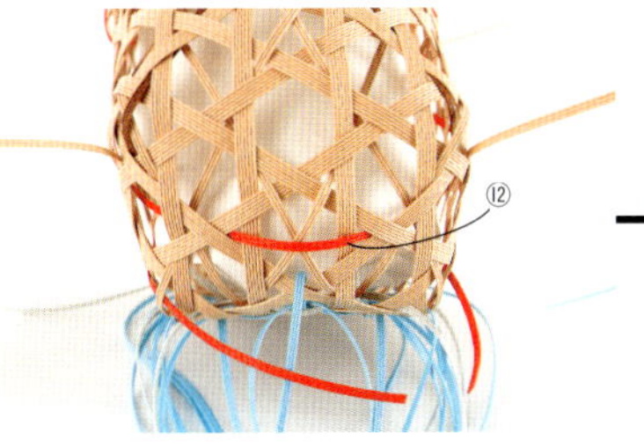

50 ⑫の下側のひも端を横側面で横方向に通してから、側面で右上方向に通す。

→

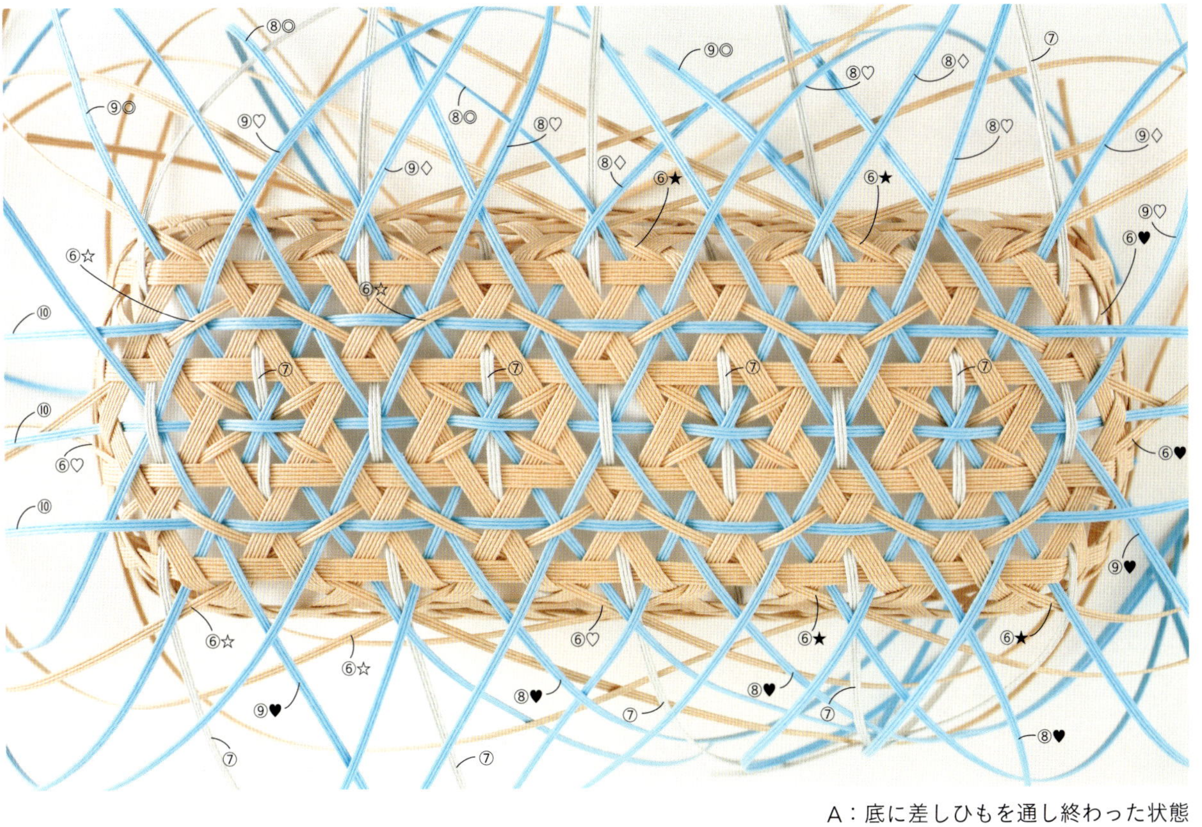

A：底に差しひもを通し終わった状態

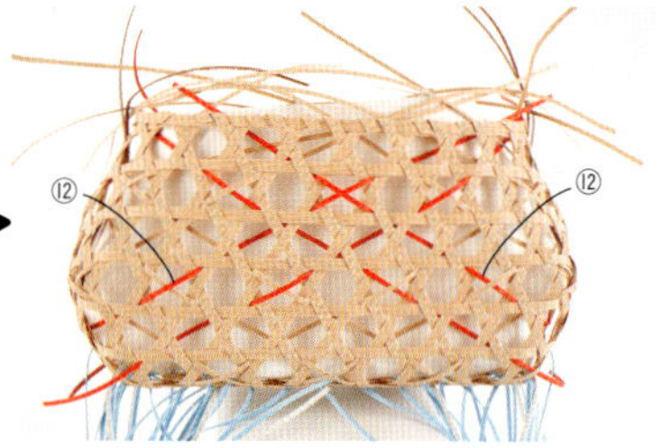

反対面も同様に。

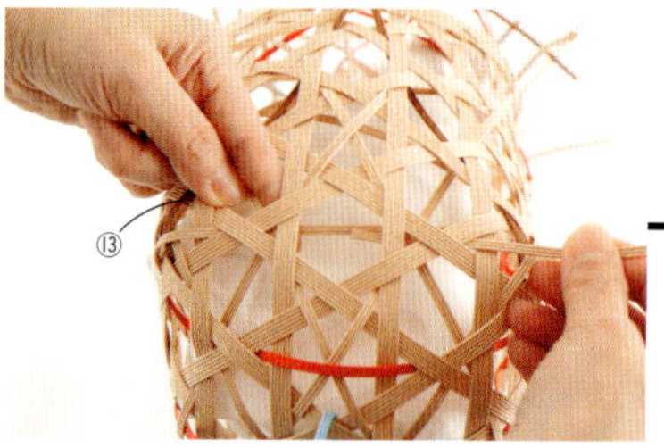

51 **48**と同じ要領で、⑬1本を右上方向に通す。⑥3本ずつと⑪の上側のひも端は、各段の横側面で横方向に通し、縦ひもの裏

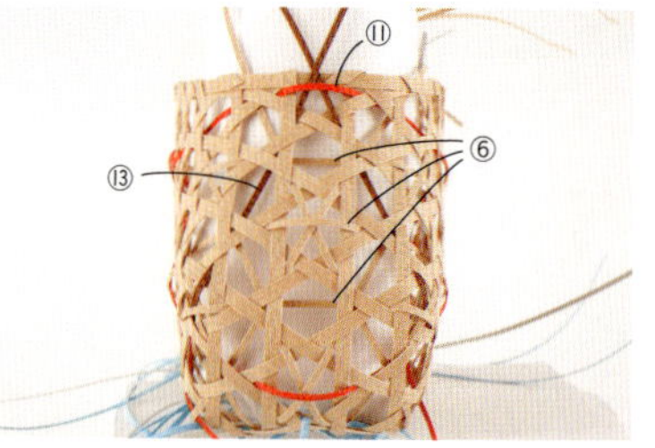

側の隠れる位置でカットして貼り合わせる。反対面も同様に。

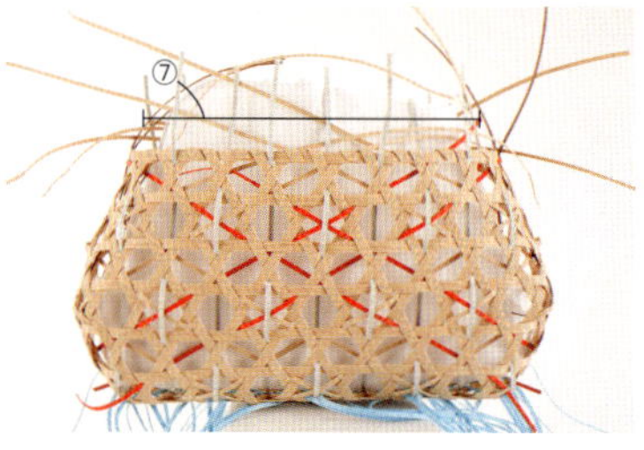

52 底に通した⑦9本を、側面に縦方向に通す。反対面も同様に。

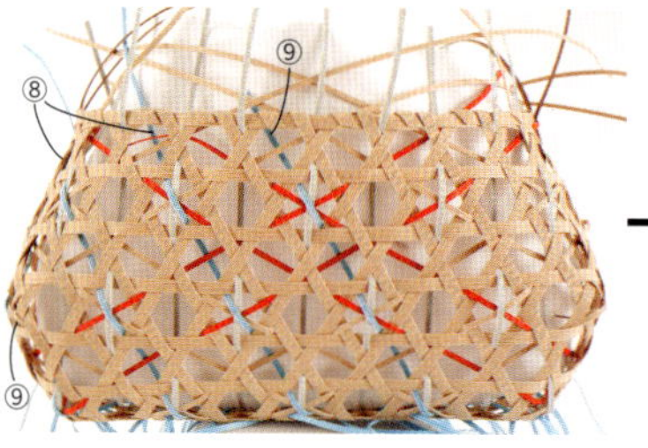

53 底に左上方向に通した⑧と⑨各2本（P53A・◎）を、側面に左上方向に通す。

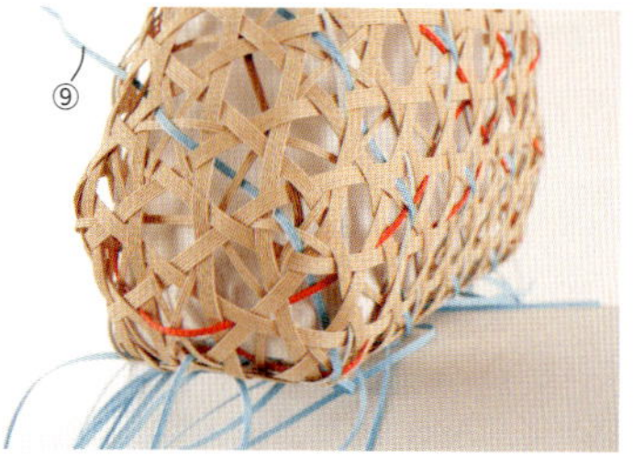

左端の⑨は続けて横側面に通す。

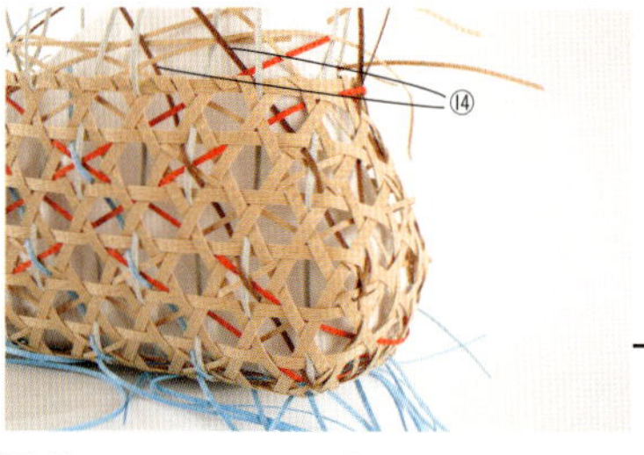

54 側面の右側に⑭差しひも2本を左上方向に通す。**53**、**54**と同様にして、それぞれの反対面にも通す。

左の下側のひも端は1段めの五角形の縦ひもの裏側、右の下側のひも端は3段めの五角形のひもの裏側に貼ってから通す。

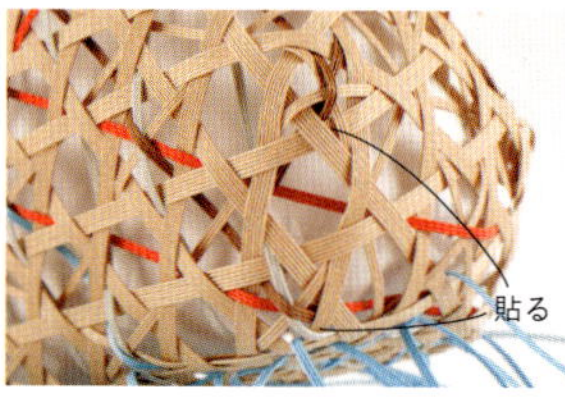

55 左側面に⑮差しひも1本を左上方向に通す。このとき、上側のひも端を3段めの側面の中央に合わせる。

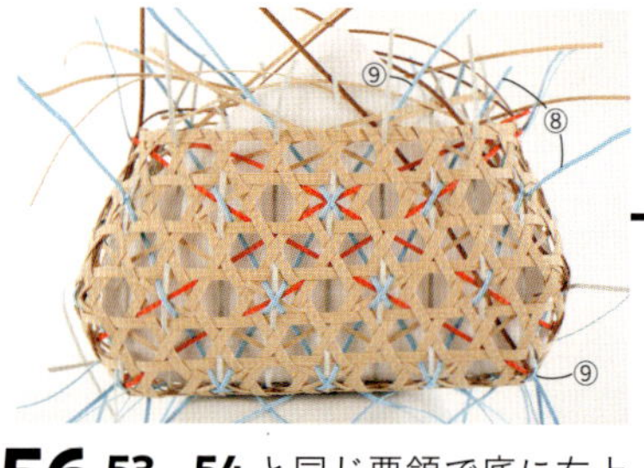

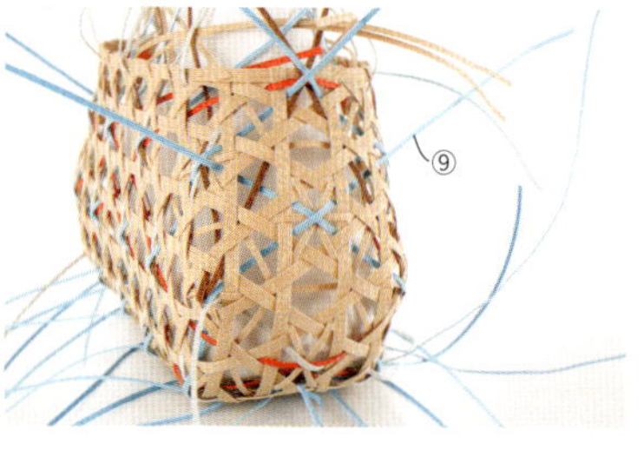

56 **53**、**54**と同じ要領で底に右上方向に通した⑧と⑨各2本（P53A・◇）、左側に⑭2本を右上方向に通す（⑭は**58**参照）。

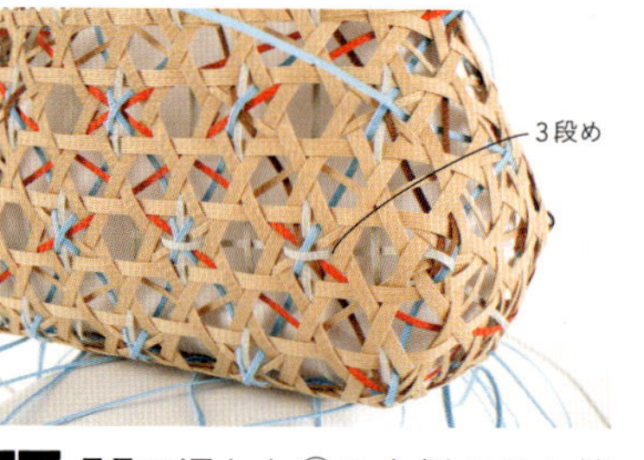

57 **55**で通した⑮の上側のひも端を側面の3段めに通す。

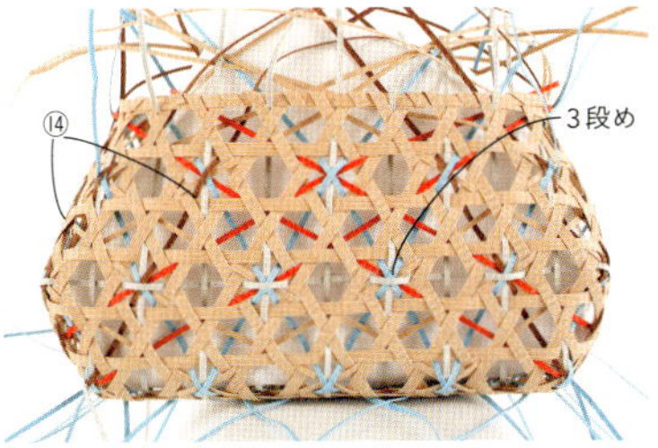

58 ⑮の下側のひも端を側面の1段め→右側面で右上方向→反対の側面の3段めに通す。つなぎ目が縦ひもの裏側に隠れるように余分をカットし、**57**のひも端と貼り合わせる。

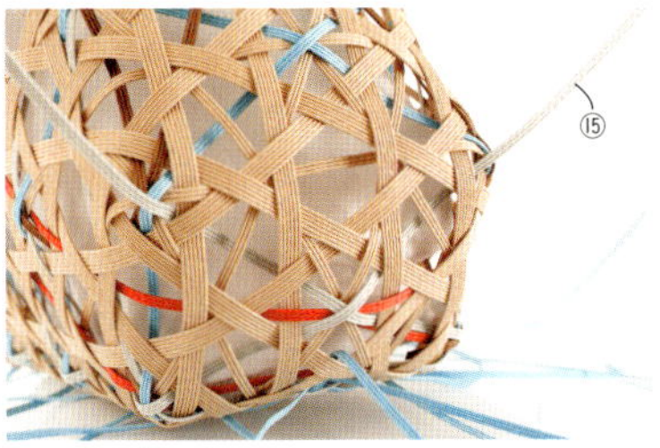

59 **55**、**57**、**58**と同じ要領で⑮1本を左側面に右上方向に通し、側面の1段めと3段めに通す（**60**参照）。

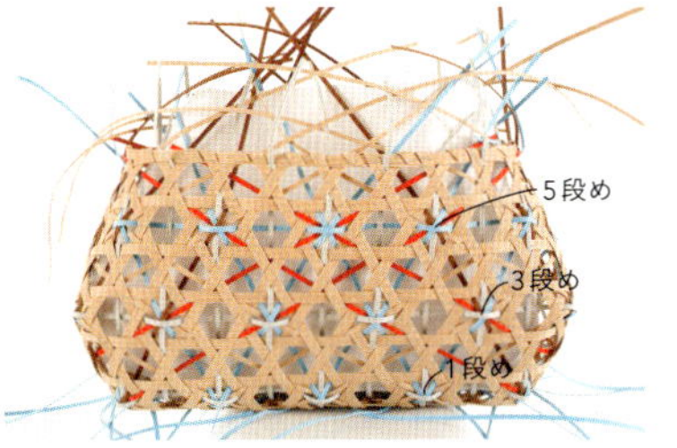

60 **53**と**56**で横側面に通した⑨を、それぞれ側面の5段めに通して貼り合わせる。

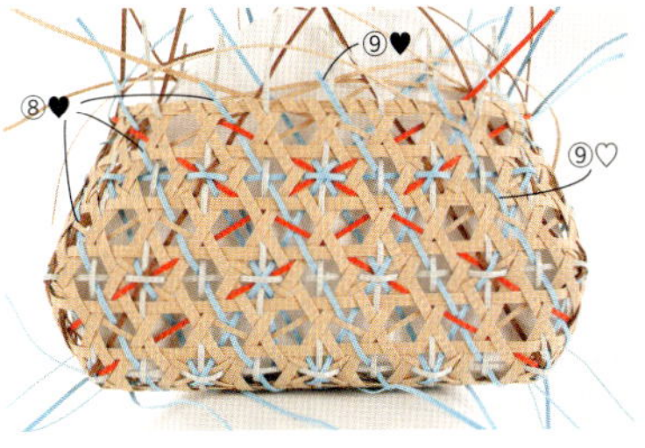

61 底に左上方向に通した⑧3本と右端の⑨1本（P53A・♥）、右上方向に通した右端の⑨1本（A・♡）を、側面に左上方向に通す。左端の⑧1本は続けて横側面へ（**62**参照）。反対面も同様に。

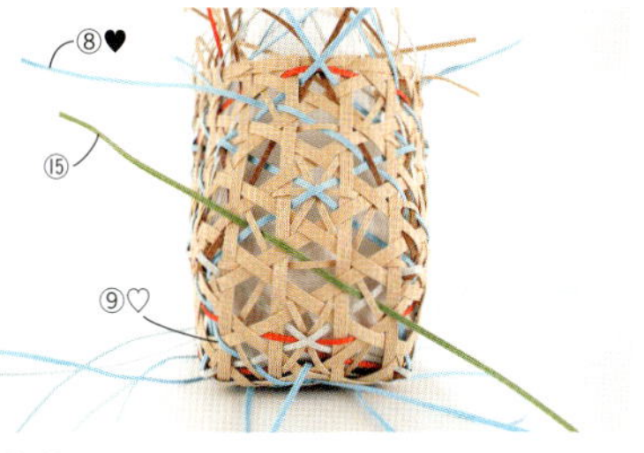

62 左側面に⑮差しひも1本を左上方向に通す。このとき、上側のひも端を4段めの側面の中央に合わせる。

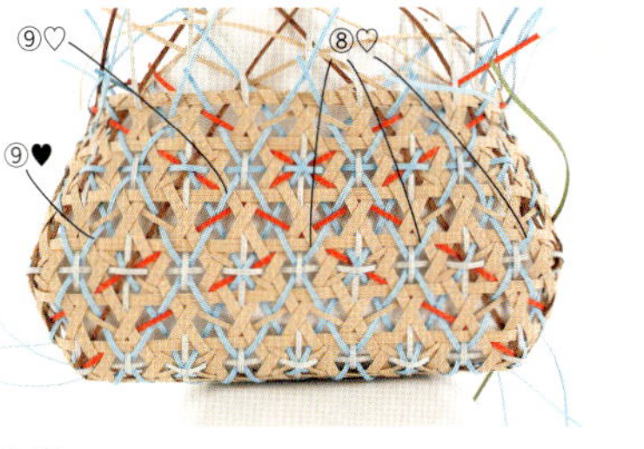

63 **61**と同じ要領で、底に右上方向に通した⑧3本と左端の⑨1本（P53A・♡）、左上方向に通した左端の⑨1本（A・♥）を右上方向に通す。

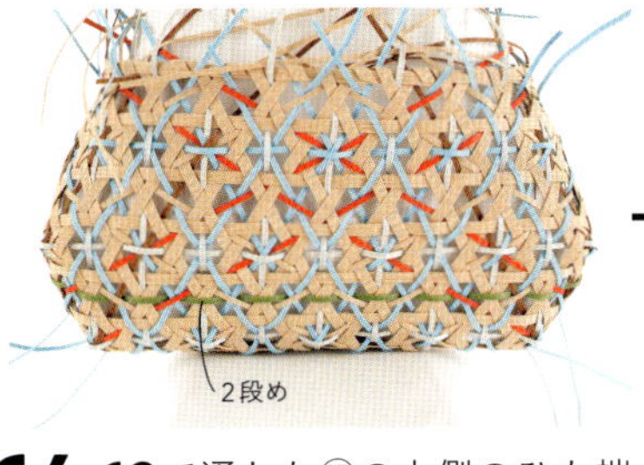

→

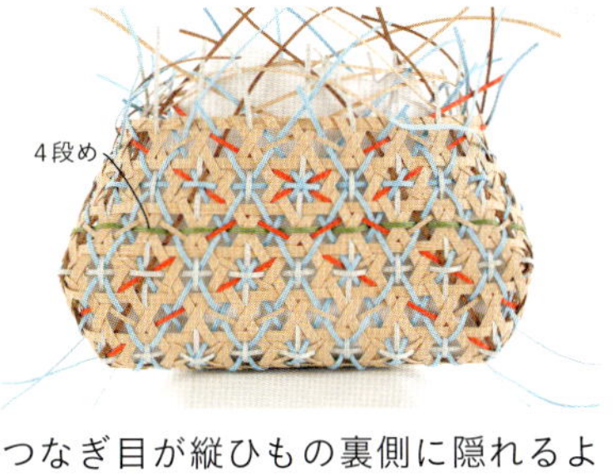

64 **62**で通した⑮の上側のひも端を側面の4段めに通す。下側のひも端を側面の2段め→右側面で右上方向→反対の側面の4段めに通す。

つなぎ目が縦ひもの裏側に隠れるように余分をカットし、ひも端どうしを貼り合わせる。

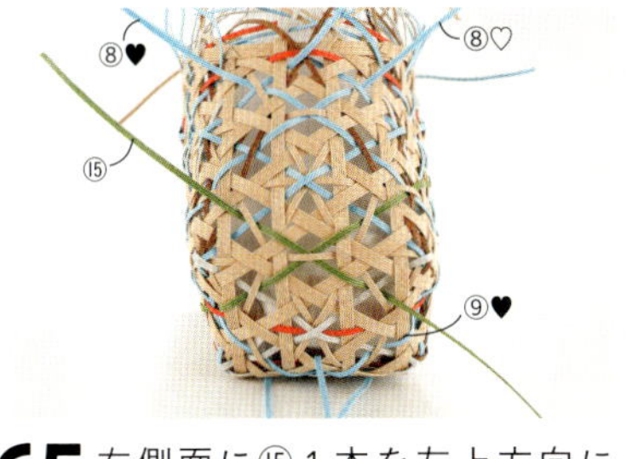

65 右側面に⑮1本を左上方向に通し、**64**と同じ要領で側面の2段めと4段めに通す。

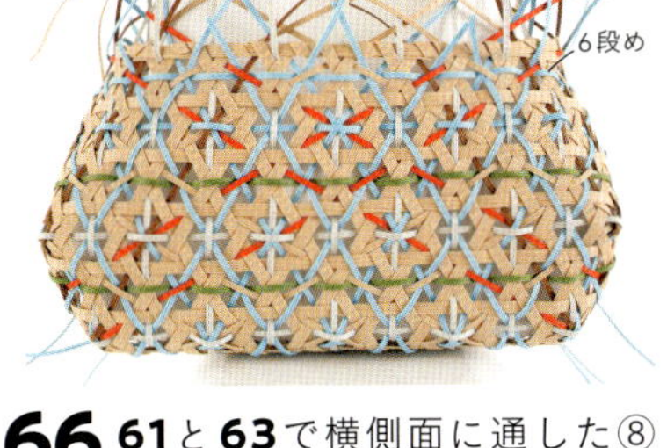

66 **61**と**63**で横側面に通した⑧♡と♥（**65**参照）を、それぞれ側面の6段めに通して貼り合わせる。

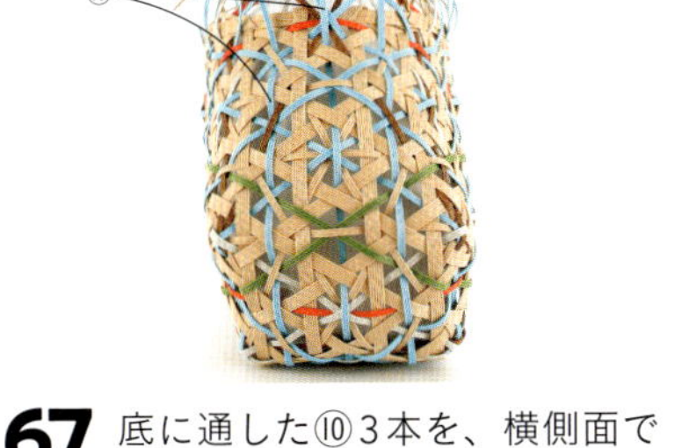

67 底に通した⑩3本を、横側面で縦方向に通す。反対面も同様に。

◇縁を始末する

68 縁の上端に合わせて差しひもをカットし、六つ目編みの6段めのひもに貼る。

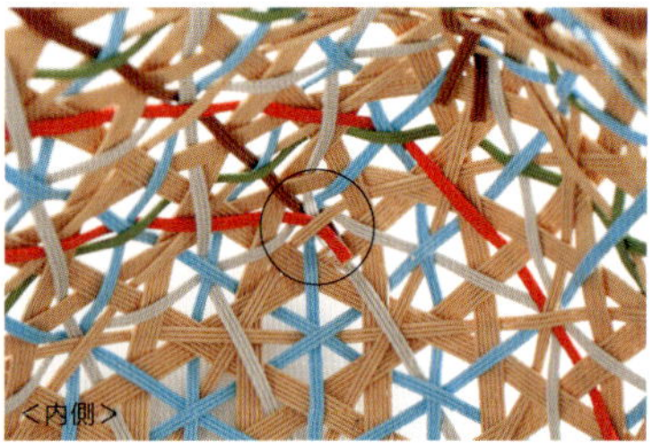

69 ⑪の下側のひも端と、内側の接着剤でとめていないひも端は、切り口が縦ひもの裏側に隠れる位置で余分をカットして貼る。

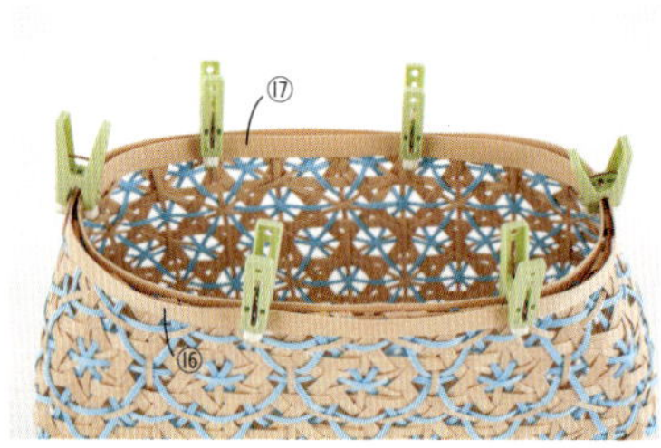

70 縁の外側に⑯縁外ひも、内側に⑰縁内ひもを、下端どうしを合わせて洗濯ばさみでとめる。

71 ⑱ステッチひもで縁にブランケットステッチをする。

—ブランケットステッチ—

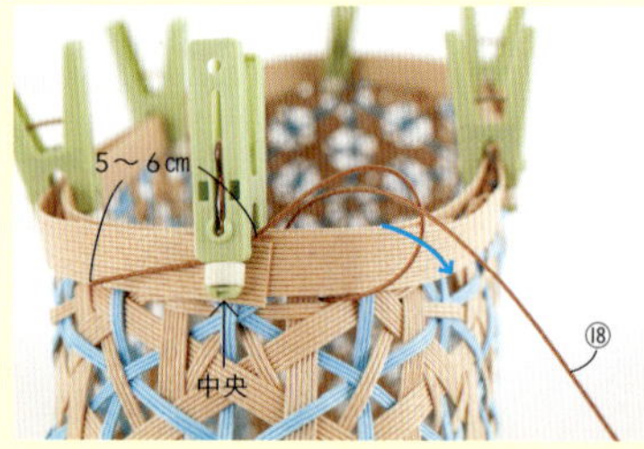

1 横側面の縁の下に外側から内側に⑱を通し、ひも端を5～6cm残して洗濯ばさみでとめる。反対側のひも端を手前にして交差。

2 **1**と同じ要領で、隣の三角形の中央に通して交差させる。

3 側面の縁には、縦ひもと差しひもの間に通してステッチする。

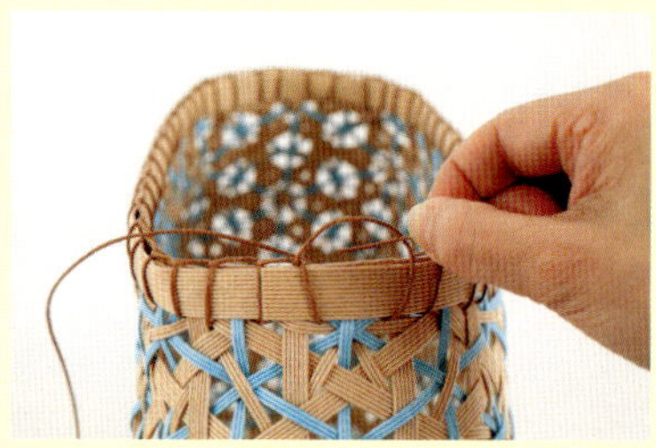

4 1周ステッチしたら、**1**で洗濯ばさみでとめていたひも端を最後の輪に通す。

<内側>

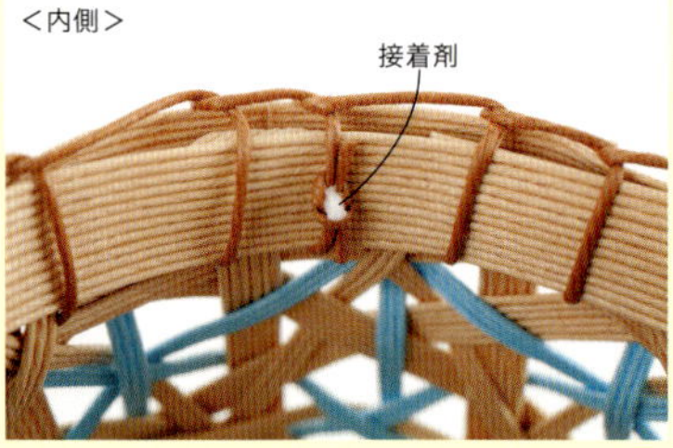

5 縁の内側で2回結び、結び目に接着剤をつけて余分をカットする。

◇持ち手をつける

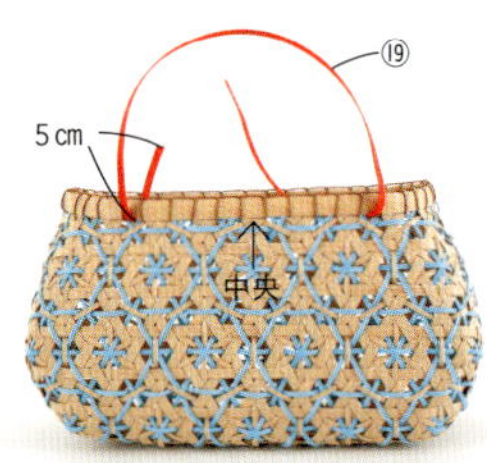

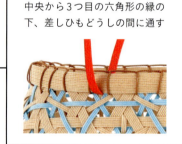

中央から3つ目の六角形の縁の下、差しひもどうしの間に通す

72 ⑲持ち手内ひも1本を2か所で折り、両端を外側から内側に通して貼り合わせる。
≫P44「持ち手 B」

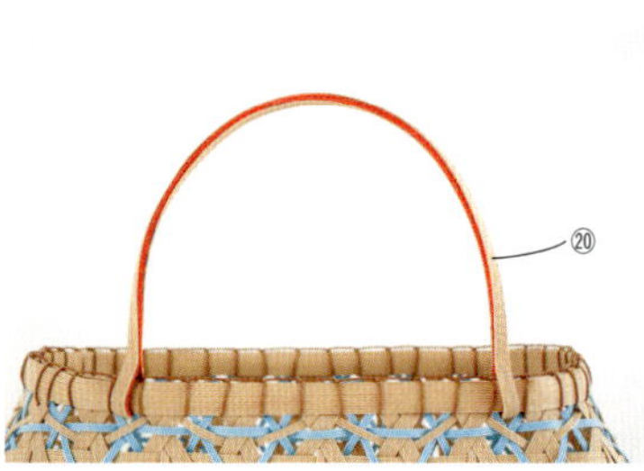

73 ⑳持ち手外ひも1本を同じ位置に通し、⑲をはさむように端どうしを突き合わせて貼る。

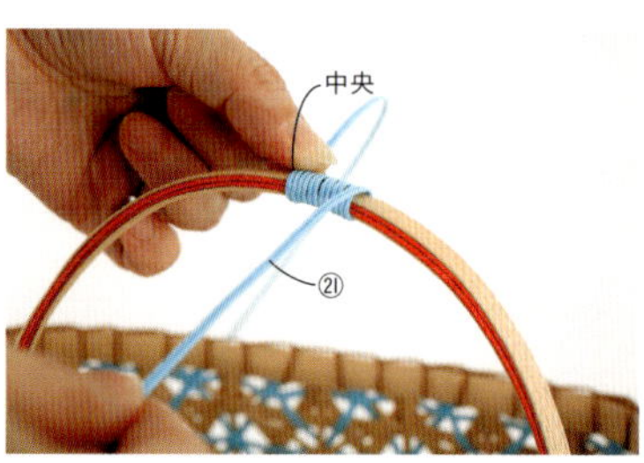

74 ㉑巻きひも1本と持ち手の中央どうしを合わせて巻く。

75 反対側も**74**と同様にする。もう一方の持ち手も、**72**～**75**と同様に作業する。

鎧編みのツートンバッグ photo：9ページ

■材料

紙バンド
（グレー／No.17、白／No.2）・
30m巻…各1巻

■でき上がりサイズ

約幅28×マチ15.5×高さ17cm
（持ち手含まず）

■用意するひもの幅と本数 ※指定以外の色は白。

①横ひも　6本幅・70cm…5本
②横ひも　8本幅・18cm…4本
③縦ひも　6本幅・60cm…11本
④始末ひも　6本幅・7.5cm…2本
⑤編みひも　2本幅・500cm…2本
⑥差しひも　6本幅・27cm…8本
⑦編みひも　4本幅・450cm…6本
（グレー）
⑧編みひも　3本幅・480cm…2本
⑨編みひも　6本幅・80cm…1本
⑩持ち手内ひも　8本幅・76cm…2本
⑪持ち手外ひも　8本幅・77cm…2本
⑫巻きひも　2本幅・420cm…2本
（グレー）
⑬縁編みひも　4本幅・300cm…2本

■カット図 余り分＝

紙バンドを指定の長さにカットし、割く。①～③の中央に印をつける。≫P23「紙バンドをカットし、割く」

グレー・30m巻

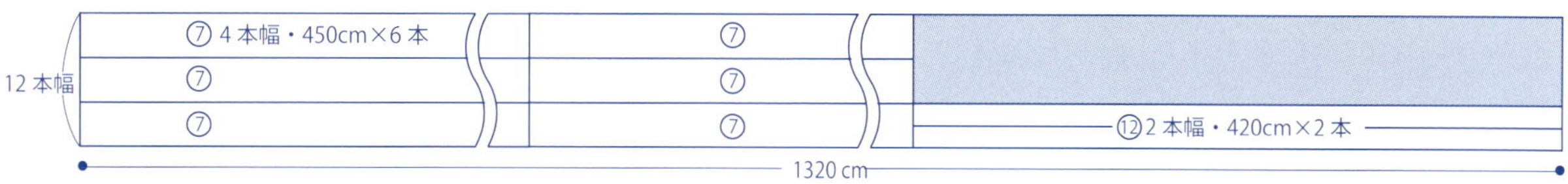

白・30m巻

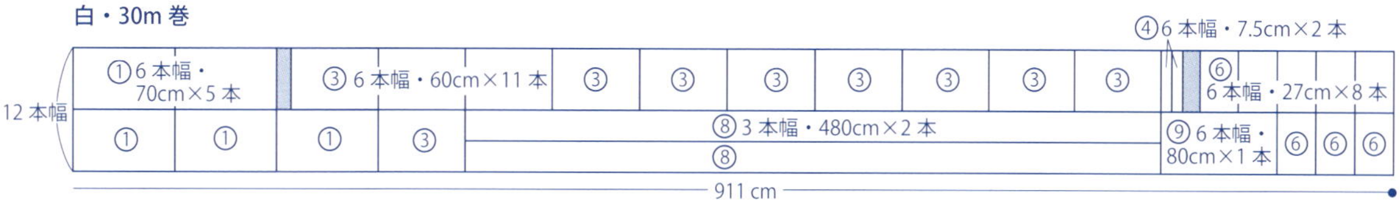

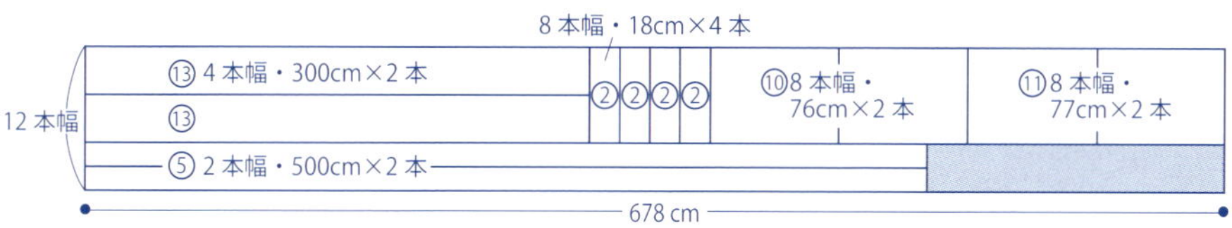

■作り方 ※わかりやすいように、ひもの色を変えている。

◇底を作る

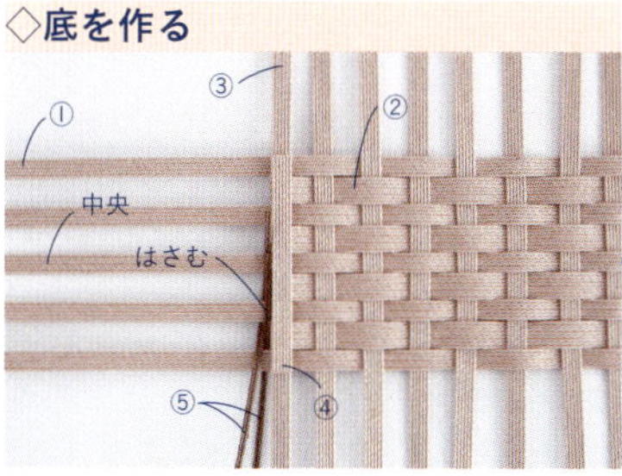

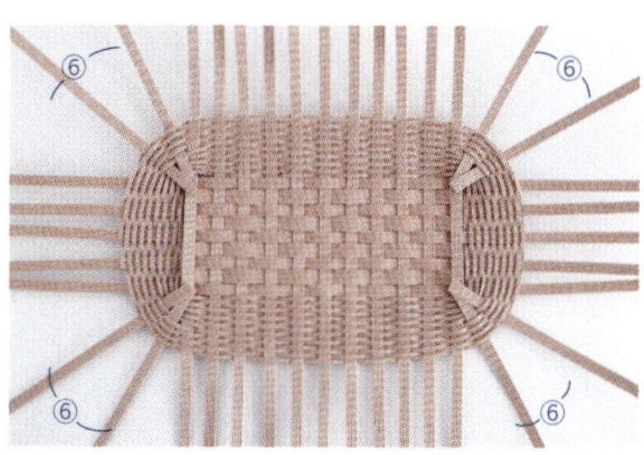

1 ①～⑥のひもで楕円底を作る。⑤編みひも2本で左側面の横ひもをはさみ、追いかけ編みは4周（8段）→⑥差しひもを貼って、4周（8段）。
≫P37「追いかけ編み」、P41「楕円底」

◇側面を編む

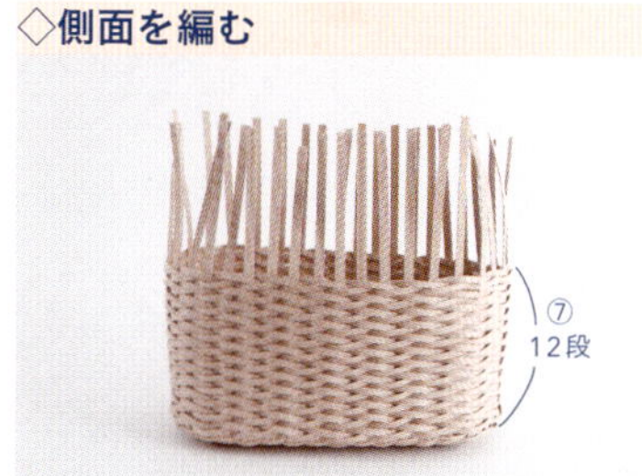

2 ⑦編みひも3本を途中でつなぎながら左側面中央の裏側の編みひもに貼り、周囲のひもをしっかりと立ち上げる。鎧編みで12段編み、余分をカットして編みひもに貼る。
≫P28「鎧編み」、P42「ひもを立ち上げる」

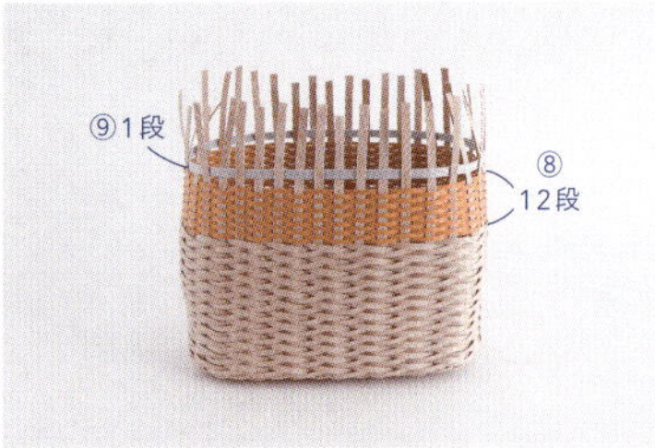

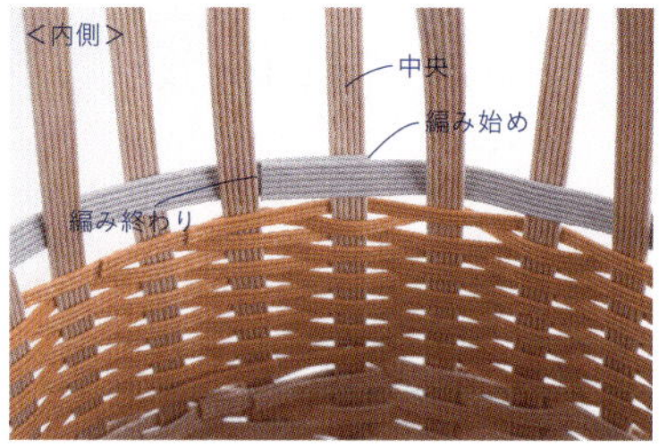

3 ⑧編みひも2本で追いかけ編みを6周（12段）、⑨編みひもで素編みを1段編む。
≫ P26「素編み」

⑧は余分をカットして編みひもに貼る。⑨の編み始めは左側面中央の縦ひもの裏側に洗濯ばさみでとめ、編み終わりは隣の縦ひもに突き合わせにして貼る。

◇縁を始末し、持ち手をつける

4 縦ひもを内側と外側に交互に折り、編み目に差し込む。

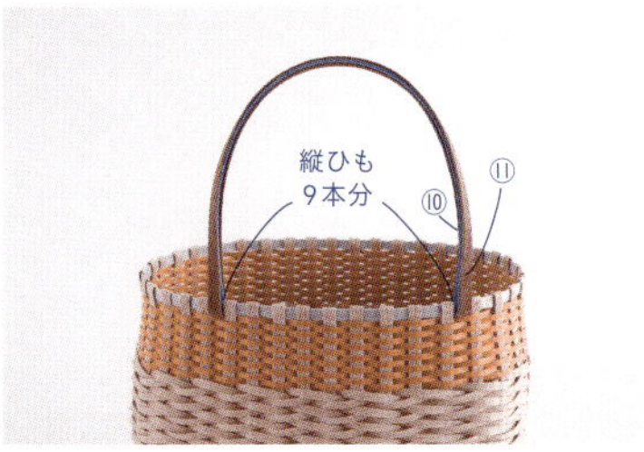

5 ⑩持ち手内ひも1本、⑪持ち手外ひも1本をかごに通して貼り合わせる。反対側も同様に。
≫ P44「持ち手B」

6 ⑬縁編みひも2本を途中でつなぎながら縁編みを編む。
≫ P46「縁編み」

7 持ち手に⑫巻きひも1本を隙間なく巻く。もう一方の持ち手も同様に。

ふっくらワンハンドルのかご photo：20ページ

■材料

紙バンド（白／No.2）・5m巻、（あんず／No.34）・30m巻…各1巻

■でき上がりサイズ

約幅25×マチ19×高さ18cm（持ち手含まず）

■用意するひもの幅と本数 ※指定以外の色は、あんず。

①横ひも　6本幅・64cm…7本
②横ひも　8本幅・16cm…6本
③縦ひも　6本幅・57cm…9本
④始末ひも　6本幅・11cm…2本
⑤編みひも　2本幅・530cm…2本
⑥差しひも　6本幅・23cm…8本
⑦編みひも　2本幅・90cm…3本
⑧編みひも　6本幅・730cm…2本
⑨編みひも　2本幅・250cm…3本（白）
⑩持ち手内ひも　6本幅・54cm…2本
⑪持ち手隙間ひも　6本幅・18cm…2本
⑫持ち手外ひも　6本幅・55cm…2本
⑬持ち手中央ひも　6本幅・23cm…2本
⑭巻きひも　2本幅・240cm…1本
⑮引き返しひも　2本幅・80cm…2本

■カット図

余り分＝

紙バンドを指定の長さにカットし、割く。①～③の中央に印をつける。≫P23「紙バンドをカットし、割く」

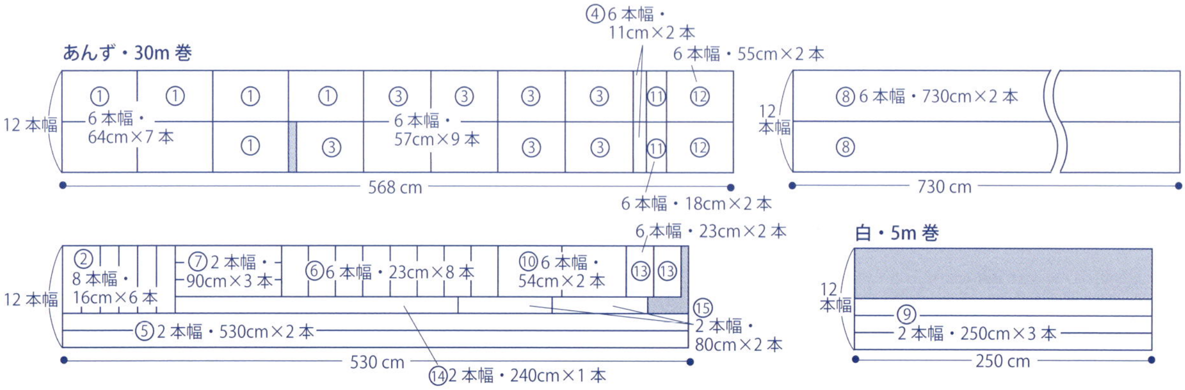

■作り方 ※わかりやすいように、ひもの色を変えている。

◇底を作る

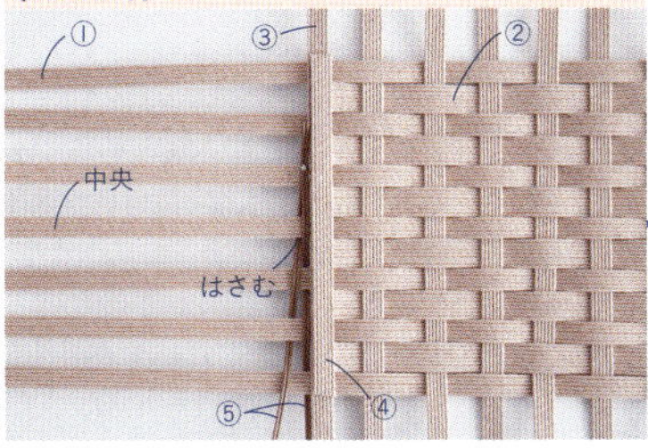

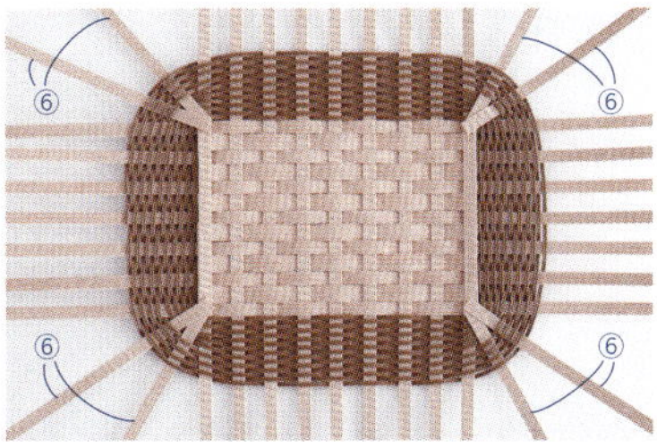

1 ①〜⑥のひもで楕円底を作る。⑤編みひも２本で左側面中央の横ひもをはさみ、追いかけ編みは４周（8段）→⑥差しひもを貼って、４周（8段）。

≫ P37「追いかけ編み」、P41「楕円底」

◇側面を編む

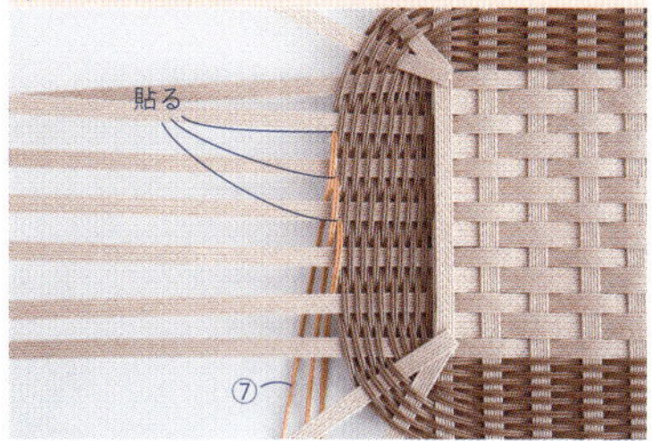

2 ⑦編みひも３本を左側面の裏側の編みひもに貼り、周囲のひもをゆるやかに立ち上げる。

≫ P42「ひもを立ち上げる」

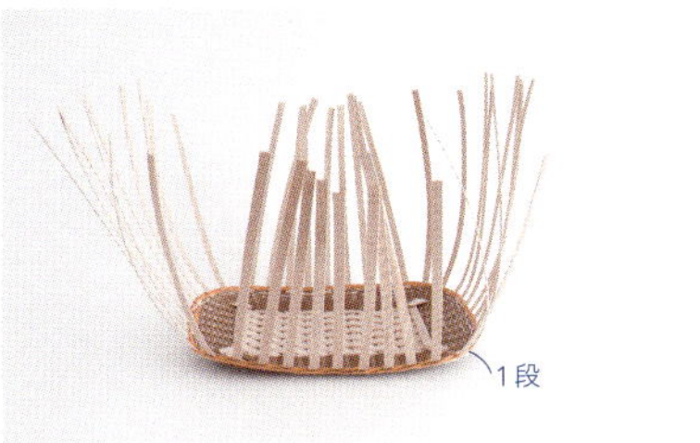

3 3本縄編みを1段編み、余分をカットして編みひもに貼る。

≫ P31「3本縄編み」

4 左側面中央の縦ひもの裏側に⑧編みひも1本を洗濯ばさみでとめ、右側面中央の縦ひもまで素編みをする。

≫ P26「素編み」

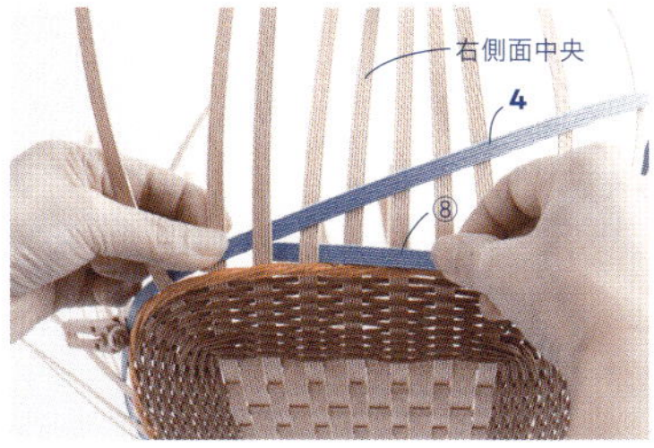

5 **4**の編みひもの下、中央の左隣の縦ひもの裏側にもう１本の⑧を洗濯ばさみでとめる。

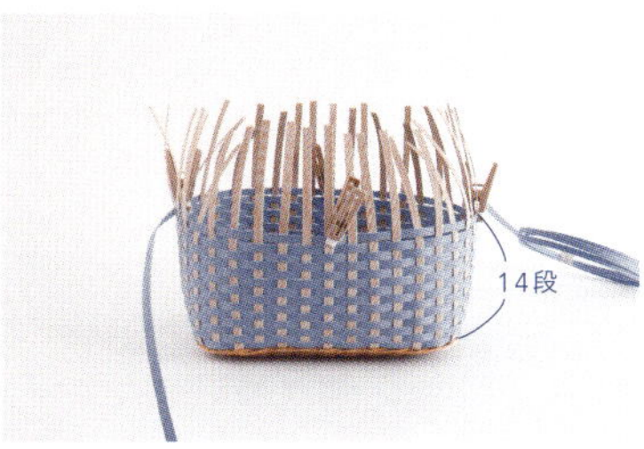

6 追いかけ編みで各７周（14段）編む。

7 一方の⑧で引き返し編みをする。反対側の横側面の、中央から２本手前の縦ひもで引き返す。反対側も同様に。

≫ P38「引き返し編み」

8 さらに２本手前の縦ひもで引き返す。反対側も同様に。

9 同じ要領で、引き返す位置を2本ずつ手前にずらしながらあと2回、4段編む。余分をカットして縦ひもの裏側に折って貼る。

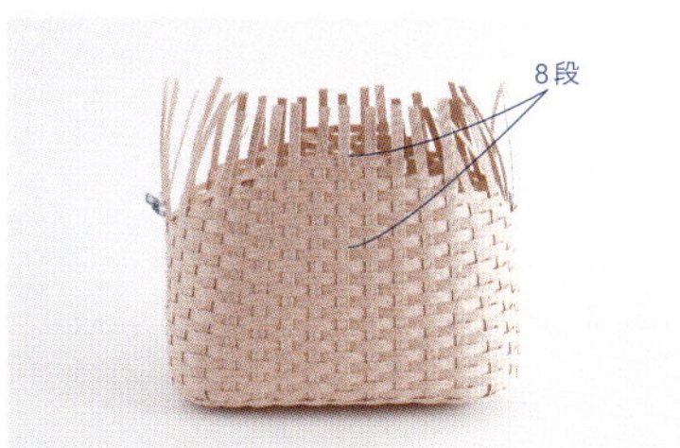

10 もう一方の⑧で、反対面も**7**〜**9**と同じ要領で引き返し編みを計8段編む。

11 ⑨編みひも3本で3本縄編みを3段編む。1段めは、隙間を埋めるよう引き返し編みの段差にかぶせて編む。余分をカットして編みひもに貼る。

◇縁の始末をする

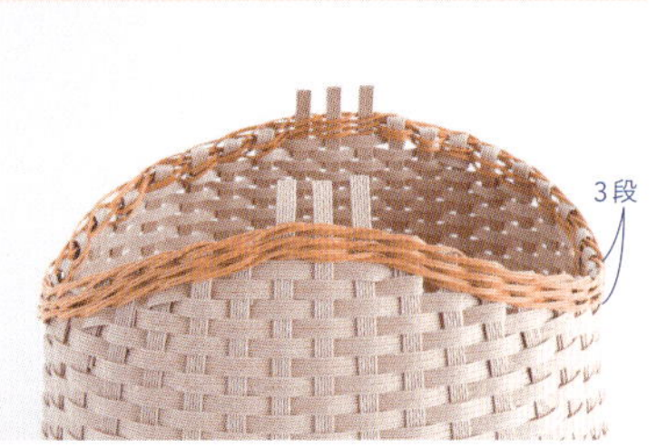

12 側面中央の3本ずつを残して、縦ひもを内側に折り、編み目に差し込む。

◇持ち手をつける

13 残した3本の、両端の縦ひも2本の内側に⑩持ち手内ひもを1本ずつ差し込む。持ち手が21cmになるように、差し込む長さを調整する。

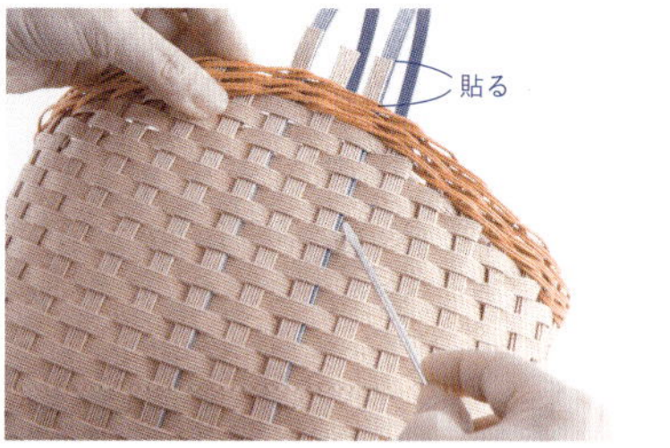

14 縁より上の縦ひもと⑩を貼り合わせ、差し込んだ部分のずれはドライバーで戻す。

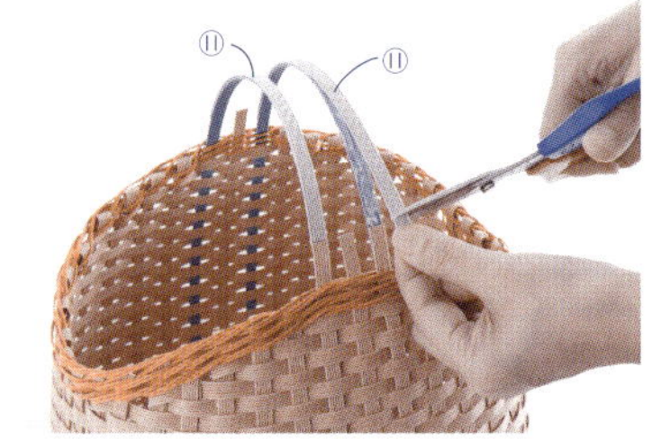

15 縦ひもと縦ひもの間の⑩の上に、縦ひもと突き合わせになるように余分をカットして⑪持ち手隙間ひもを1本ずつ貼る。

16 **13**、**14** と同じ要領で、中央の縦ひもの内側に⑬持ち手中央ひも1本を持ち手が20.5cmになるように差し込み、縦ひもと貼り合わせる。

17 持ち手の外側に接着剤を塗り、中央にもう1本の⑬を、両端に⑫持ち手外ひもを1本ずつ差し込む。

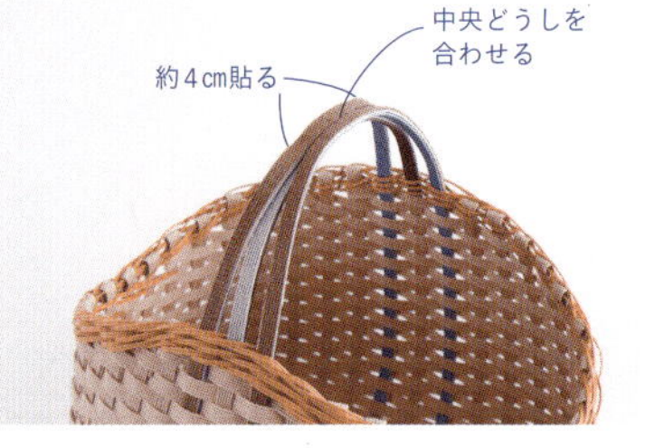

18 持ち手3本のそれぞれの中央に印をつけ、両端の側面と中央の上面に接着剤をつけて貼る。

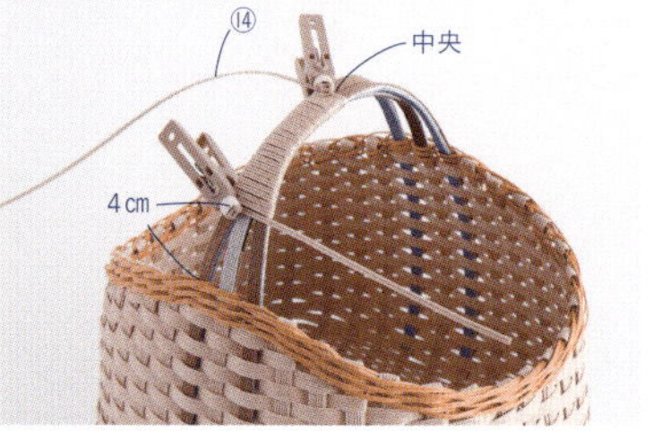

19 ⑭巻きひもと持ち手の中央どうしを合わせて、端から4cmのところまで隙間なく巻く。⑭はそのままにしておく。

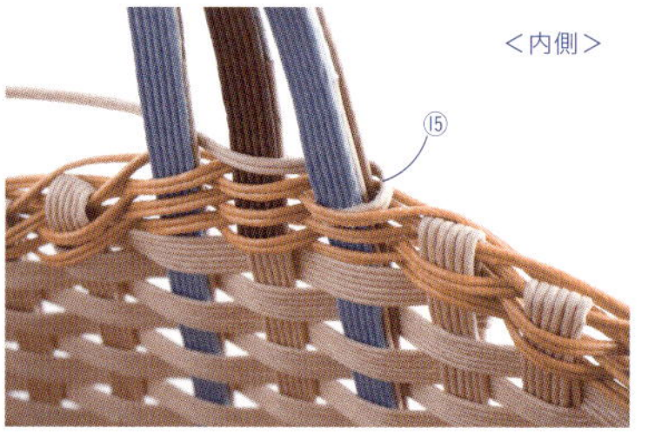

20 ⑮引き返しひも1本の片端を約1cm折り、持ち手の裏側の編み目に差し込んで貼る。

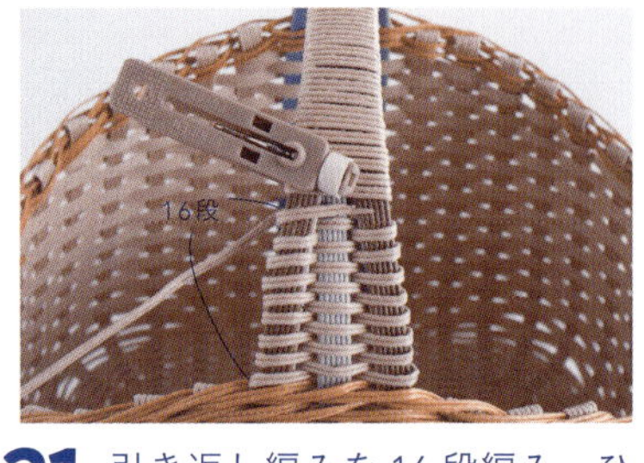

21 引き返し編みを16段編み、ひも端をカットして持ち手の外側に貼る。

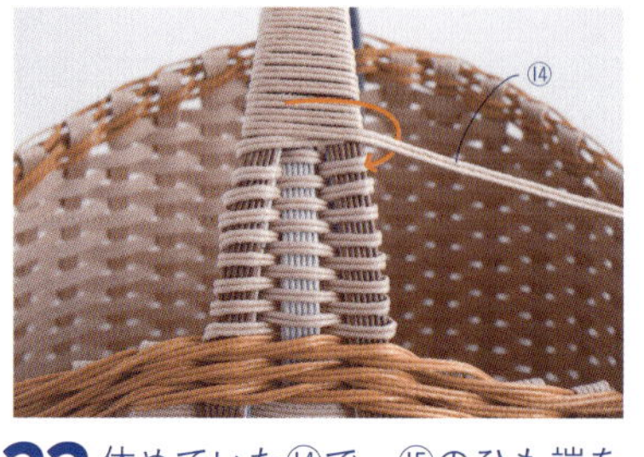

22 休めていた⑭で、⑮のひも端を覆うように1回巻く。ひも端をカットし、持ち手の裏側の巻きひもに入れ込んで貼る。

23 反対側も **19** ～ **22** と同様に作業する。

サンプラーバッグ photo：5 ページ

■材料

紙バンド（特染 漆黒／No.44）・
5m 巻…2巻、30m 巻…1巻

■でき上がりサイズ

約幅30.5×マチ15.5×高さ30cm
（持ち手含まず）

■用意するひもの幅と本数

①横ひも　6本幅・105cm…5本
②横ひも　8本幅・18cm…4本
③縦ひも　6本幅・96cm…11本
④始末ひも　6本幅・7.5cm…2本
⑤編みひも　2本幅・500cm…2本
⑥差しひも　6本幅・46cm…8本
⑦編みひも　2本幅・85cm…3本
⑧編みひも　6本幅・650cm…1本
⑨編みひも　2本幅・610cm…1本
⑩編みひも　4本幅・85cm…3本
⑪編みひも　4本幅・510cm…2本
⑫編みひも　2本幅・85cm…12本
⑬編みひも　3本幅・73cm…23本
⑭編みひも　2本幅・530cm…2本
⑮編みひも　6本幅・73cm…1本
⑯ボタンひも　3本幅・30cm…3本
⑰ボタンつけひも　1本幅・30cm…1本
⑱ボタンかけひも　1本幅・50cm…6本
⑲縁編みひも　4本幅・550cm…1本
⑳持ち手内ひも　8本幅・102cm…2本
㉑持ち手外ひも　8本幅・103cm…2本
㉒巻きひも　2本幅・530cm…2本

■カット図　余り分＝

紙バンドを指定の長さにカットし、割く。①～③の中央に印をつける。≫P23「紙バンドをカットし、割く」

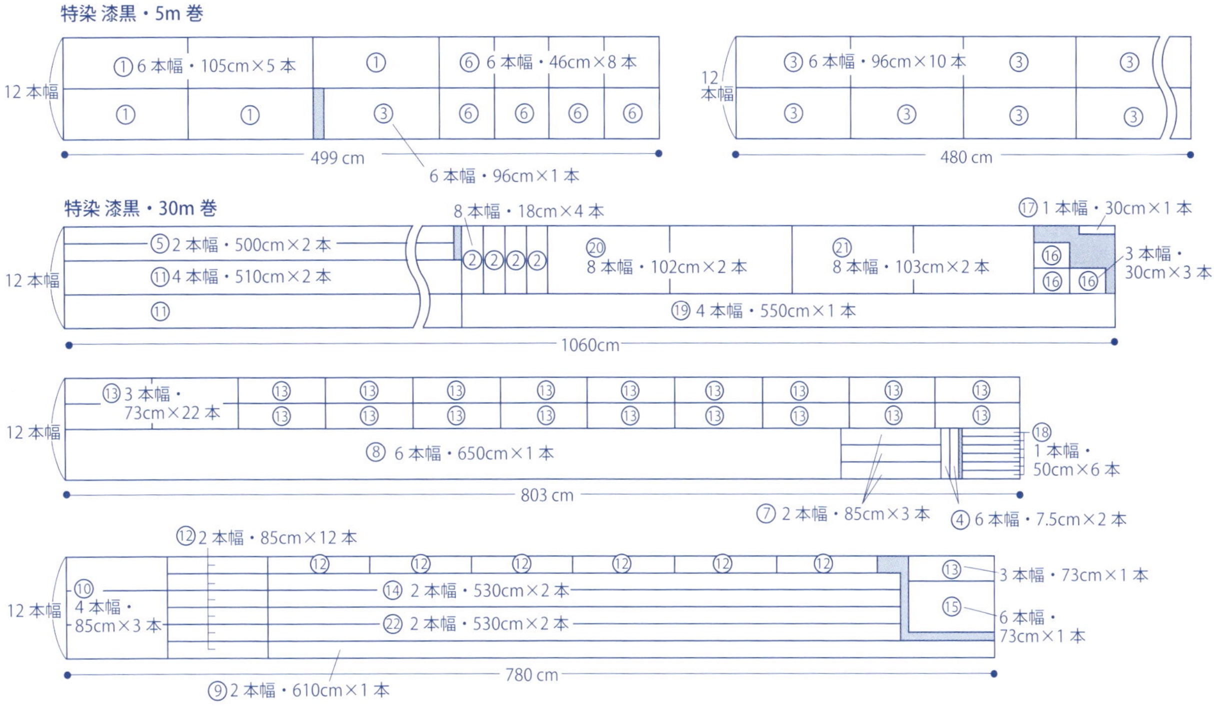

■作り方 ※わかりやすいように、ひもの色を変えている。

◇底を作る

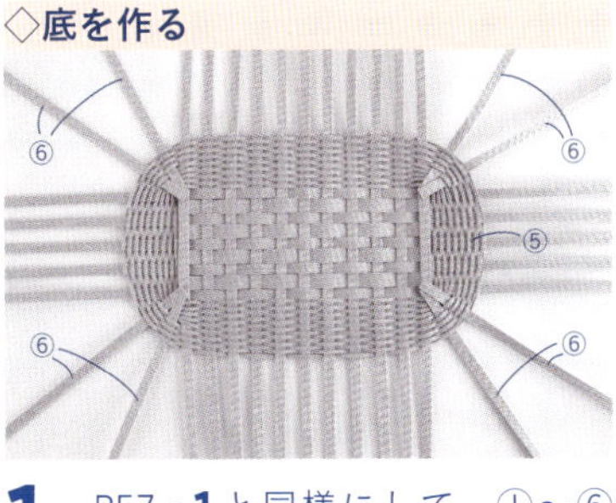

1 P57・**1**と同様にして、①～⑥のひもで楕円底を作る。
≫P37「追いかけ編み」、P41「楕円底」

◇側面を編む

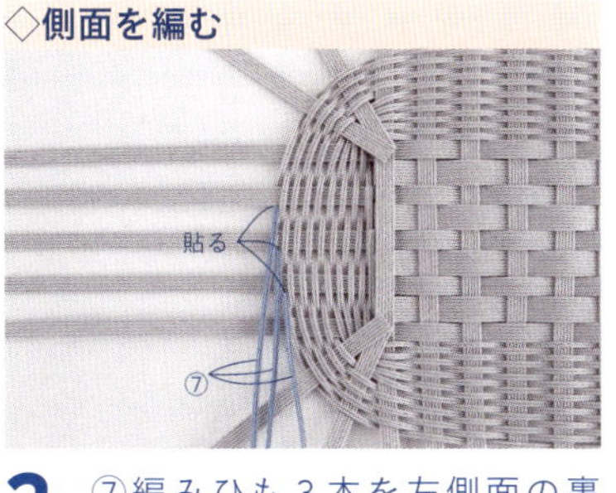

2 ⑦編みひも3本を左側面の裏側の編みひもに貼り、周囲のひもをしっかりと立ち上げる。
≫P42「ひもを立ち上げる」

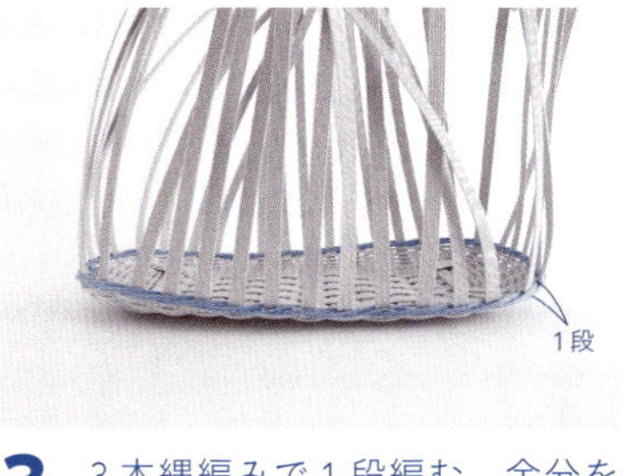

3 3本縄編みで1段編む。余分をカットして編みひもに貼る。
≫P31「3本縄編み」

編みひもに⑧71.5cm、⑪71cm、⑭71.5cmごとに印をつけておき、印がまっすぐ揃うようにすると、ゆがみなくまっすぐ編める。

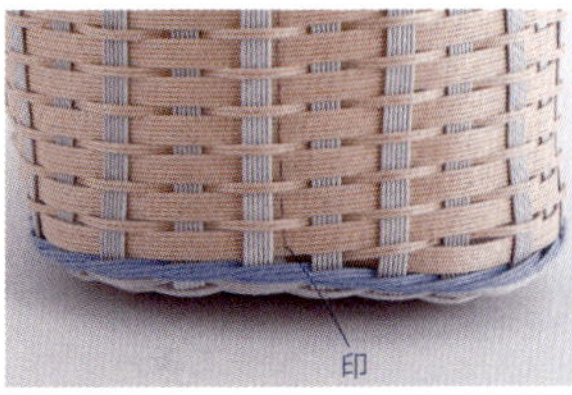

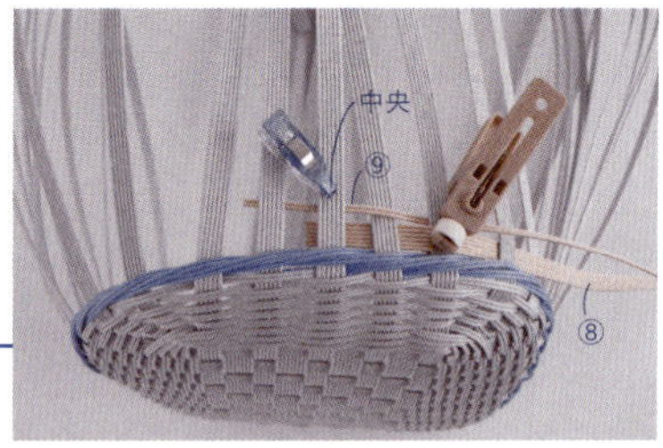

4 ⑧・⑨編みひもを左側面中央の縦ひもの右隣に、⑧は裏目・⑨は表目にして洗濯ばさみでとめる。
≫ P27「畝編み」

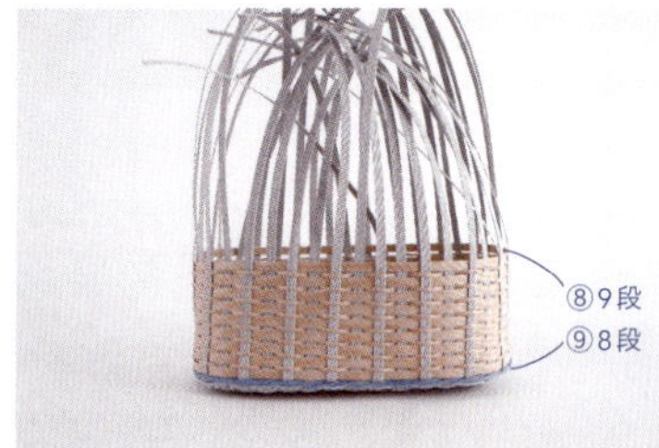

5 畝編みで⑧は9段、⑨は8段編む。余分をカットして編みひもに貼る。

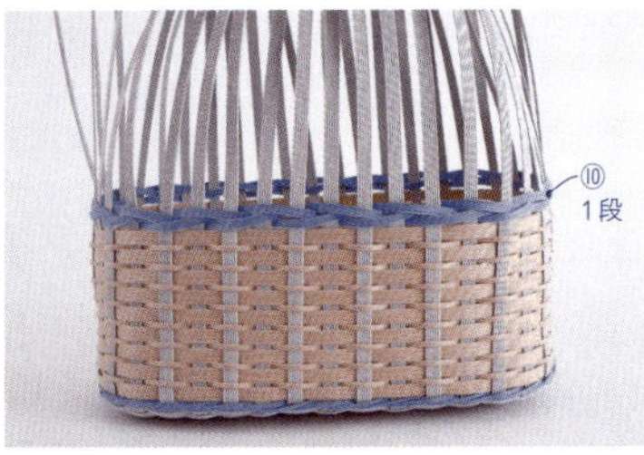

6 ⑩編みひも3本を左側面の縦ひもの裏側に1本ずつ洗濯ばさみでとめ、鎧編みで1段編む。余分をカットして編みひもに貼る。
≫ P28「鎧編み」

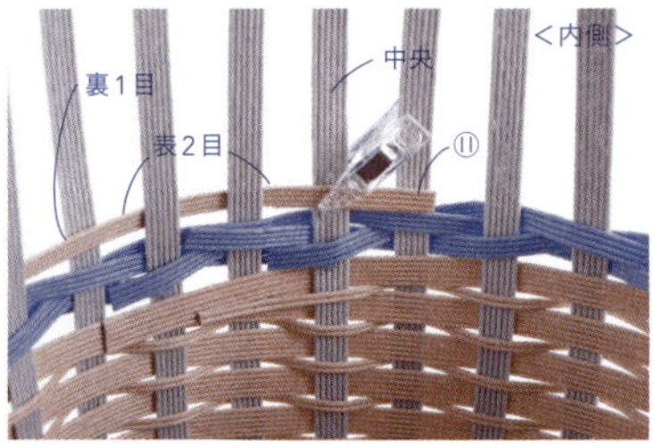

7 ⑪編みひも1本を左側面中央の縦ひもの裏側に洗濯ばさみでとめ、表2目・裏1目の飛ばし編みを14段編む。
≫ P26「飛ばし編み」

8 途中ひもをつなぎながら、14段編んだところ。余分をカットして編みひもに貼る。

9 ⑫編みひも6本で3本縄編みの矢羽編みを1段編む。余分をカットして編みひもに貼る。
≫ P30「矢羽編み」

10 ⑬編みひも23本で、編み図（P100）を参照しながら輪編みで菱出し模様を両側面に編む。
≫ P37「菱出し模様」、P39「輪編み」

11 ⑫6本で3本縄編みの矢羽編みを1段編む。余分をカットして編みひもに貼る。

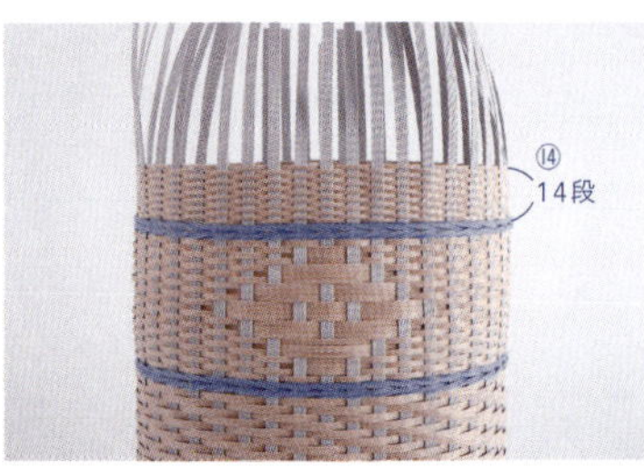

12 ⑭編みひも2本で追いかけ編みを7周（14段）編む。余分をカットして編みひもに貼る。

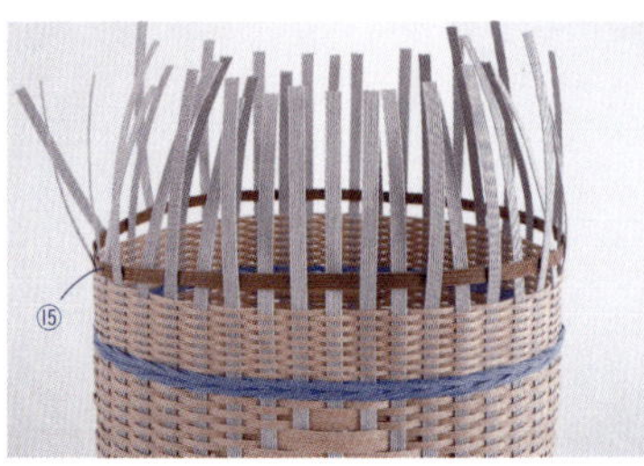

13 ⑮編みひもで素編みを1段編む。編み始めは左側面中央の縦ひもの裏側に洗濯ばさみでとめ、編み終わりは余分をカットして

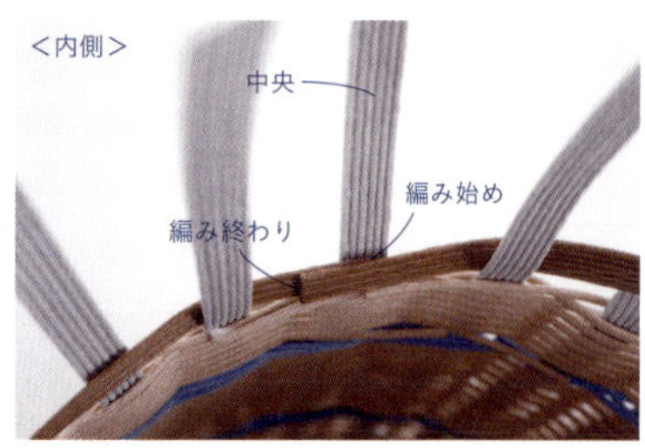

編みひもの裏側に1cm重ねて貼る。
≫ P26「素編み」

◇縁を始末し、パーツをつける

14 縦ひもを内側と外側に交互に折り、編み目に差し込む。

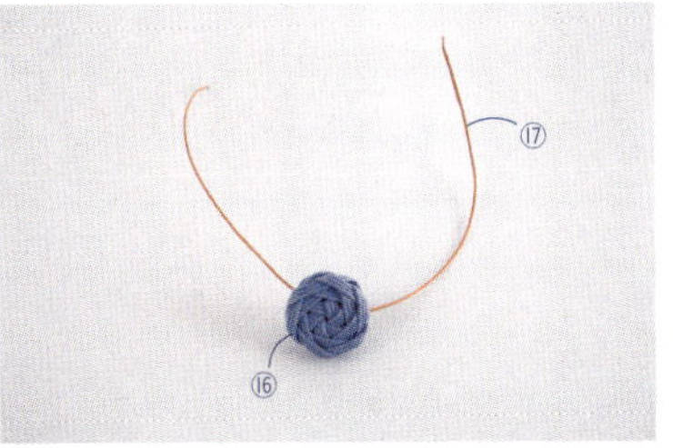

15 ⑯ボタンひも３本と⑰ボタンつけひもで、花結びボタンを作る。
≫ P45「花結びボタン」

16 側面中央の縦ひもをはさんで、花結びボタンをつける（P87・**13**、**14** 参照）。

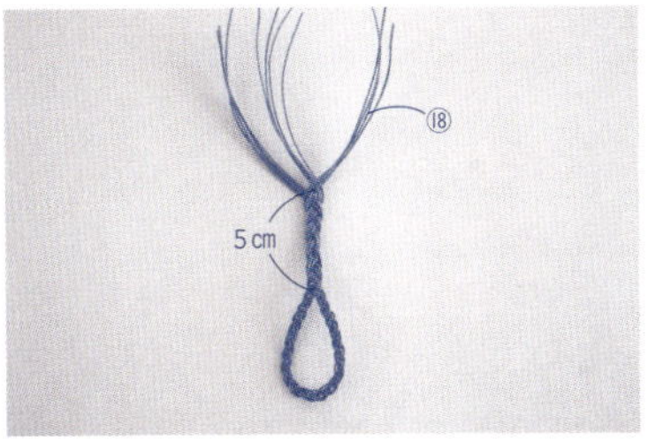

17 ⑱ボタンかけひも６本で、ボタンかけひもを作る。
≫ P45「ボタンかけひも」

18 **16** と反対面中央の素編みの下に、ボタンかけひもをつける（P88・**16**、**17** 参照）。

19 ⑲縁編みひもで、ぐるりと１周縁編みを編む。
≫ P46「縁編み」

ボタンかけひもは縁側に折り上げ、ひも端を巻き込みながら編む。

20 ⑳持ち手内ひも１本、㉑持ち手外ひも１本をかごに通して貼り合わせる。
≫ P44「持ち手 B」

21 ㉒巻きひも１本を持ち手に巻く。もう一方の持ち手も **20**、**21** と同様に。

飛ばし編みのバッグ photo：4ページ

a

b

■材料

紙バンド
（aグレー／No.17、b赤B／No.28）・5m巻…2巻、
（aあい／No.18、bえんじ／No.39）・30m巻…1巻

■でき上がりサイズ

約幅26×マチ10×高さ23cm
（持ち手含まず）

■用意するひもの幅と本数

※指定以外の色はaあい、bえんじ。

①横ひも　6本幅・70cm…3本
（aグレー、b赤B）
②横ひも　8本幅・18cm…2本
（aグレー、b赤B）
③縦ひも　6本幅・62cm…11本
（aグレー、b赤B）
④始末ひも　6本幅・4cm…2本
（aグレー、b赤B）
⑤編みひも　2本幅・450cm…2本
（aグレー、b赤B）
⑥差しひも　6本幅・27cm…8本
（aグレー、b赤B）
⑦編みひも　2本幅・600cm…6本
⑧編みひも　2本幅・270cm…2本
⑨編みひも　2本幅・620cm…3本
⑩リングひも　2本幅・15cm…4本
（aグレー、b赤B）
⑪持ち手内ひも　8本幅・70cm…2本
⑫持ち手外ひも　8本幅・71cm…2本
⑬巻きひも　2本幅・400cm…2本

■カット図

余り分＝

紙バンドを指定の長さにカットし、割く。①～③の中央に印をつける。≫P23「紙バンドをカットし、割く」

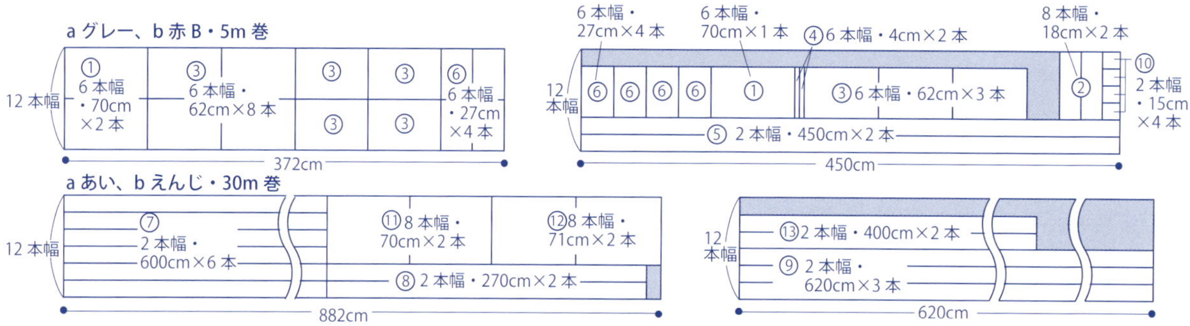

■作り方

※わかりやすいように、ひもの色を変えている。

◇底を作る

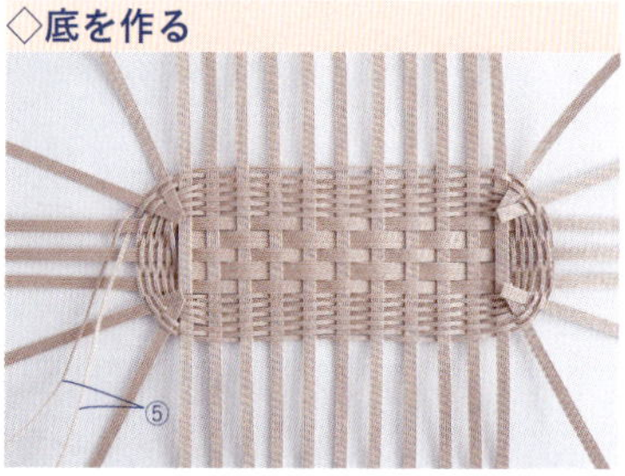

1 P89・**1**と同様にして、①～⑥のひもで楕円底を作る。⑤編みひもはそのままにしておく。
≫P37「追いかけ編み」、P41「楕円底」

◇側面を編む

2 周囲のひもをゆるやかに立ち上げ、休めていた⑤で追いかけ編みを3周（6段）編む。余分をカットして編みひもに貼る。
≫P42「ひもを立ち上げる」

3 ⑦編みひも1本を、左側面中央の縦ひもの裏側に洗濯ばさみでとめる。
≫P26「飛ばし編み」

4 途中でひもをつなぎながら、飛ばし編みで55段編む。1段めは、表2目・裏2目・表1目・裏1目。

5 2段めは、表2目・裏1目・表1目・裏2目。

6 3段めは、表2目・裏2目・表1目・裏1目。

模様を1目ずつずらすため、3段め、6段め、9段め、12段め…と3段ごとの終わりを、表2目・裏2目・表1目・裏2目にする。

7 **4**～**6**を繰り返して、55段編んだところ。

8 編み図（P102）を参照しながら、⑧編みひも1本で引き返し編みを15段編む。反対面も同様に。

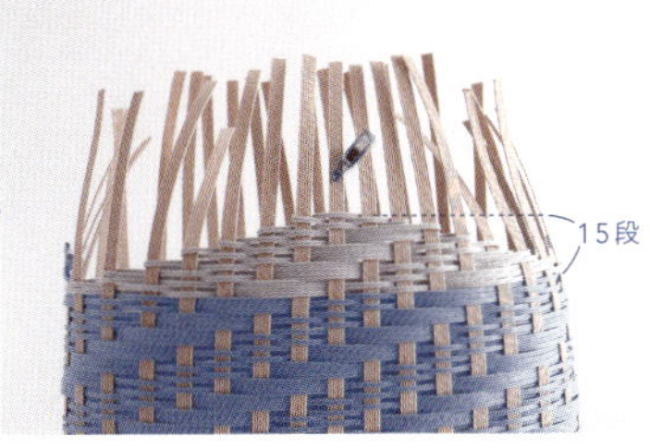

いずれも編み始めは横側面中央の右隣の縦ひもから。

≫ P38「引き返し編み」

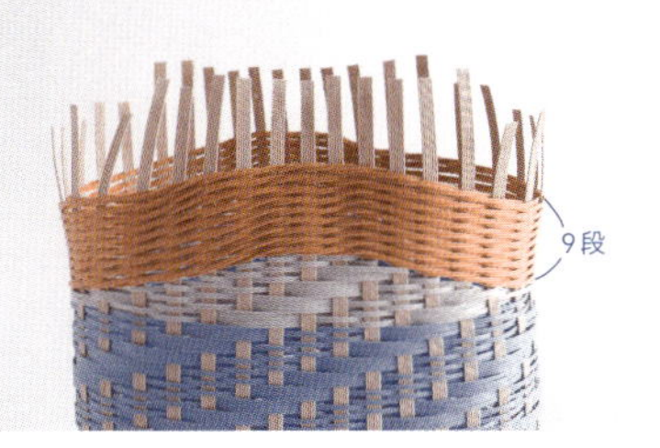

9 ⑨編みひも3本で3本縄編みを9段編む。1段めは隙間を埋めるように、引き返し編みの段差に編みひもをかぶせる。

余分をカットして編みひもに貼る。

≫ P31「3本縄編み」

◇縁を始末し、持ち手をつける

10 側面の2本ずつを残して、縦ひもを内側に折り、編み目に差し込む。

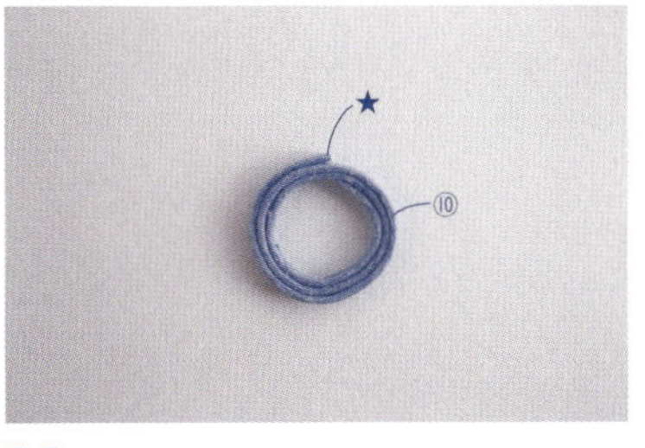

11 ⑩リングひも1本で3重のリングを作る。同様にもう3個作る。

≫ P44「リング」・**1**、**2**

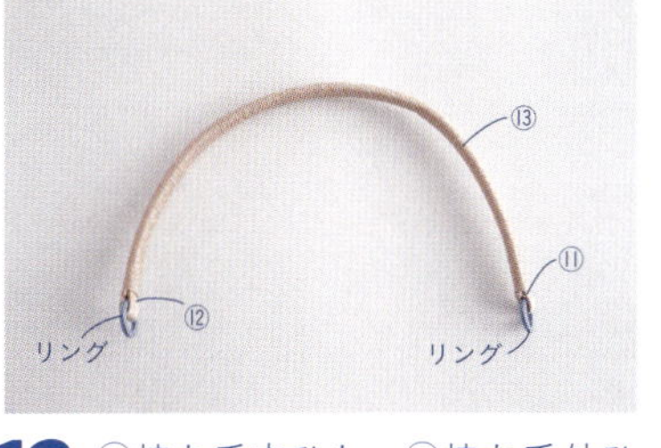

12 ⑪持ち手内ひも、⑫持ち手外ひも、⑬巻きひも各1本とリング2個で、持ち手を作る。同様にもう1個作る。

≫ P43「持ち手A」

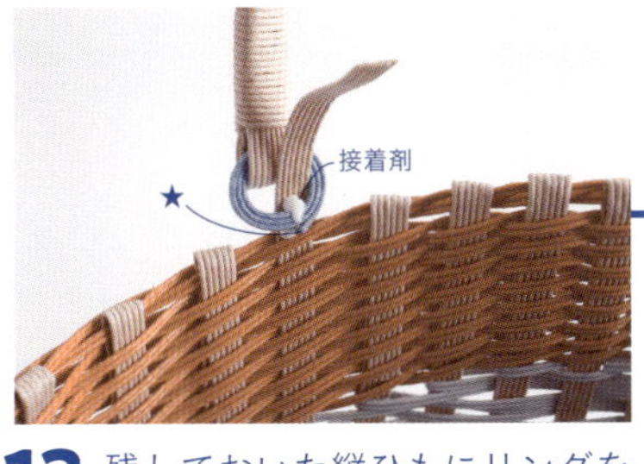

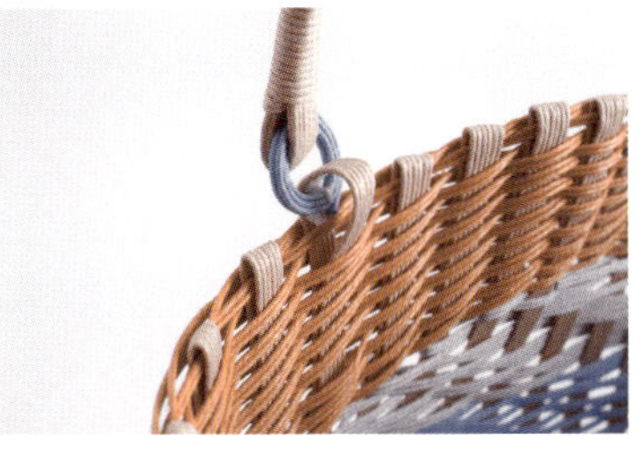

13 残しておいた縦ひもにリングを通す。リングはひも端側（★）を下にして接着剤をつけ、縦ひもを編み目に差し込む。

14 反対側も**13**と同様に。もう一方の持ち手も**13**、**14**と同様に作業する。

斜め網代の台形バッグ photo：10 ページ

■材料
紙バンド
（クラフト／No.1）・
30m 巻…1 巻、5m 巻…2 巻

■でき上がりサイズ
約幅28.5×マチ10×高さ27.5cm
（持ち手含まず）

■用意するひもの幅と本数
①編みひも　6本幅・95.5㎝…36本
②編みひも　6本幅・94.5㎝…4本
③編みひも　6本幅・93㎝…4本
④編みひも　6本幅・91.5㎝…4本
⑤編みひも　6本幅・90㎝…4本
⑥編みひも　6本幅・88.5㎝…4本
⑦編みひも　6本幅・87㎝…4本
⑧編みひも　6本幅・85.5㎝…4本
⑨編みひも　6本幅・84㎝…4本
⑩編みひも　6本幅・82.5㎝…4本
⑪持ち手通し始末ひも　12本幅・4㎝…4本
⑫縁外ひも　12本幅・80㎝…1本
⑬縁内ひも　12本幅・79㎝…1本
⑭ステッチひも　1本幅・400㎝…1本
⑮持ち手内ひも　7本幅・72㎝…2本
⑯持ち手外ひも　7本幅・73㎝…2本
⑰巻きひも　2本幅・350㎝…2本

■カット図
余り分＝

紙バンドを指定の長さにカットし、割く。①～⑩の中央に印をつける。≫P23「紙バンドをカットし、割く」

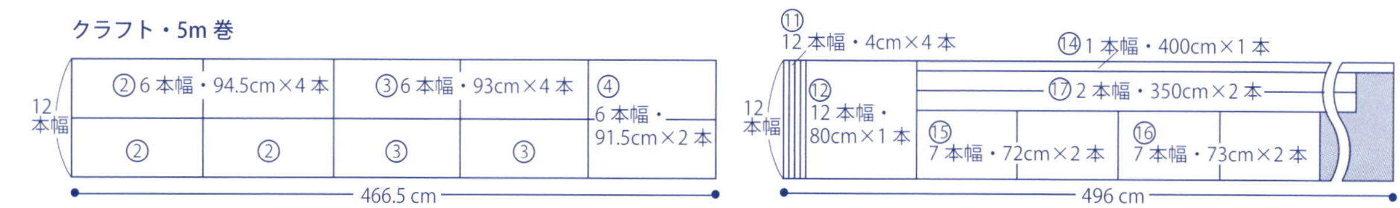

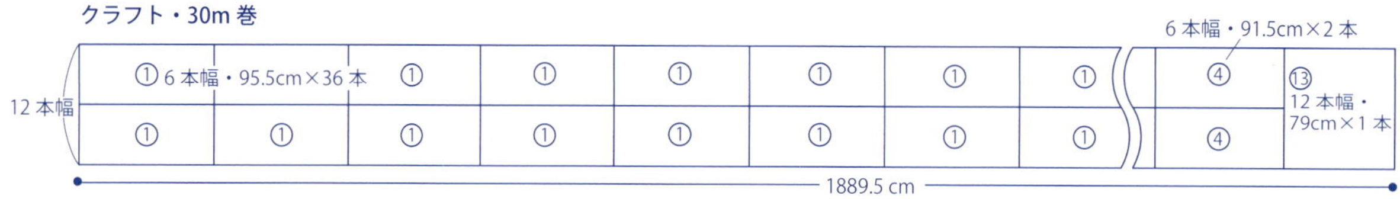

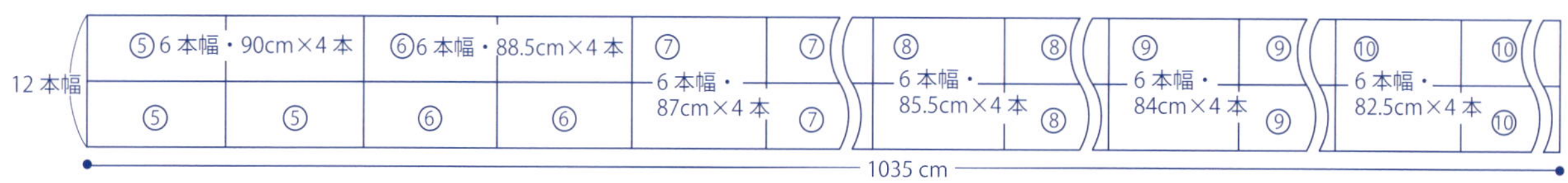

■作り方
※わかりやすいように、ひもの色を変えている。

◇網代に編む

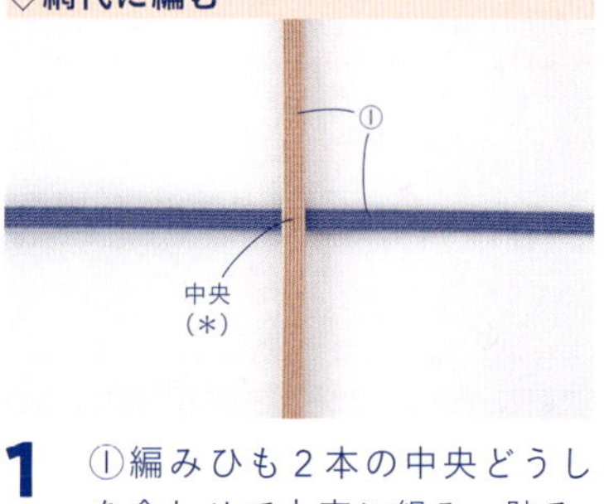

1 ①編みひも 2 本の中央どうしを合わせて十字に組み、貼る。同様にもう 17 組作る。
≫P35「斜め網代編み」

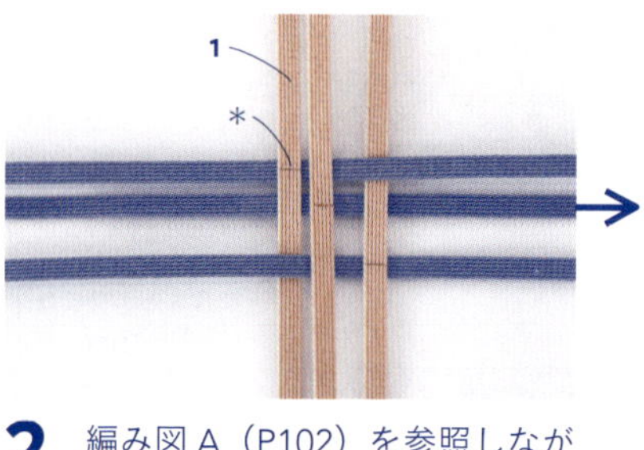

2 編み図 A（P102）を参照しながら、**1** を右下に順に組んでいく。

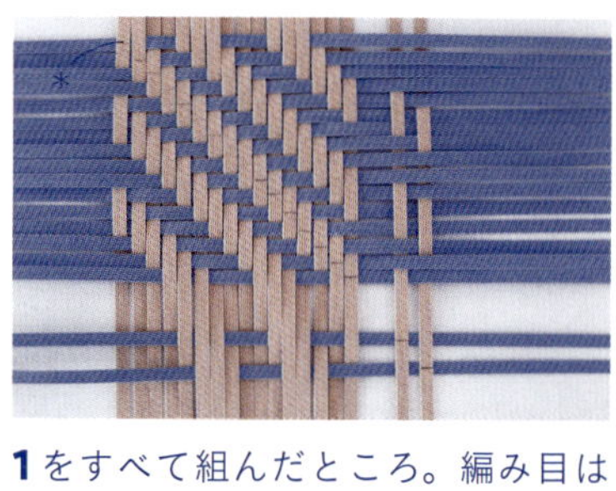

1 をすべて組んだところ。編み目は 2 目になる部分、3 目になる部分、5 目になる部分など規則的ではないので注意を。

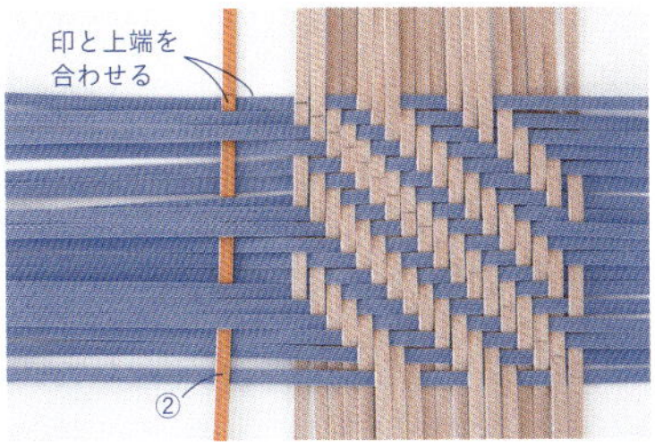

3 **2**の左側に②編みひも1本を通す。このとき、②の中央の印は横に組んでいるひもの上端に合わせる。

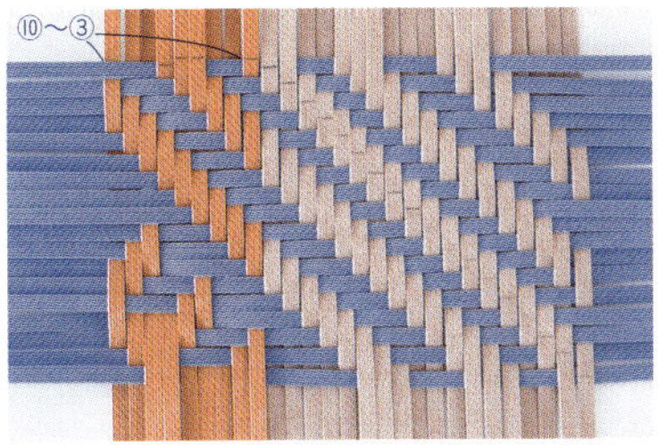

4 同じ要領で、③〜⑩編みひもを1本ずつ順に通す。

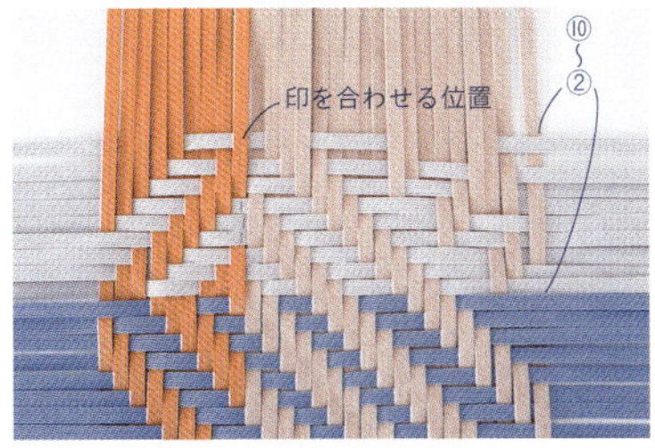

5 **4**の上側に、②〜⑩を1本ずつ順に通す。このとき、②〜⑩の中央の印は**2**で一番左に組んでいたひもの左端に合わせる。

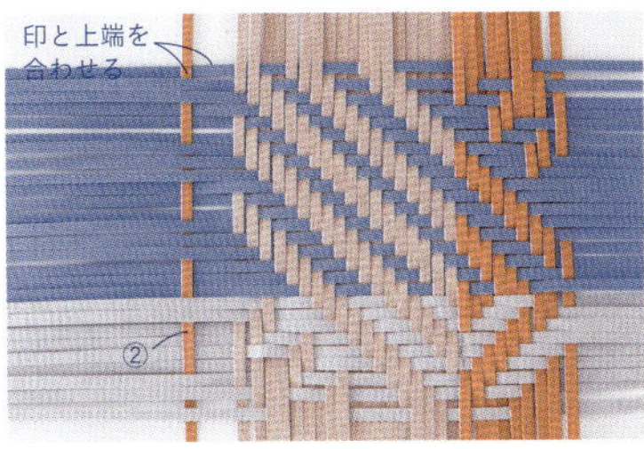

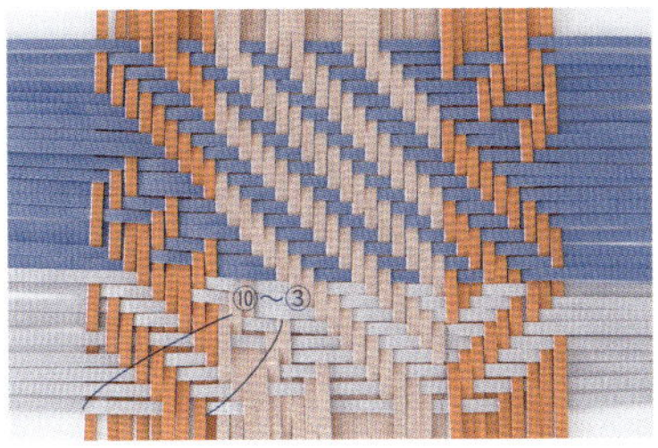

6 **5**を180°回転させ、左側に②〜⑩を1本ずつ順に通す。このとき、②〜⑩の中央の印は横に組んでいるひもの上端に合わせる。

7 **6**の上側に、②を通す。このとき、中央の印は**6**で②を通す前に一番左に組んでいたひもの左端に合わせる。

8 同じ要領で、③〜⑩を1本ずつ順に通す。

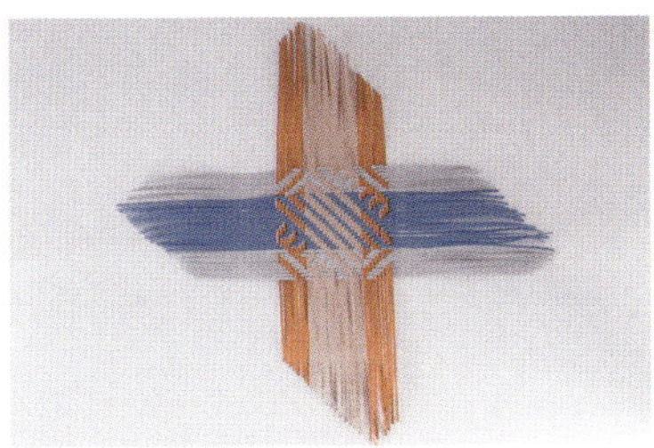

9 すべての編みひもを通し終わったところ。

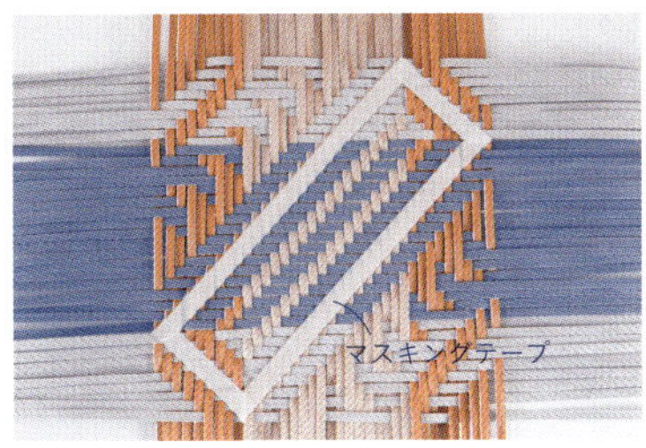

10 裏返して、底ライン（P103編み図B）にマスキングテープの外端を合わせて貼る。

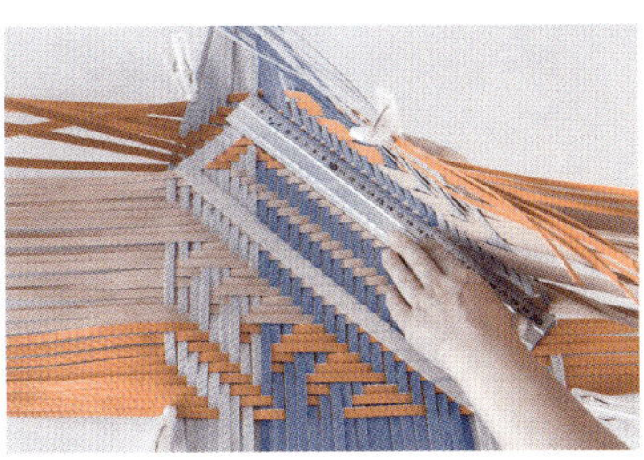

11 編み目がばらけないように四隅を洗濯ばさみでとめる。側面（長い辺）の底ラインに沿って定規を当て、しっかりと折り目をつける。
≫P42「ひもを立ち上げる」

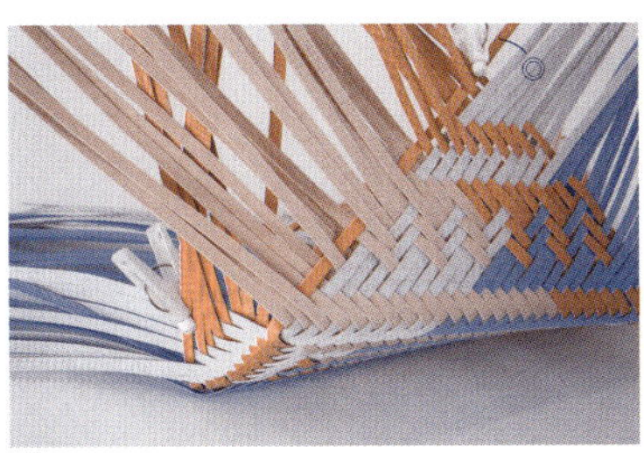

12 編み図B（P103）を参照しながら、四方の編みひもを網代に編んでいく。左側面（短い辺）の手前の1本（◎）で、右斜め上に向かって手前側の側面を編む。

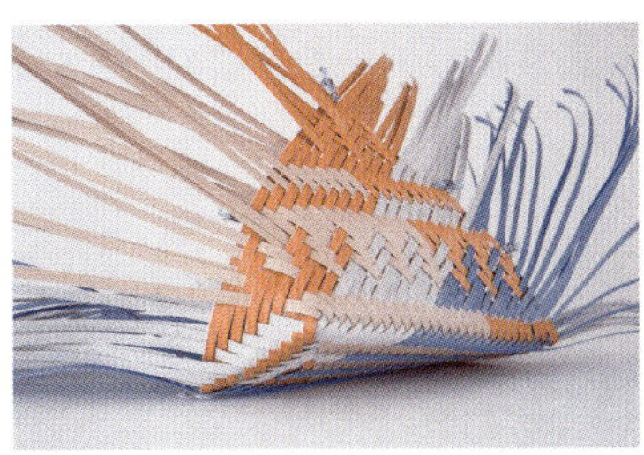

13 左側面の残りの8本も1本ずつ順に通し、左側面→手前側の側面を編む。

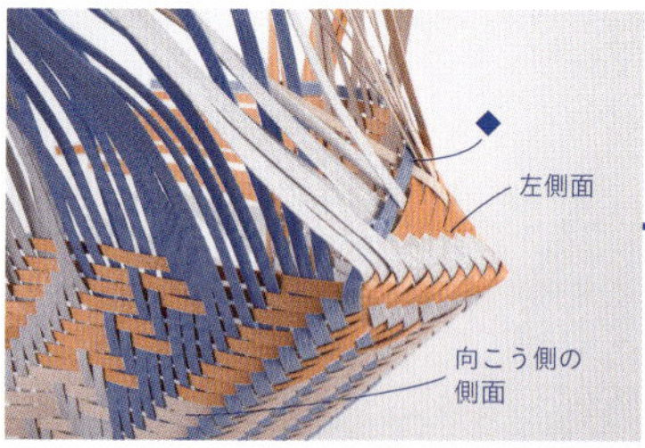

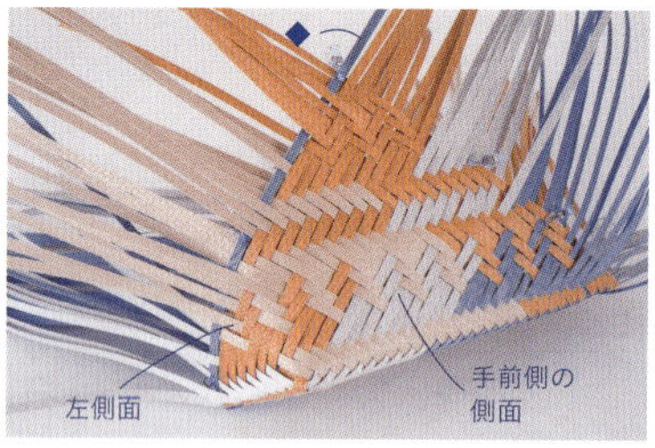

14 向こう側の側面の１本（◆）で、左側面→手前側の側面を編む。

15 向こう側の側面の残りのひもも１本ずつ順に通し、両側面と左側面を編む。

16 右側面のひもを同じ要領で通し、右側面と両側面を編む。

◇縁を始末し、側面を折る

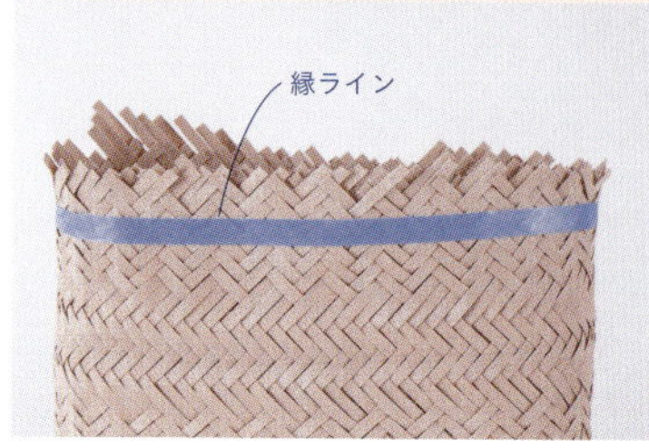

17 縁ライン（P103 編み図 B）にマスキングテープの上端を合わせてぐるりと１周貼る。

18 マスキングテープの上端に沿って、編みひもをカットする。

編みひもが複数枚重なっている部分は貼り合わせる。

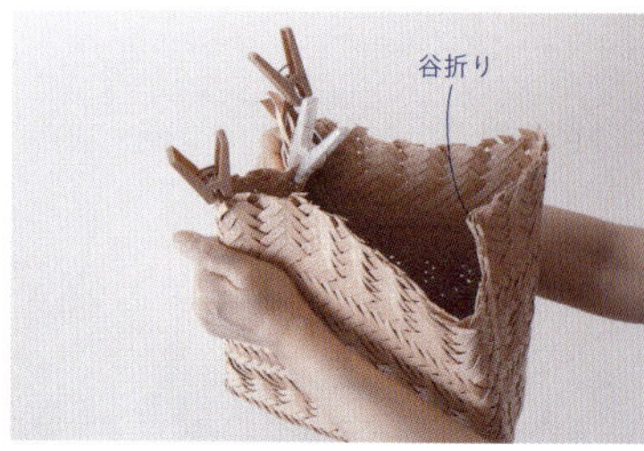

19 横側面の中央を谷折りに、側面の山折りライン（P103 編み図 B）に沿って山折りに折る。

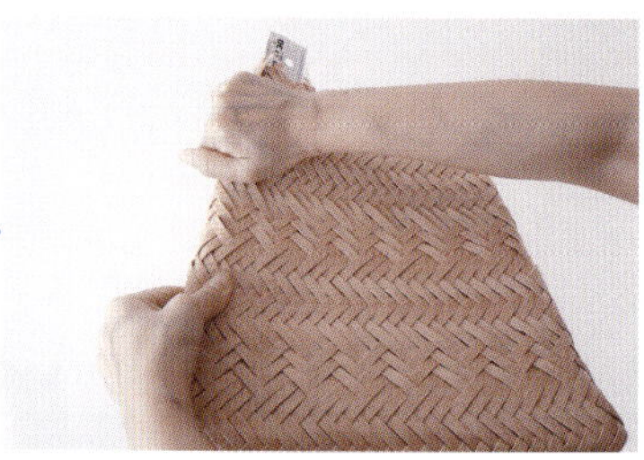

中に定規を入れてにぎるようにするとしっかりと折り目がつく。

20 洗濯ばさみではさみ、折り目のくせをつける。

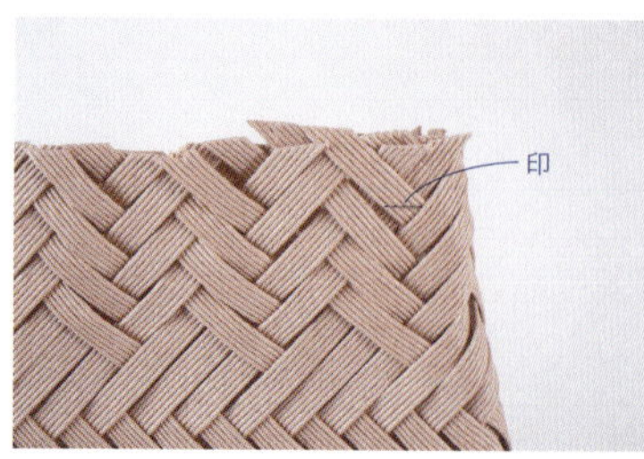

21 持ち手通し穴位置（P103 編み図 B）のひもに印をつける。

印をつけたひもを内側に移動させ、印に沿って折る。

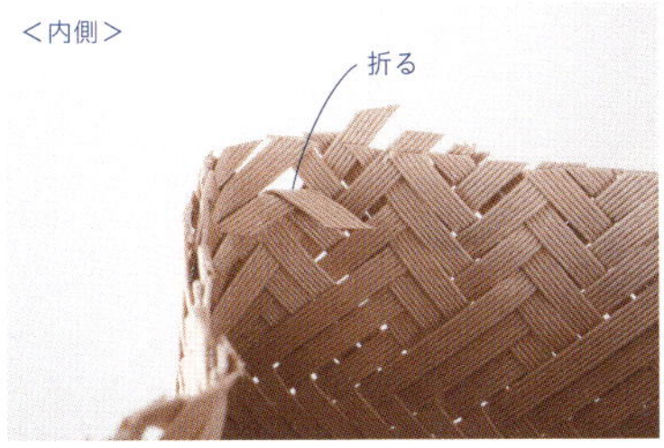

22 折ったひもの奥（外側）にあるひもを内側に折り、それぞれ貼る。

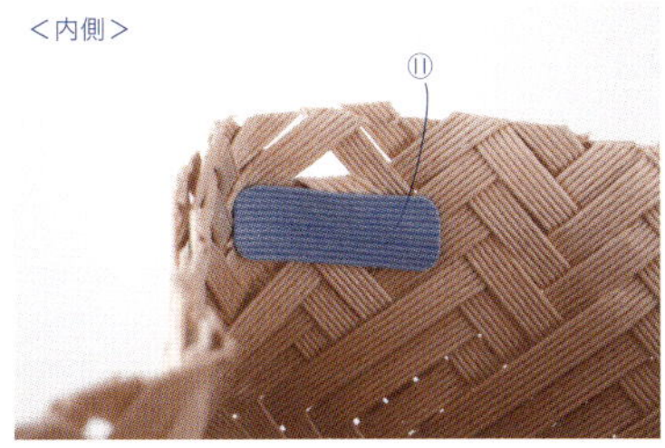

23 ⑪持ち手通し始末ひも1本の角を丸くカットし、折り返したひもに重ねて貼る。

24 外側から見たところ。残り3か所も **21**～**23** と同様に作業する。

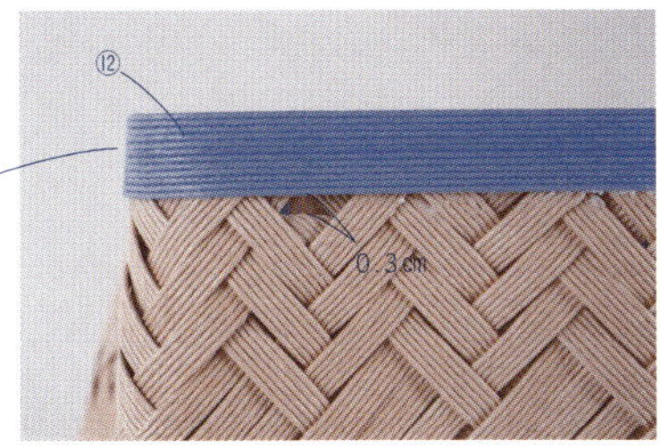

25 ⑫縁外ひもを、持ち手通し穴の下側を約0.3cmあけて縁の外側に貼る。貼り終わりは余分をカットして、貼り始めに1cm重ねる。

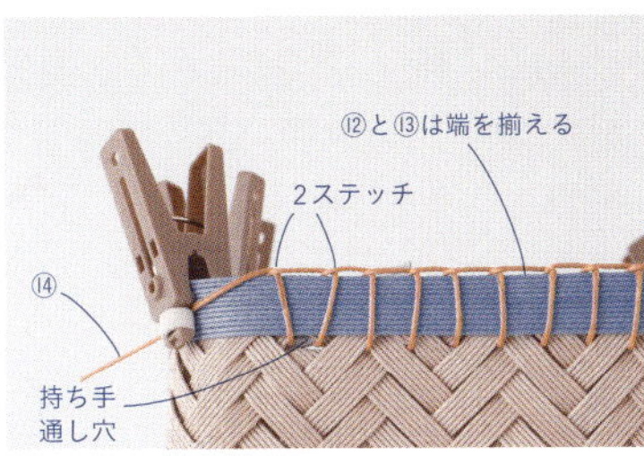

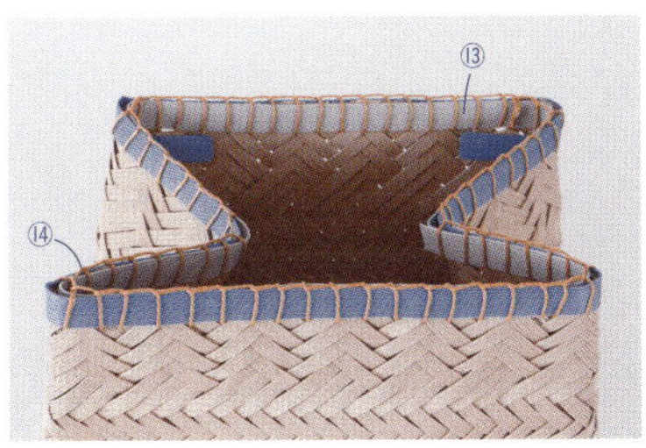

26 縁の内側に⑬縁内ひもを洗濯ばさみでとめ（貼らない）、⑭ステッチひもでブランケットステッチ（P56・**71**）をする。持ち手通し穴部分は2ステッチする。

◇持ち手をつける

27 持ち手通し穴に、⑮持ち手内ひも1本と⑯持ち手外ひも1本を通して貼る。
≫P44「持ち手B」

28 ⑰巻きひも1本を持ち手に巻く。もう一方の持ち手も **27**、**28** と同様に作業する。

ジグザグ編みのかご photo：11 ページ

■材料

紙バンド
（あい／ No.18）・30m 巻…1 巻

■でき上がりサイズ

約幅32×マチ10×高さ22cm
（持ち手含まず）

■用意するひもの幅と本数

①横ひも　8本幅・31cm…6本
②横ひも　6本幅・86cm…5本
③縦ひも　6本幅・66cm…19本
④始末ひも　6本幅・9.5cm…2本
⑤編みひも　2本幅・280cm…6本
⑥編みひも　4本幅・74cm…48本
⑦縁内ひも　12本幅・80cm…1本
⑧持ち手ひも　4本幅・78cm…12本

■カット図

余り分＝

紙バンドを指定の長さにカットし、割く。①〜③の中央に印をつける。≫P23「紙バンドをカットし、割く」

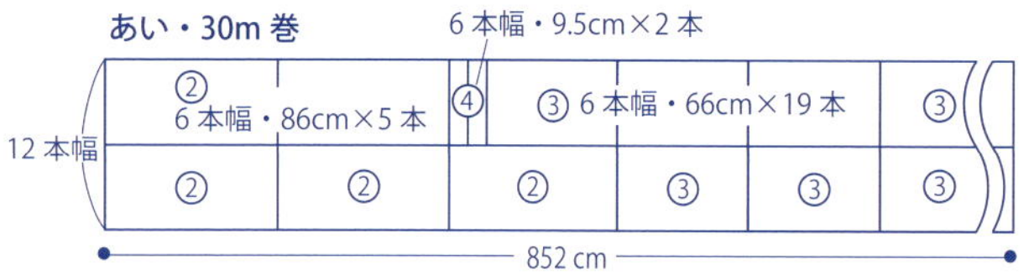

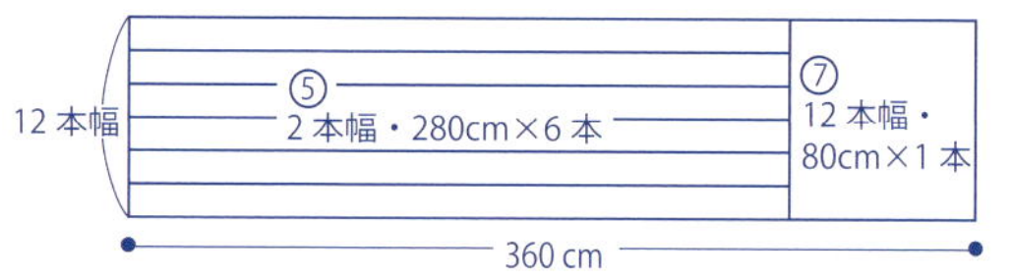

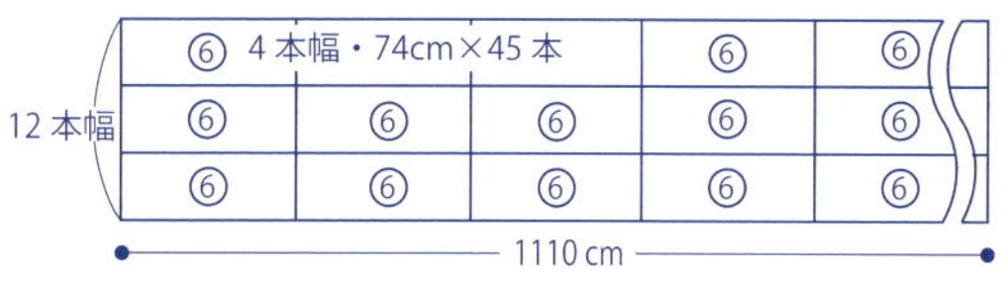

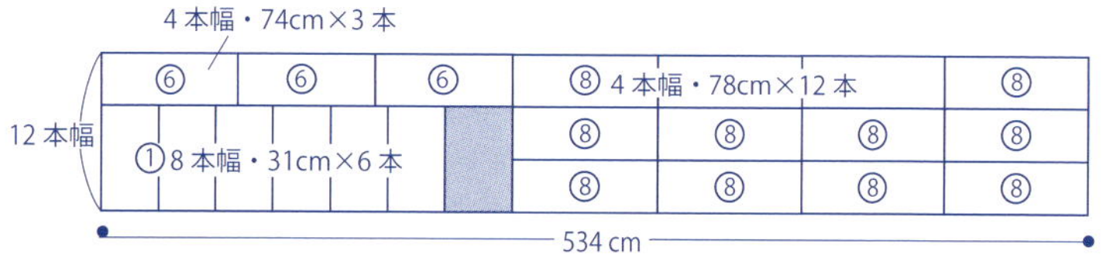

■作り方

※わかりやすいように、ひもの色を変えている。

◇底を作る

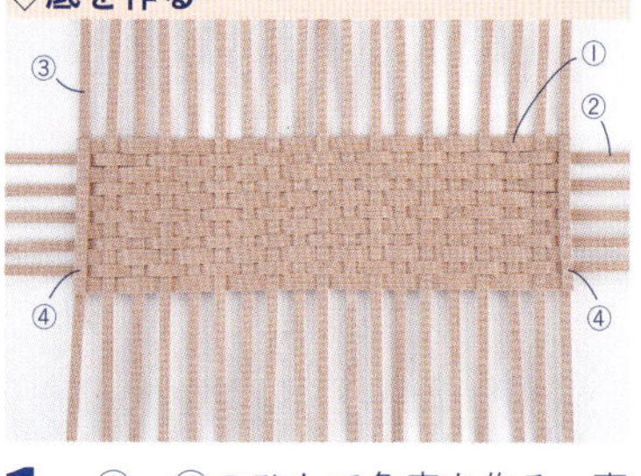

1 ①〜④のひもで角底を作る。裏返して周囲のひもをしっかりと立ち上げる。
≫P41「角底」、P42「ひもを立ち上げる」

◇側面を編む

2 ⑤編みひも 3 本を左側面中央の縦ひも 3 本の裏側に貼る。
≫P31「3 本縄編み」

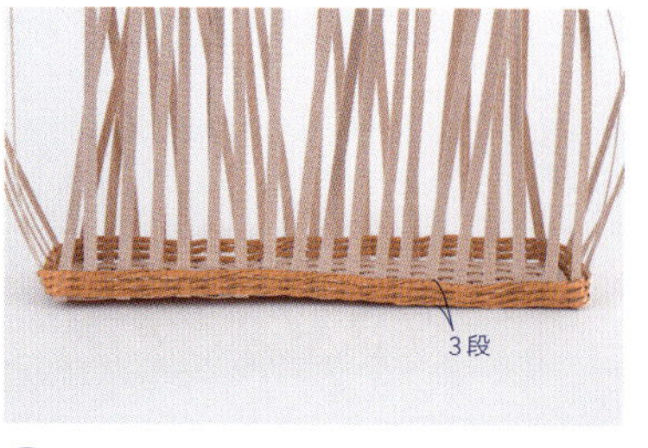

3 3 本縄編みで 3 段編む。余分をカットして編みひもに貼る。

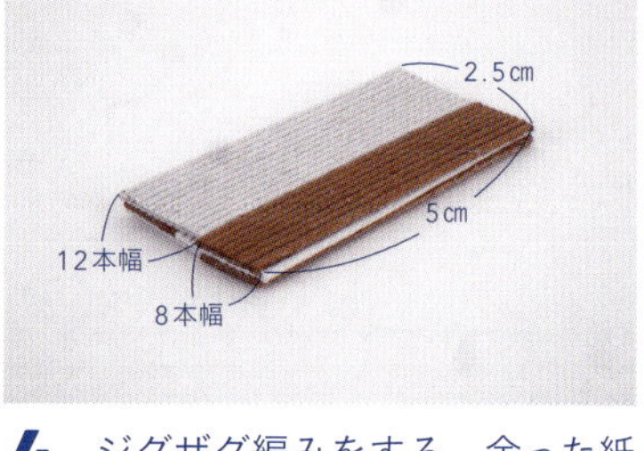

4 ジグザグ編みをする。余った紙バンドを長さ5cmにカットし、12本幅+8本幅を3枚重ねにして貼り合わせる。
≫P33「ジグザグ編み」

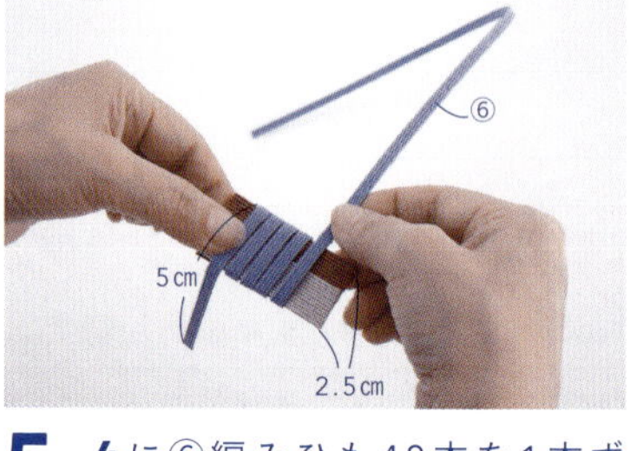

5 **4**に⑥編みひも48本を1本ずつ、5cm幅で1回折ってから、2.5cm幅で22回折る。**4**をはずし、折り目に沿って山折り、谷折りと交互に折り直す。

6 ⑥の長さ5cm側の端を1本ずつ、縦ひもの裏側の編み目にぐるりと1周差し込む。

7 すべての折り目に沿って、⑥を編み上げる。ひも端はそのままにしておく。

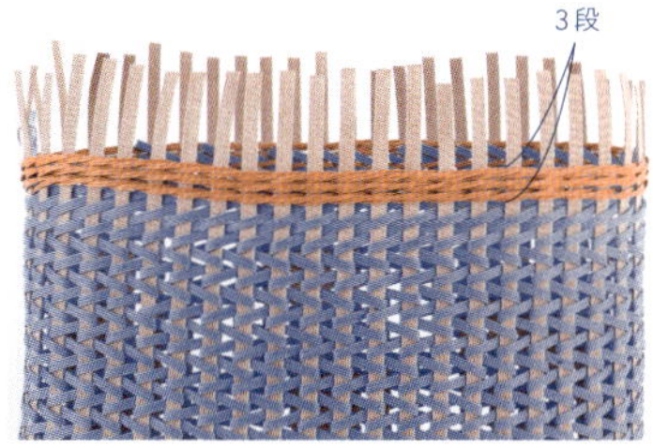

8 ⑤3本で3本縄編みを3段編む。このとき、1段めのみ⑥の先端にかけながら編んでいく。

9 縦ひもを内側に折って長さ3cmにカットし、編み目に差し込む。

<内側>

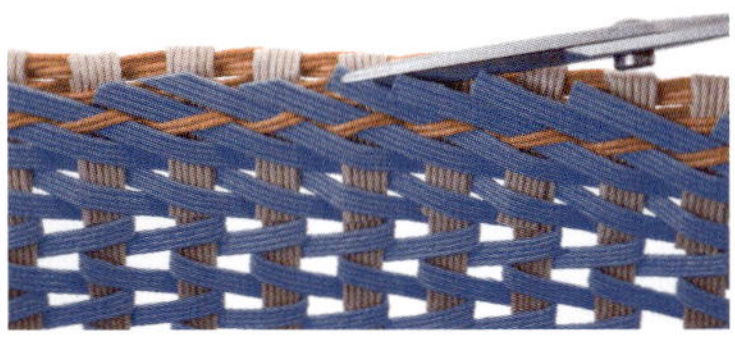

10 縁からはみ出ないように⑥の先端を斜めにカットし、縁の内側に貼る。

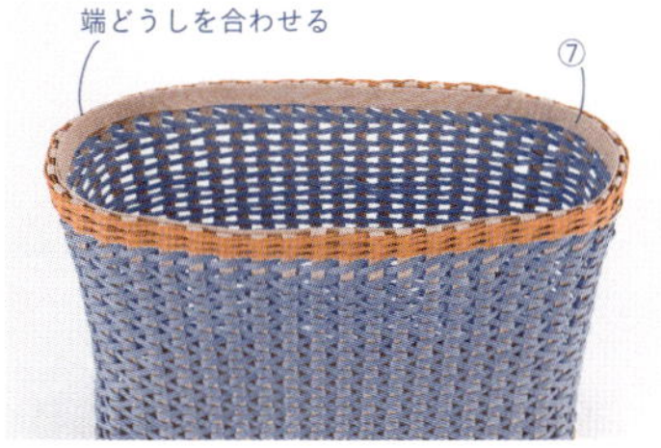

11 ⑦縁内ひも1本を縁の内側に貼る。貼り終わりは、貼り始めに重ねる。

◇持ち手をつける

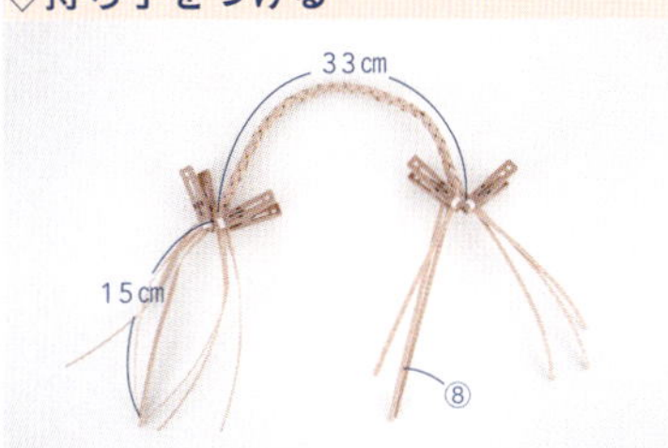

12 ⑧持ち手ひも6本で、長さ33cmの六つ組み（P72）を編む。同様にもう1本作る。

13 12の左右に自然と分かれているひも3本ずつを3本縄編みの編み目3段分に通す。

上から見た様子。中央から5本めと6本めの縦ひもと3本縄編みの編み目の間にそれぞれ通す。

14 ジグザグ編みの上から1段めと2段めの編み目の間に、ひも3本ずつを外側から内側に通す。

<内側>

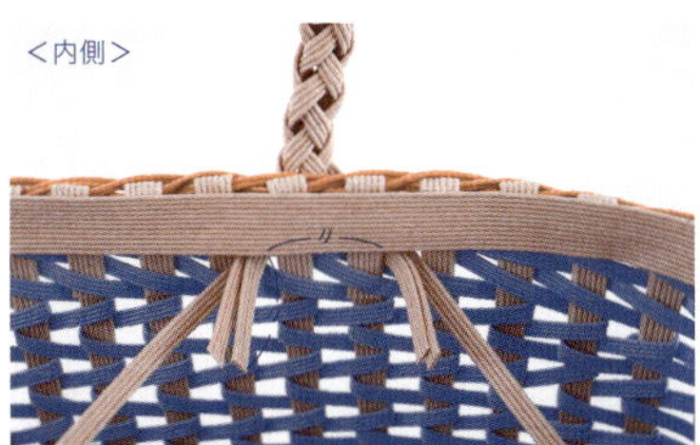

15 内側のひも2本ずつをカットする。

<内側>

16 カットしたひもを、左右交互に1本ずつ折って貼る。

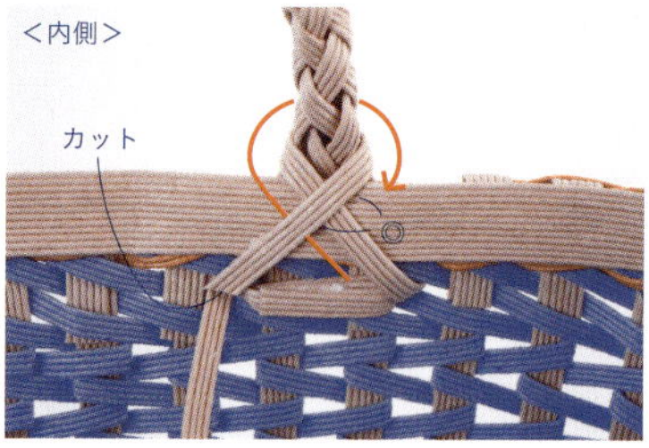

17 残りの長いひも１本を持ち手の根元に巻きつけ、もう一方のひもの根元で斜めにカットする。ひもどうしが交差する部分(◎)を避けて裏側全体に接着剤を塗り、貼る。

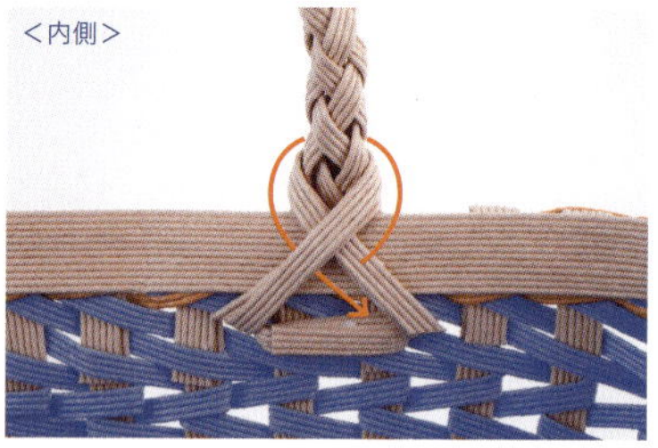

18 もう一方のひもも**17**と同様に持ち手の根元に重ねて巻きつけ、カットし、裏側全体に接着剤を塗る。先に巻きつけたひもの下に通して貼る。

19 反対側も**13**～**18**と同様に。もう一方の持ち手も、**13**～**19**と同様に作業する。

―六つ組み―

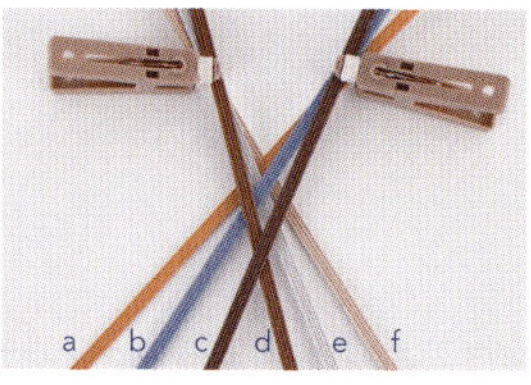

1 ⑧持ち手ひも３本ずつを洗濯ばさみでとめ、１本ずつ交互に重ねる。

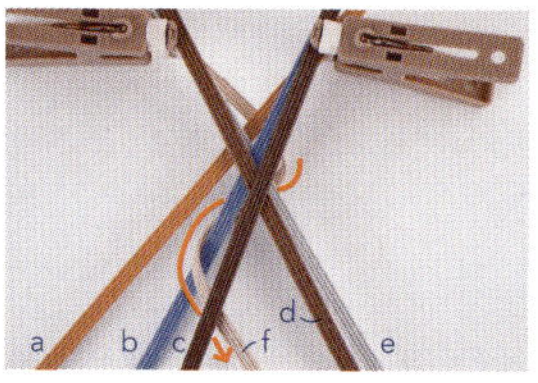

2 右端のｆを、左端のａ以外の下を通し、折り返して左から２本めのｂの上、右隣のｃの下へ。

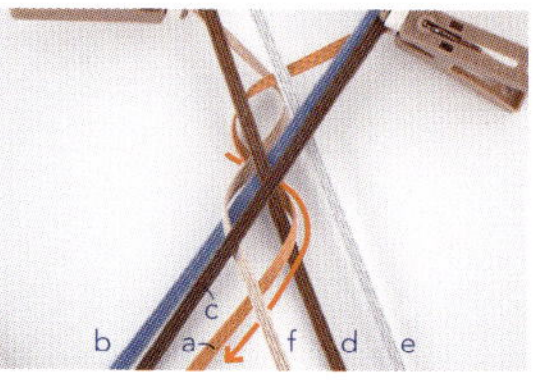

3 左端のａを、右端のｅ以外の下を通し、折り返して右から２本めのｄの上、左隣のｆの下へ。

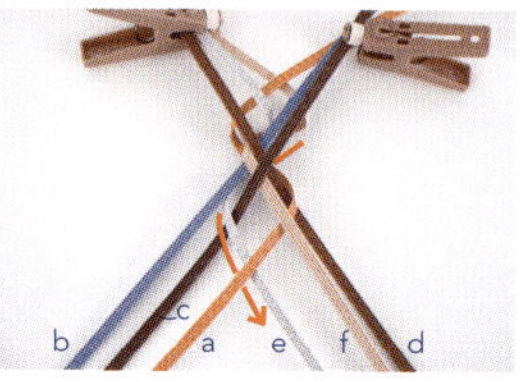

4 **2**、**3**と同じ要領でｅを、ｃの上、ａの下へ。

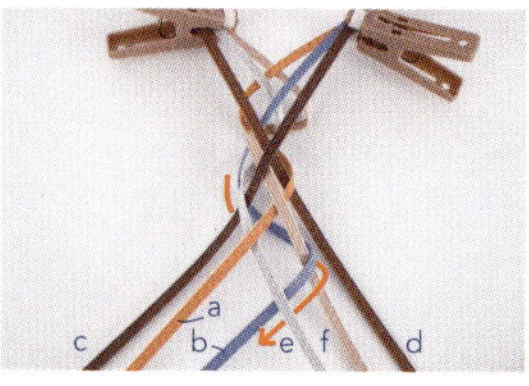

5 ｂを、ｆの上、ｅの下へ。

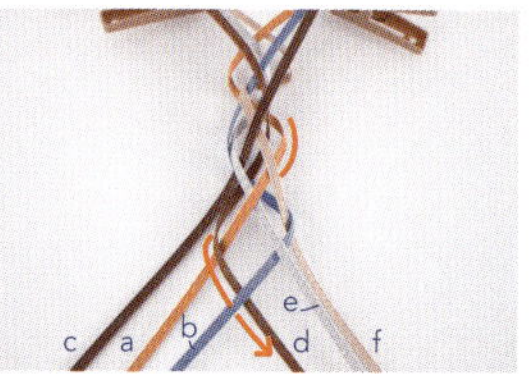

6 ｄを、ａの上、ｂの下へ。

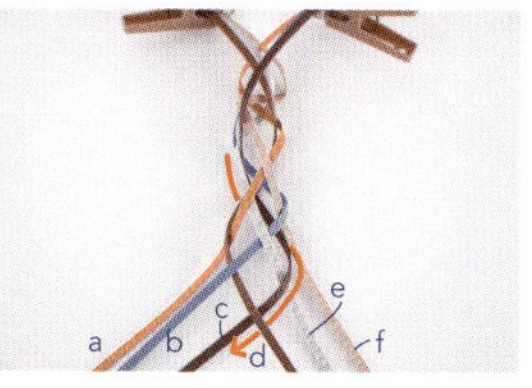

7 ｃを、ｅの上、ｄの下へ。

8 **2**～**7**を繰り返し、引き締めながら編んでいく。

―三つ編み―

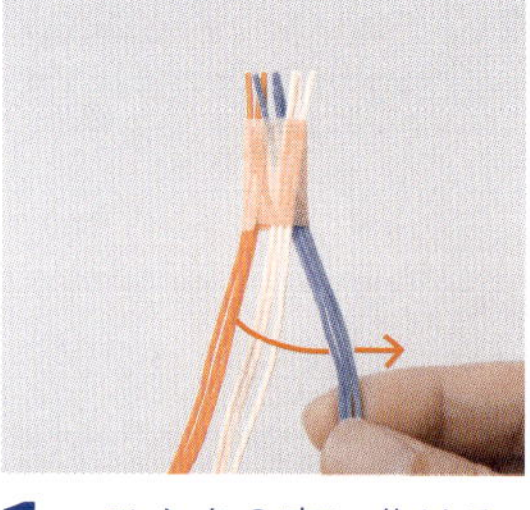

1 ひもを３束に分ける。左の束を真ん中の束の上にのせ、右の束の下に入れる。

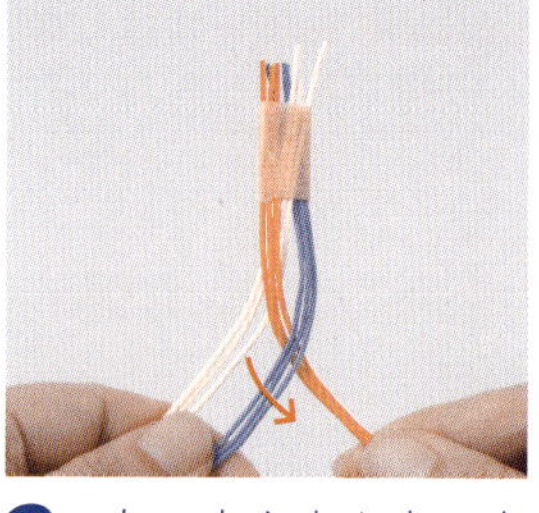

2 左の束を真ん中の束の上にのせる。

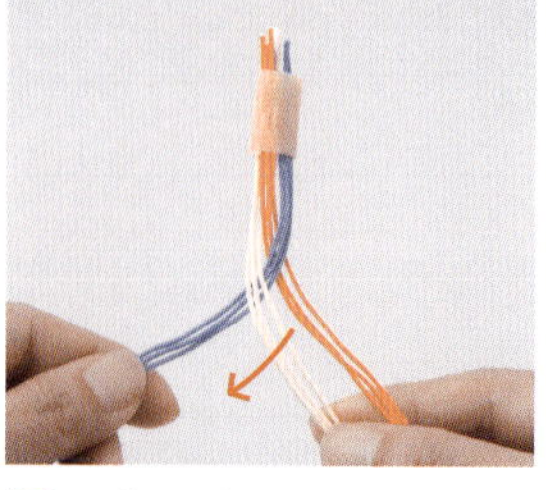

3 右の束を真ん中の束の上にのせる。

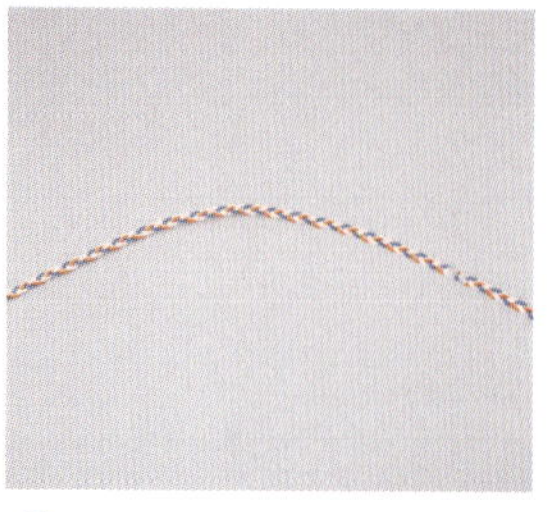

4 **2**、**3**を繰り返して指定の長さ編む。

菱ステッチの丸バッグ大・小 photo：12ページ

大

小

■材料

紙バンド
（小 いか墨／No.31、
大 グレー／No.17）・30m巻…1巻、
大のみ（グレー／No.17）・5m巻
…1巻

■でき上がりサイズ

小 約直径22cm×マチ8.5cm
大 約直径29cm×マチ11cm
（いずれも持ち手含まず）

■用意するひもの幅と本数 ※指定以外、大・小共通。

①縦ひも　6本幅・小40、大50cm
…16本
②編みひも　2本幅・小190、大380cm
…4本
③差しひも　6本幅・大23cm…32本
※小はなし
④編みひも　2本幅・小50、大65cm
…8本
⑤ステッチひも　2本幅・
小100、大150cm…4本
⑥ステッチひも　2本幅・
小50、大70cm…2本
⑦編みひも　2本幅・小55、大75cm
…8本
⑧編みひも　2本幅・小290、大390cm
…4本
⑨差しひも　6本幅・小13、大15cm
…小32、大64本
⑩編みひも　2本幅・小230、大300cm
…6本
⑪持ち手内ひも　6本幅・小58、大75cm
…2本
⑫持ち手外ひも　6本幅・小59、大76cm
…2本
⑬巻きひも　2本幅・小250、大350cm
…2本
⑭持ち手通しひも　6本幅・4cm…4本
⑮編みひも　3本幅・小50、大68cm
…小21、大27本
⑯縁内ひも　12本幅・小7.5、大9.5cm
…2本

■カット図　余り分＝

紙バンドを指定の長さにカットし、割く。①の中央に印をつける。≫P23「紙バンドをカットし、割く」
※基本は大。〈 〉内は小。図は大の場合。小の場合は余り分などで図と多少異なる部分がある。

小いか墨、大グレー・30m巻

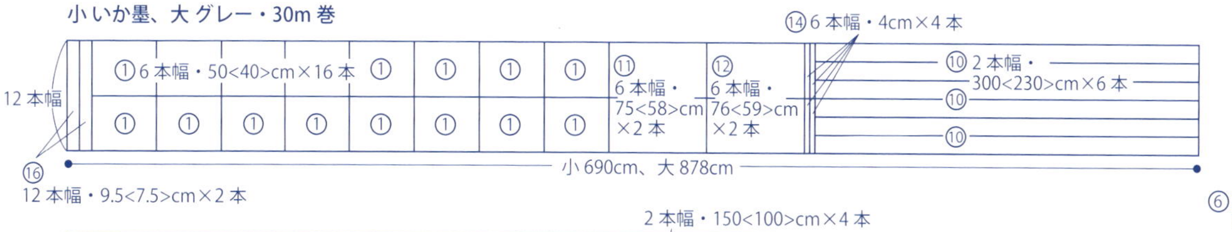

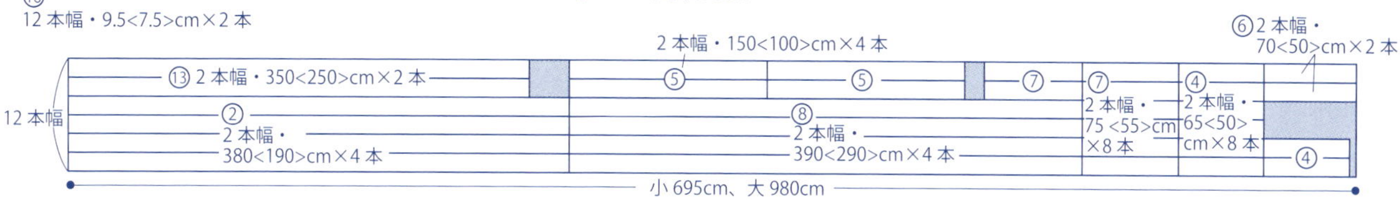

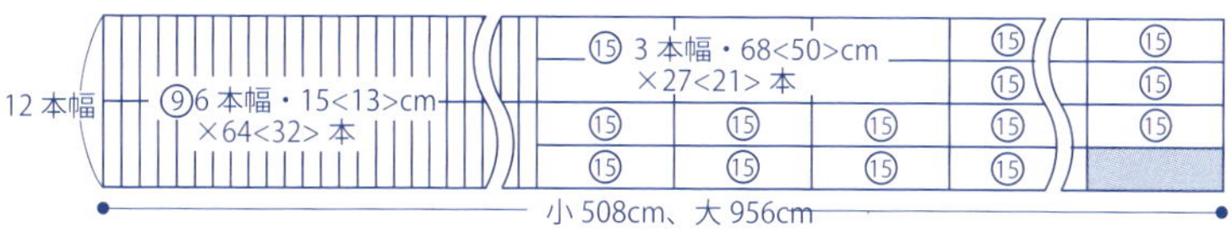

大のみ．グレー・5m巻

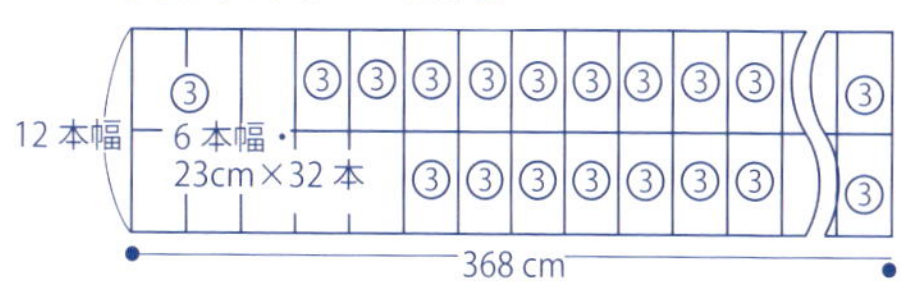

■作り方 ※わかりやすいように、ひもの色を変えている。※大で解説。指定以外、小も共通。

◇側面を編む

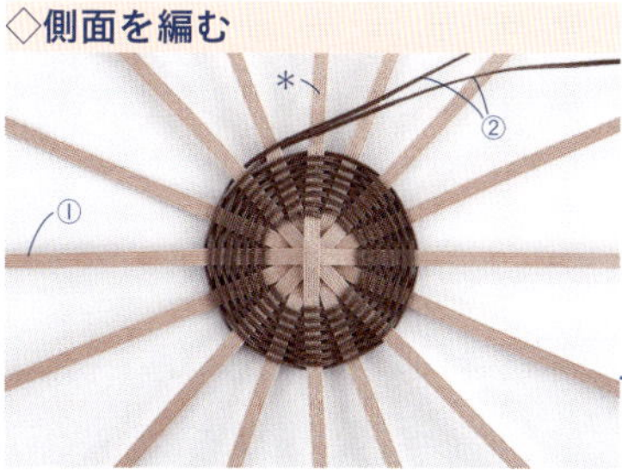

1 ①縦ひも8本を組み、②編みひも2本で追いかけ編みを7周（14段）編む。
≫P37「追いかけ編み」、P42「丸底」

重なりが一番上の縦ひもにマスキングテープを貼り、すべての編み方をこの縦ひもから編み始める。

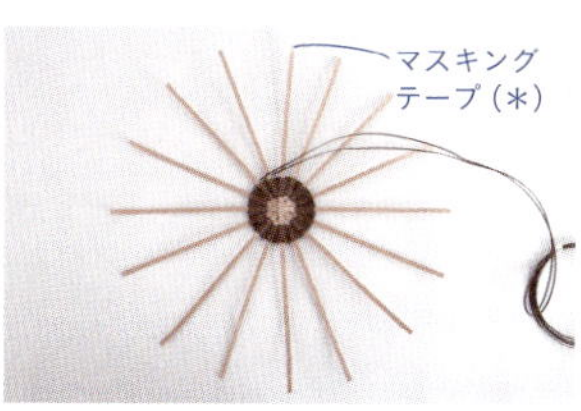

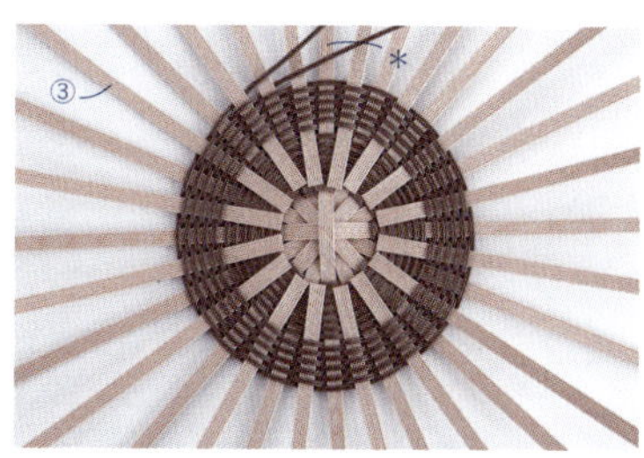

2 ③差しひも16本を貼り、追いかけ編みを5周（10段）編む（小は作業なし）。余分をカットして編みひもに貼る。

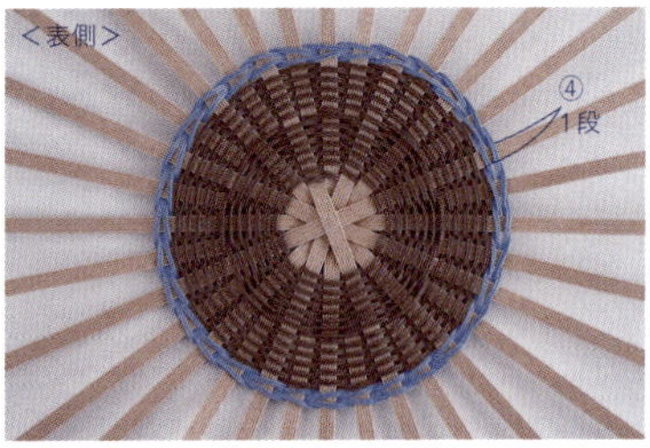

3 表に返して、④編みひも4本でねじり編みの矢羽編みを1段編む。余分をカットして編みひもに貼る。
≫ P30「矢羽編み」

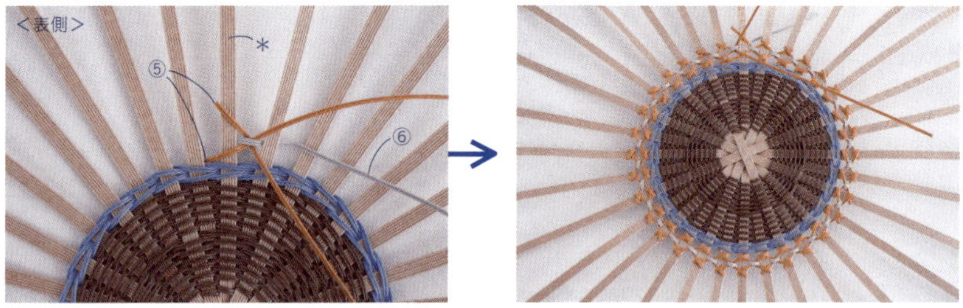

4 ⑤ステッチひも2本、⑥ステッチひも1本で菱ステッチを1段編む。
≫ P32「菱ステッチ」

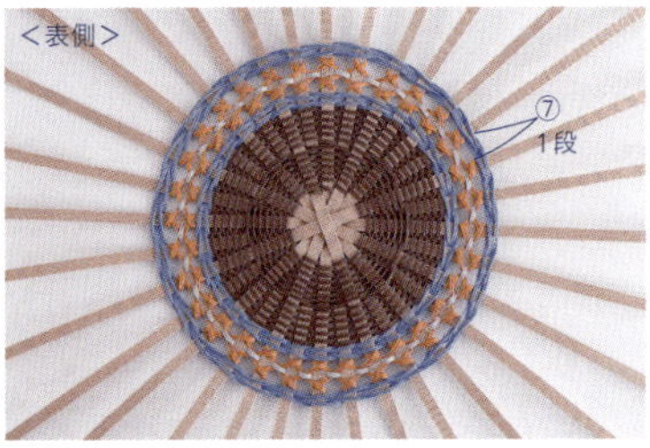

5 ⑦編みひも4本でねじり編みの矢羽編みを1段編む。余分をカットして編みひもに貼る。

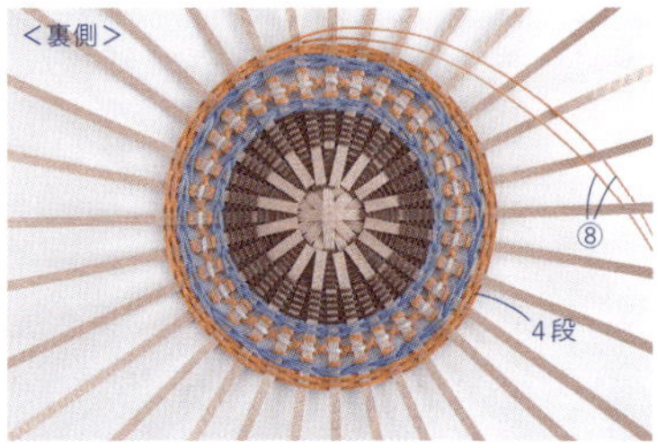

6 裏返して、⑧編みひも2本で追いかけ編みを2周（4段）編む。⑧はそのままにしておく。

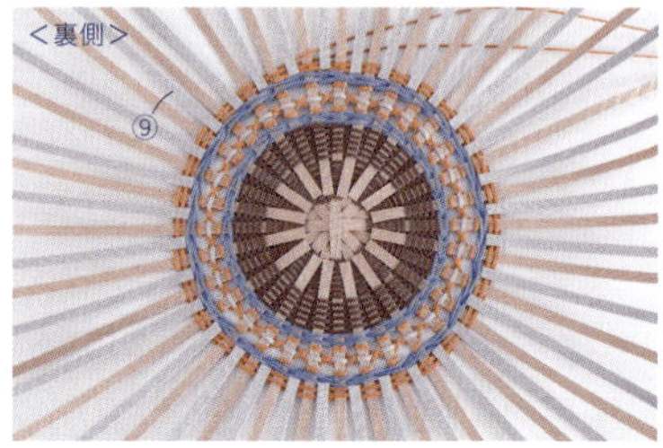

7 縦ひもどうしの間の追いかけ編み部分に、⑨差しひも32本（小は16本）を貼る。

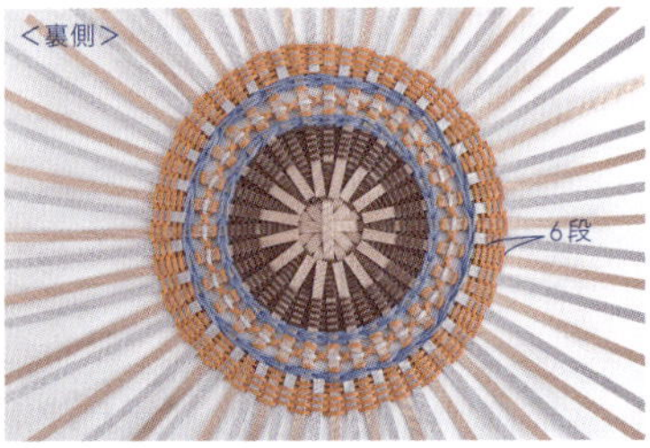

8 内側の編みひもを左隣の差しひもの上に1目戻してから（P42・**7**）、追いかけ編みで3周（6段）編む。余分をカットして編みひもに貼る。

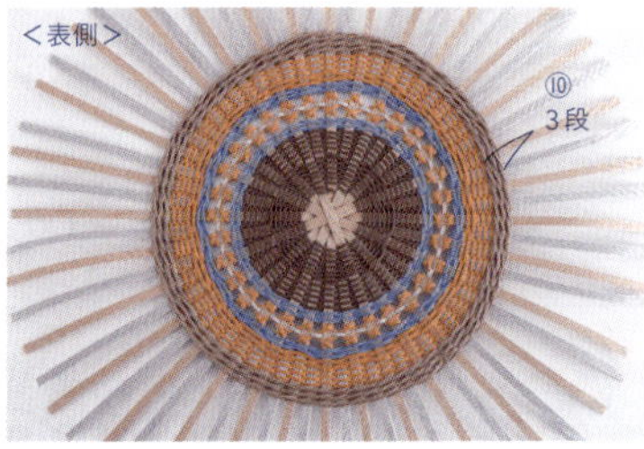

9 表に返して、⑩編みひも3本で3本縄編みを3段編む。余分をカットして編みひもに貼る。**1**～**9**と同様にしてもう1枚作る。

◇縁を始末し、持ち手をつける

10 マスキングテープをつけた縦ひも（＊）と反対側の11本（小は5本）と、両脇1本ずつを残して、隣5本（小は2本）ずつを裏側に折る。**8**の追いかけ編みの編み目に差し込み、余分をカットする。もう1枚も同様に。

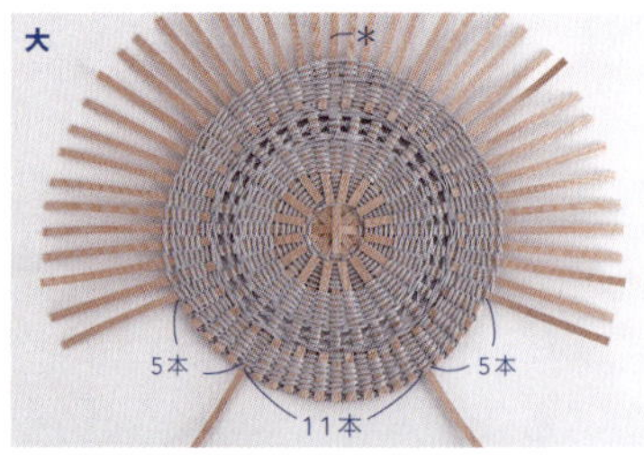

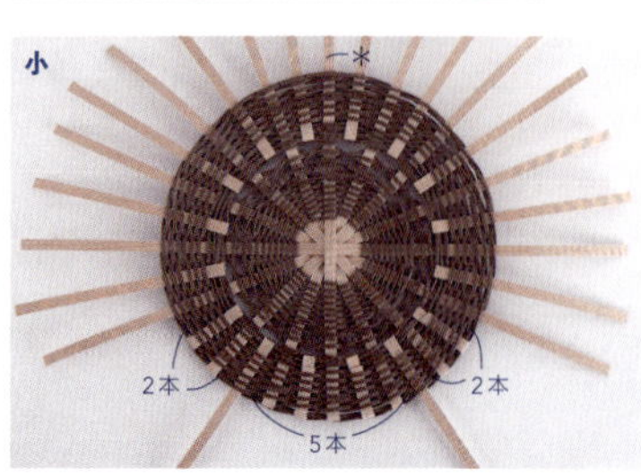

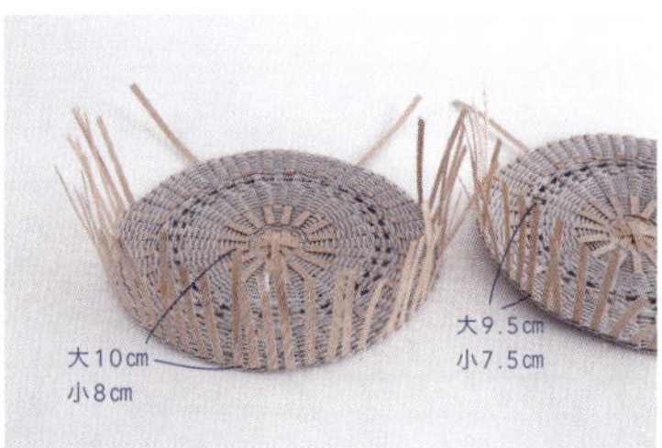

11 残りの縦ひもをしっかりと立ち上げ、1枚は10cm（小は8cm）、もう1枚は9.5cm（小は7.5cm）にカットする。
≫ P42「ひもを立ち上げる」

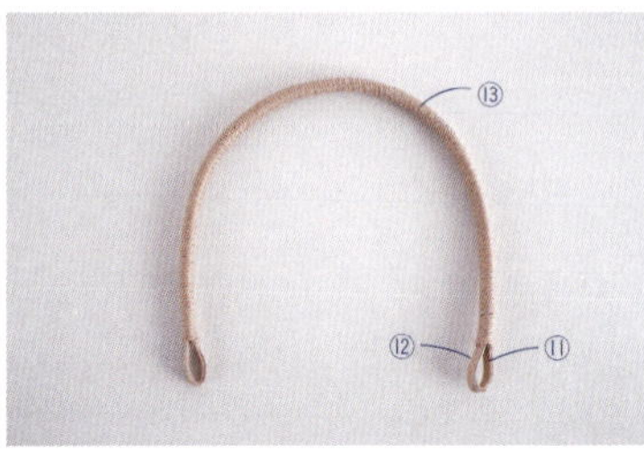

12 ⑪持ち手内ひも、⑫持ち手外ひも、⑬巻きひも各1本で持ち手を作る。同様にもう1個作る。
≫ P43「持ち手 A」

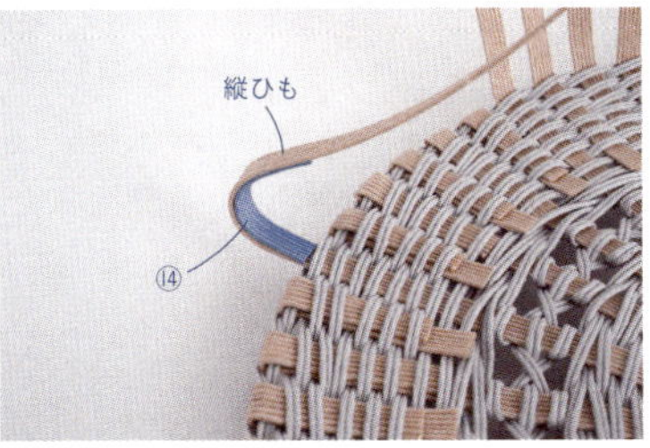

13 **10**で残した縦ひも1本に、⑭持ち手通しひも1本を丸みをつけて貼る。

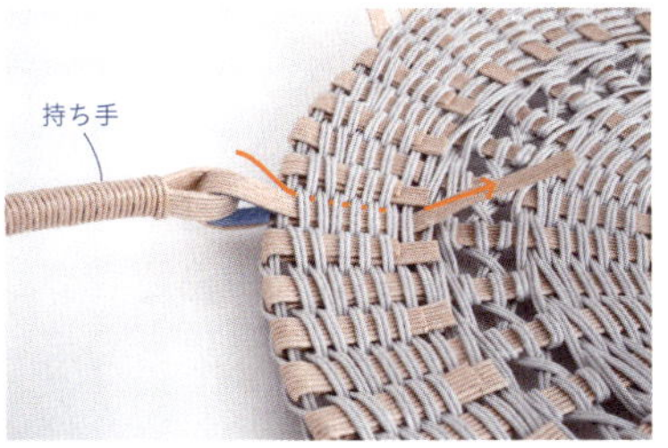

14 持ち手を通し、内側の編み目7本に通す。

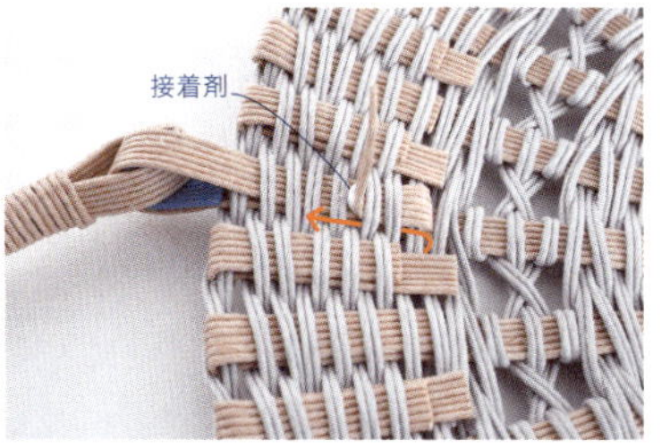

15 ひも端を折り上げて編み目2本に通し、接着剤をつけて余分をカットする。反対側と、もう1枚の側面も**13**～**15**と同様に作業する。

◇マチを編む

16 **11**で立ち上げた縦ひもに、端を5～6cmずつ残して⑮編みひも3本で素編みを3段編む。もう1枚も同様に。
≫ P26「素編み」

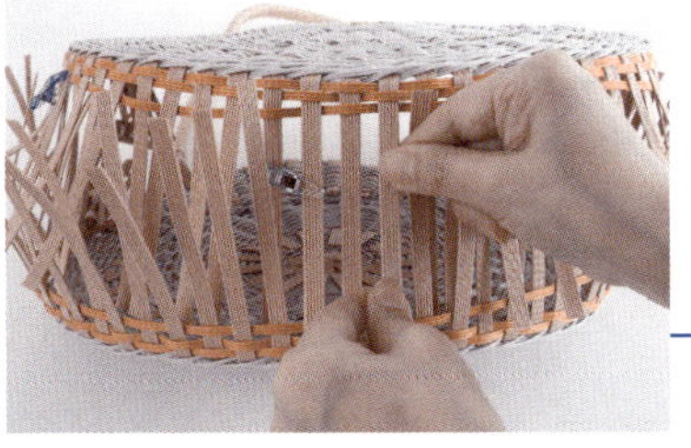

17 **16**の2枚を、縦ひもが長い方を外側にして、先端をそれぞれの編み目に差し込んで全体を貼り合わせる。

中央から1本ずつ順に貼り合わせる。差し込む編み目が1目の部分の外側の縦ひもは、ひも端がはみ出ないように、編み目の上端でカットしておく。

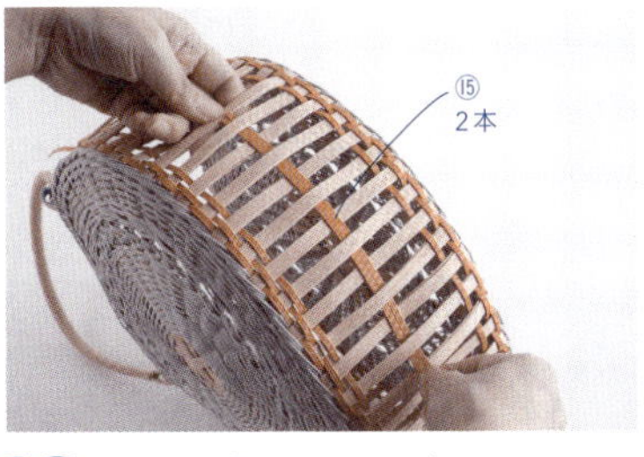

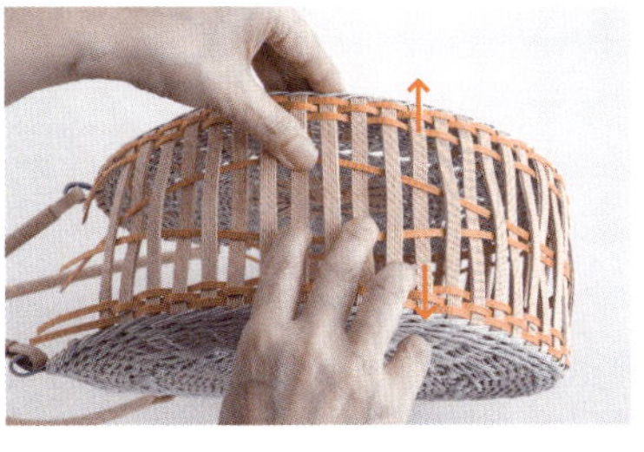

18 残りの⑮は、2本ずつ中央に通してから、1本ずつ上下に分けるのを繰り返す。

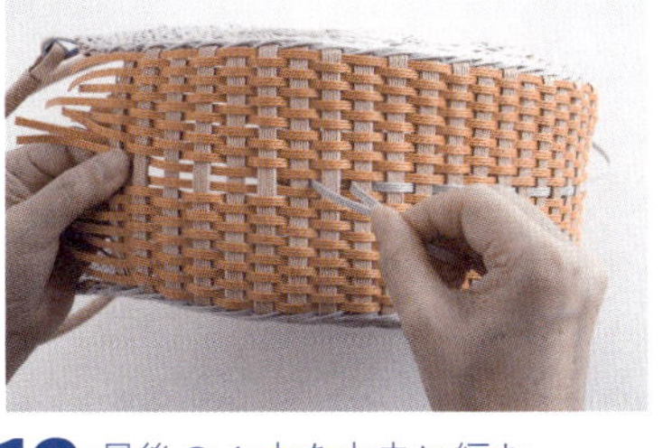

19 最後の1本を中央に編む。

◇縁を始末する

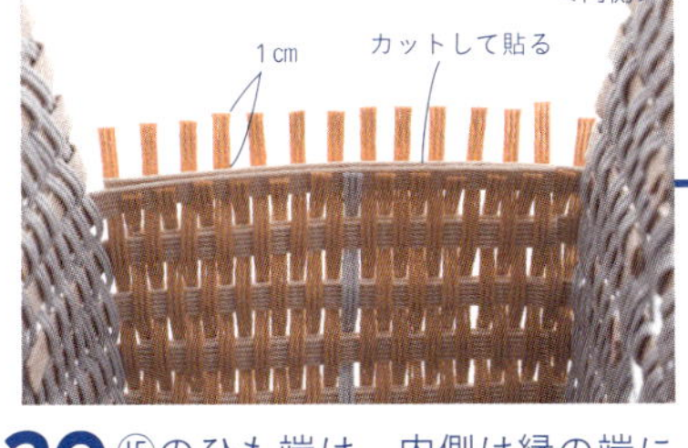

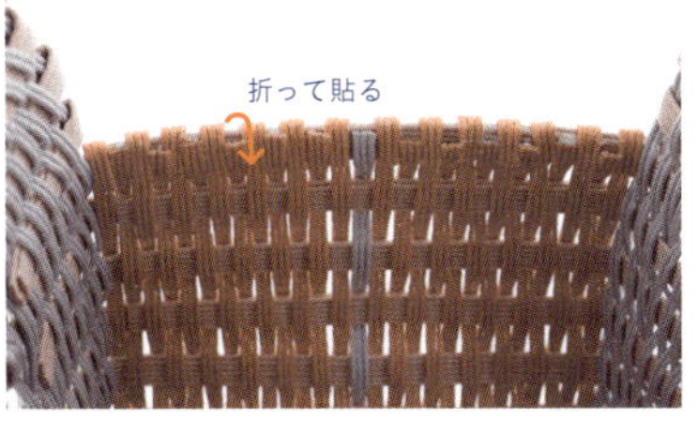

20 ⑮のひも端は、内側は縁の端に合わせてカットし、貼る。外側は1cm残してカットし、内側に折って貼る。

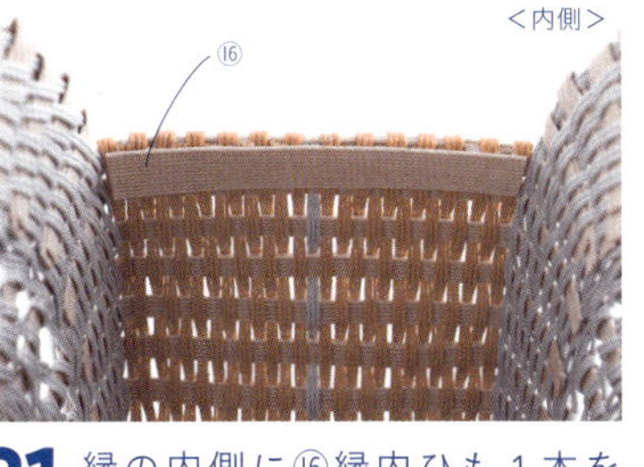

21 縁の内側に⑯縁内ひも1本を貼る。反対側も**20**、**21**と同様に。

畝編みの丸持ち手バッグ photo：15 ページ

■材料

紙バンド
（あんず／No.34）・5m 巻、
（くろちゃ／No.32、
モスグリーン／No.13）・30m 巻
…各1巻

■でき上がりサイズ

約幅26.5×マチ10×高さ21cm
（持ち手含まず）

■用意するひもの幅と本数 ※指定以外の色は、くろちゃ。

①横ひも　6本幅・78cm…3本
②横ひも　8本幅・18cm…2本
③縦ひも　6本幅・62cm…11本
④始末ひも　6本幅・4cm…2本
⑤編みひも　2本幅・450cm…2本
⑥差しひも　6本幅・30cm…8本
⑦編みひも　6本幅・210cm…4本
（モスグリーン）
⑧編みひも　2本幅・250cm…4本
（あんず）
⑨編みひも　2本幅・80cm…8本
⑩編みひも　4本幅・380cm…2本
⑪持ち手ひも　4本幅・340cm…4本
（モスグリーン）
⑫巻きひも　2本幅・740cm…2本
（モスグリーン）
⑬縁外ひも　8本幅・22cm…2本
⑭縁内ひも　8本幅・21cm…2本
⑮持ち手始末ひも　4本幅・18cm…2本

■カット図　余り分＝

紙バンドを指定の長さにカットし、割く。①～③、⑬、⑭の中央に印をつける。≫P23「紙バンドをカットし、割く」

あんず・5m 巻

モスグリーン・30m 巻

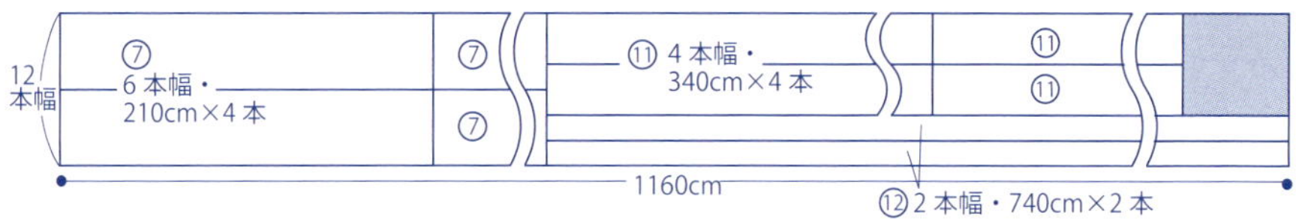

くろちゃ・30m 巻

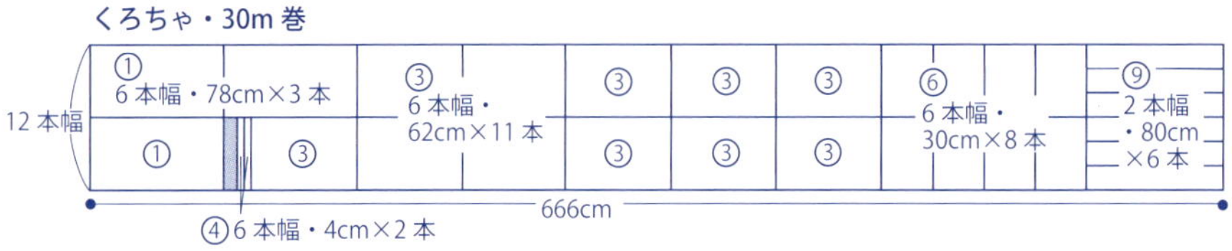

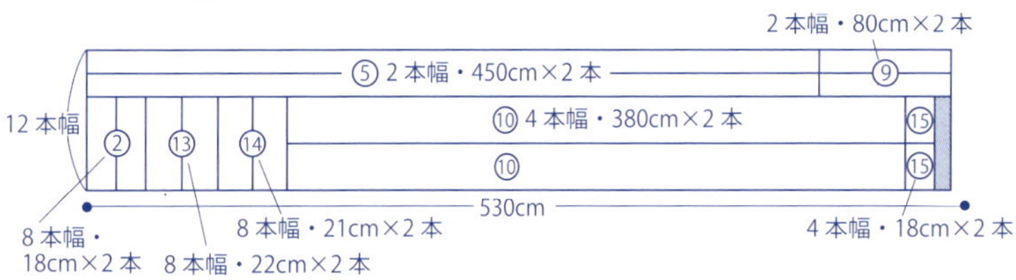

■作り方 ※わかりやすいように、ひもの色を変えている。

◇底を作り、側面を編む

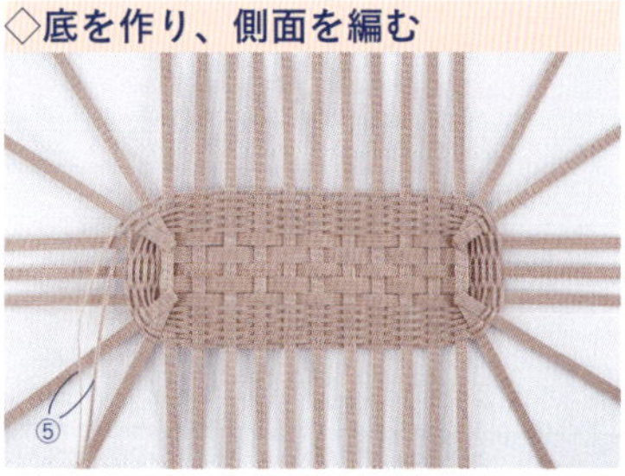

1 P89・1と同様にして、①～⑥のひもで楕円底を作る。⑤編みひもはそのままにしておく。
≫P37「追いかけ編み」、P41「楕円底」

◇側面を編む

2 周囲のひもをゆるやかに立ち上げ、追いかけ編みで3周（6段）編む。余分をカットして編みひもに貼る。
≫P42「ひもを立ち上げる」

3 ⑦・⑧編みひも1本ずつで、⑦を下にして畝編みを3段編む。余分をカットして編みひもに貼る。
≫P27「畝編み」

4 ⑨編みひも2本でねじり編みを1段編む。余分をカットして編みひもに貼る。
≫P38「ねじり編み」

5 ⑦と⑧1本ずつで畝編みを3段（⑧を下にし、**3**と編み目を交互にする）、⑨2本でねじり編みを1段編む。

6 **3**～**5**をもう1回繰り返す。

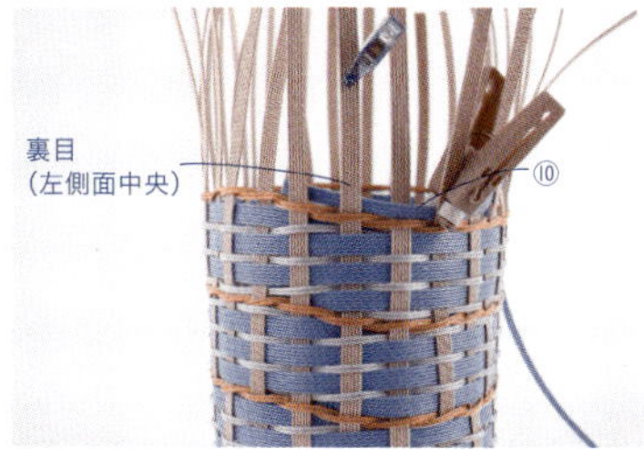

7 ⑩編みひも1本で、左側面中央の縦ひもが裏目になるようにして素編みを半周編む。編みひもはそのままにしておく。
≫ P26「素編み」

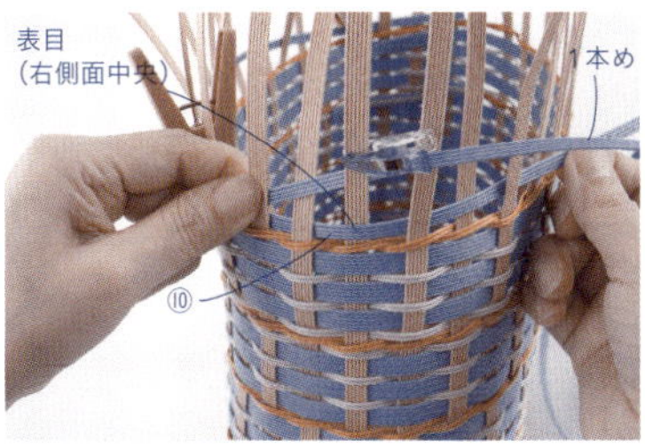

8 **7**の編みひも（1本め）の下にもう1本の⑩を洗濯ばさみでとめ、素編みを1段編む。

9 **7**で休めていた1本めで素編みを半周編む（1周編んだ状態）。

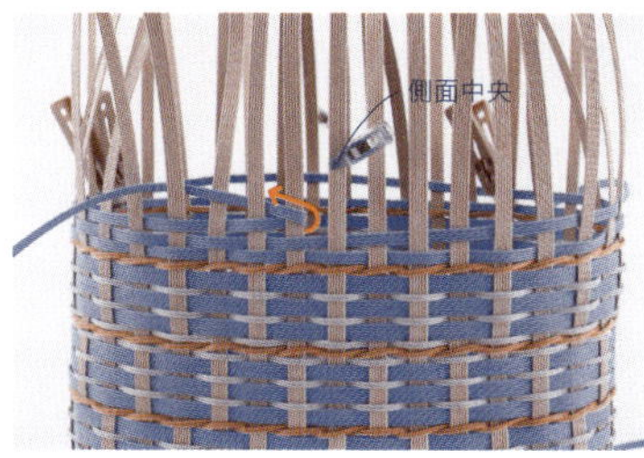

10 1本めのひもで引き返し編みをする。側面中央の縦ひもの1本ずつ手前で引き返して1段めと2段めを編む。
≫ P38「引き返し編み」

11 さらに1本ずつ手前で引き返して3段めと4段めを編む。

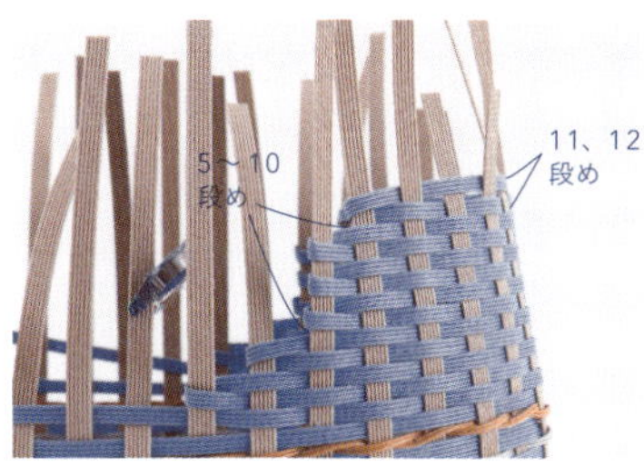

12 さらに1本ずつ手前で引き返して5段め～10段め、さらに1本ずつ手前で引き返して11段めと12段めを編む。

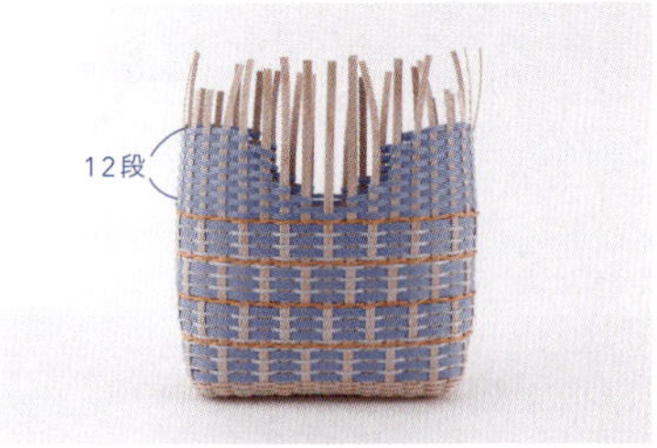

13 反対面は2本めのひもで、**10**～**12**と同様にして引き返し編みを12段編む。

◇縁を始末する

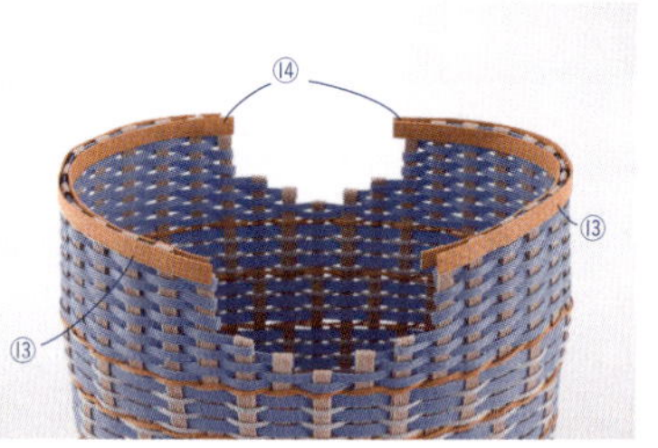

14 縦ひもを内側と外側に交互に折って編み目に差し込み、縁の外側に⑬縁外ひも、内側に⑭縁内ひもを1枚ずつ、中央どうしを合わせて貼る。

◇持ち手をつける

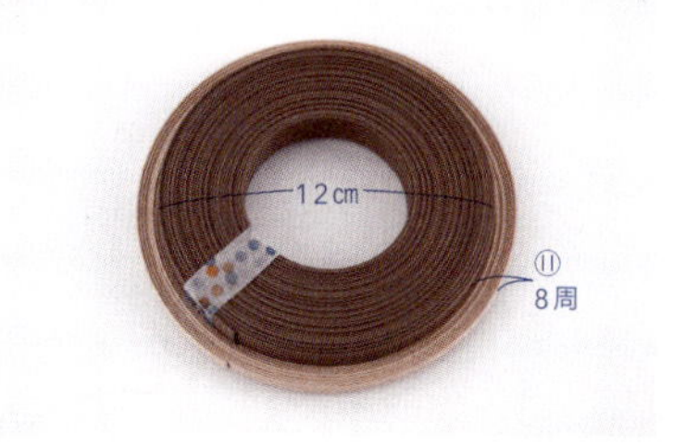

15 紙バンド（材料外）の巻を直径12cmになるように調整し、⑪持ち手ひも1本をところどころ接着剤をつけながら8周巻く。余分はカットする。

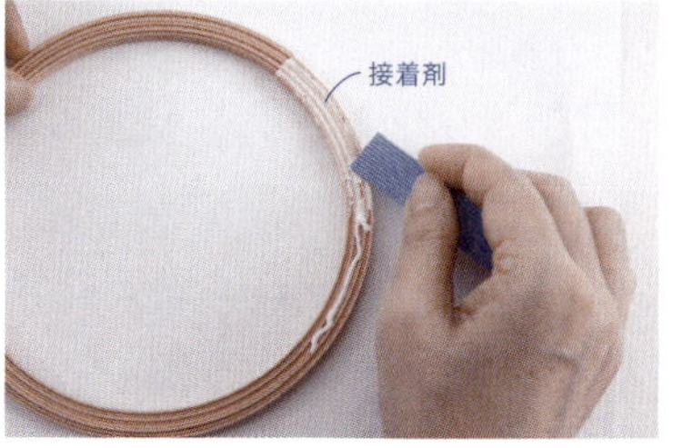

16 片側の側面に接着剤を塗り広げてしっかりと乾かす。**15**、**16**と同様にしてもう3個作る。

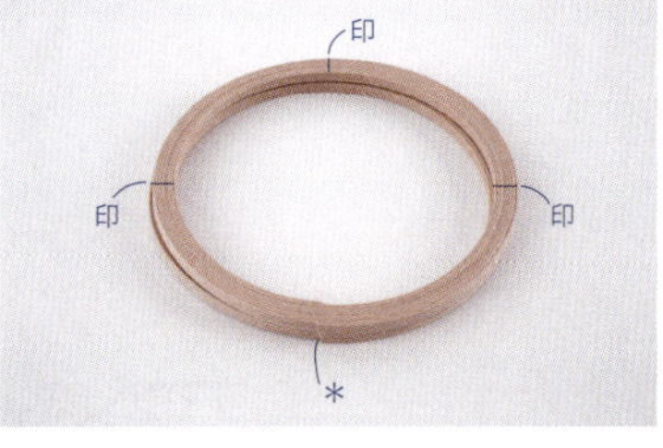

17 持ち手2個を貼り終わりの位置（＊）を合わせて重ね、対角と1/4ずつの位置に印をつける。

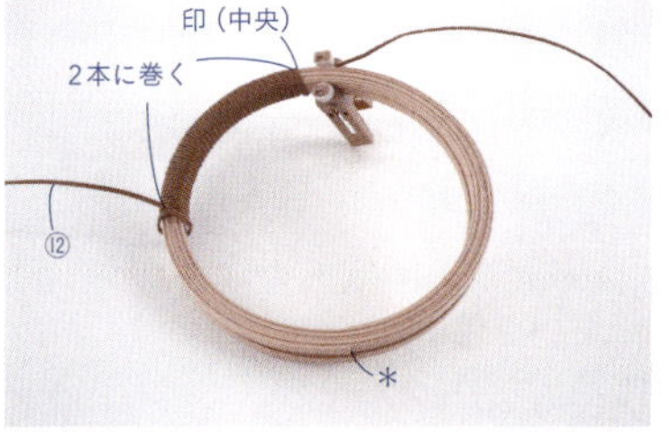

18 ⑫巻きひも1本の中央を対角の印に合わせ、左側の1/4の印まで持ち手2本に隙間なく巻く。

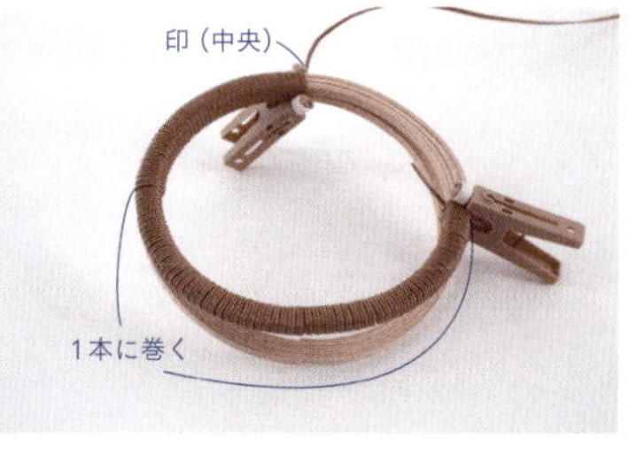

19 続けて、右側の1/4の印まで上の持ち手1本のみに隙間なく巻く。

20 ⑫のもう一方のひも端で、右側の1/4の印まで持ち手2本に隙間なく巻く。ひもは切らずにそのままにしておく。

21 **19**の巻き終わりのひも端に接着剤をつけ、持ち手と持ち手の間に入れる。

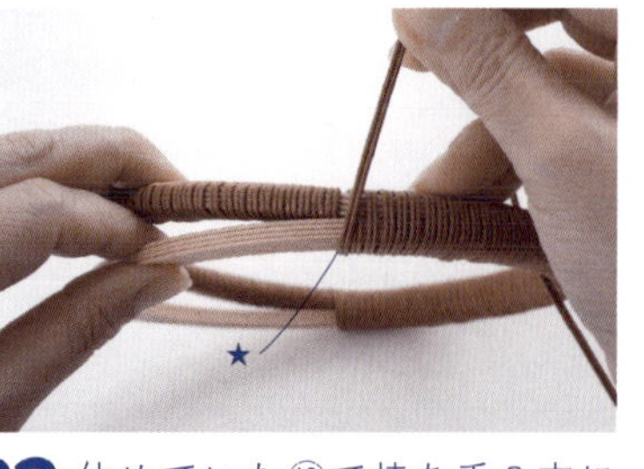

22 休めていた⑫で持ち手2本に1周、写真手前の持ち手1本のみに6周（**24**参照）巻く。

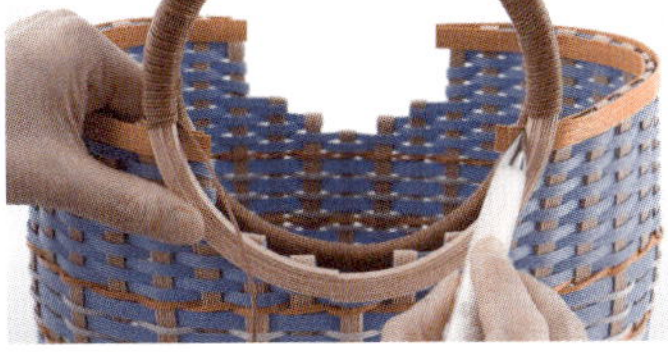

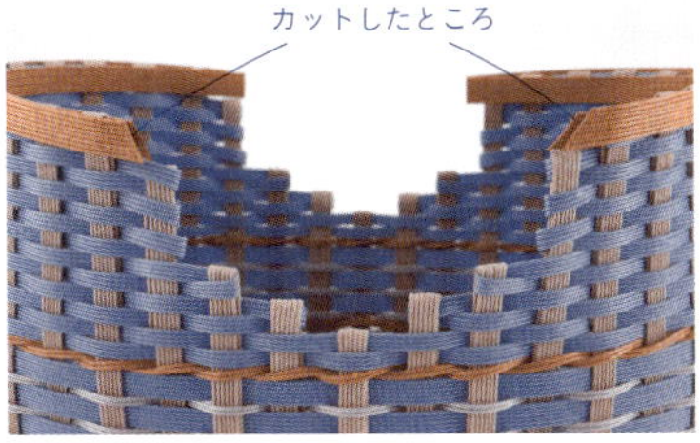

23 持ち手2本で縁をはさみ、持ち手の内側に沿って線を引き、⑬と⑭を2枚一緒にカットする。

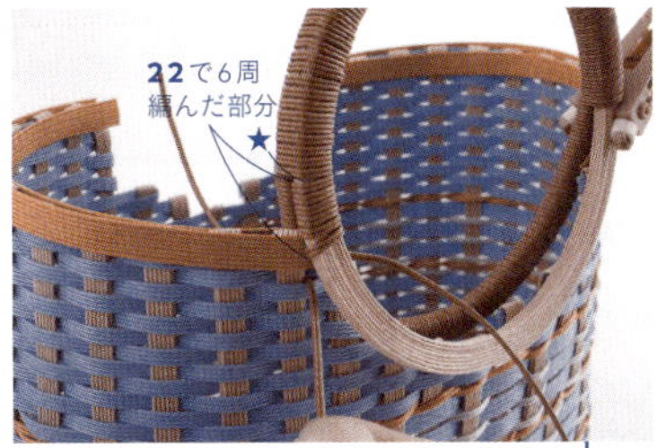

24 持ち手2本で縁をはさむ。⑫をかごの外側から内側に通し、内側の持ち手を一緒に1周巻く。

かごの縁と持ち手2本は洗濯ばさみではさめない厚みのため、ひもで結んで仮留めする。

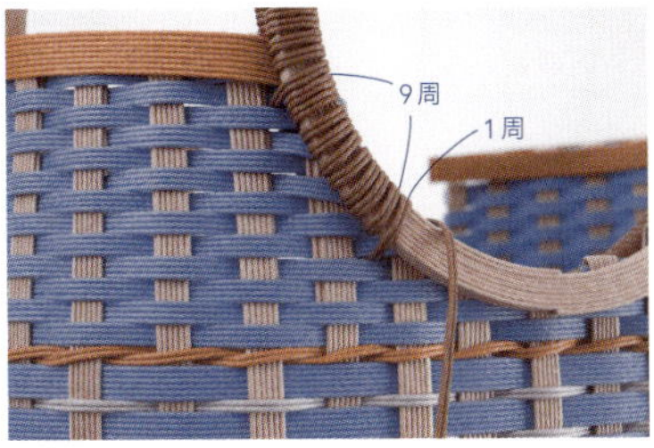

25 外側の持ち手のみに9周、かごと内側の持ち手を一緒に1周巻く。

26 外側の持ち手に5周、一緒に1周、外側の持ち手に14周、一緒に1周巻く。

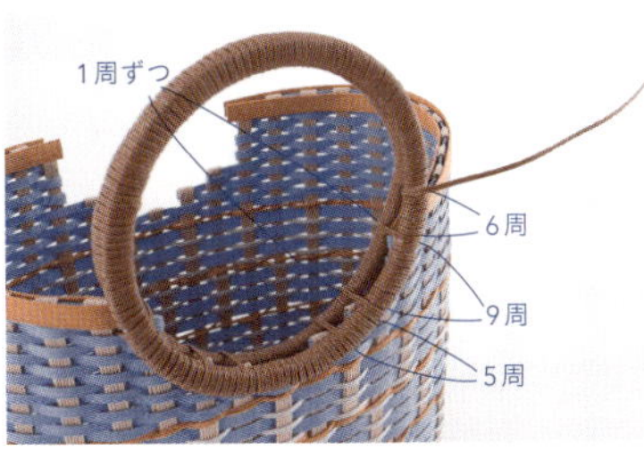

27 外側の持ち手に5周、一緒に1周、外側の持ち手に9周、一緒に1周、外側の持ち手に6周巻く。

※持ち手に隙間が残る場合など、巻きひもを巻く回数は増減して調整する。

28 巻き終わりは接着剤をつけて外側の持ち手に1周巻き、ひも端を引っ張りながら際でカットする。

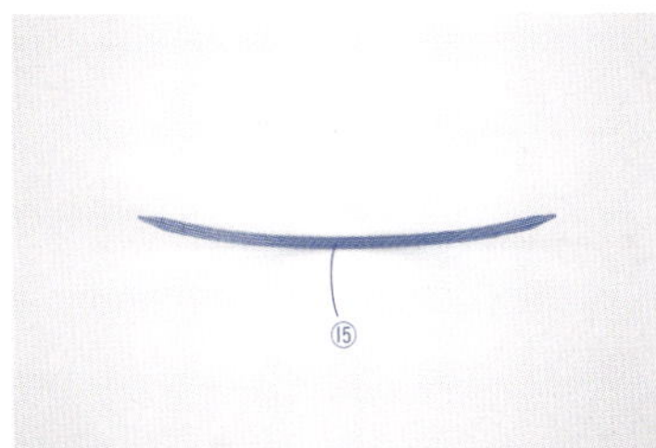

29 ⑮持ち手始末ひも1本を持ち手と持ち手の隙間の形に合わせて両角をカットし、持ち手の隙間に接着剤をつけて入れる。

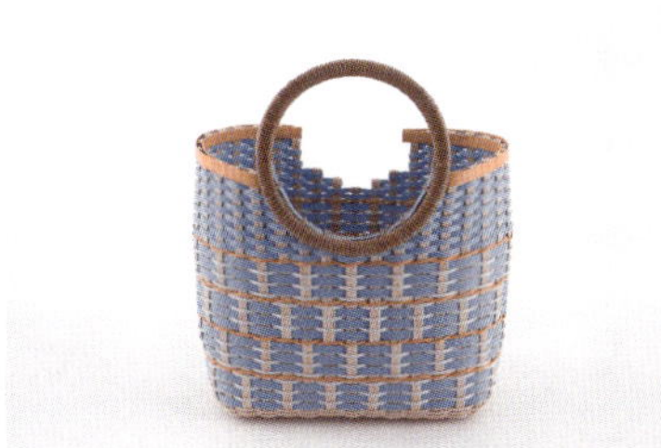

30 反対側も **17**～**29** と同様に作業する。

リボンクラッチバッグ photo : 14 ページ

■材料

紙バンド
（コーヒー／No.9）・5m 巻、
（白木／No.1A）・30m 巻…各1巻
直径1.4cmのマグネットボタン
…1組

■でき上がりサイズ

約幅26×マチ5×高さ14cm

■用意するひもの幅と本数

※指定以外の色はコーヒー。

①横ひも　6本幅・57cm…3本（白木）
②横ひも　8本幅・25cm…2本（白木）
③縦ひも　6本幅・40cm…15本（白木）
④始末ひも　6本幅・4cm…2本（白木）
⑤編みひも　3本幅・450cm…6本（白木）
⑥編みひも　2本幅・380cm…2本（白木）
⑦かぶせ芯ひも　6本幅・50cm…2本
⑧かぶせひも　2本幅・400cm…1本
⑨リボン芯ひも　3本幅・20cm…3本
⑩リボンひも　2本幅・250cm…1本
⑪リボン結びひも　1本幅・30cm…1本
⑫リボン中央ひも　12本幅・7cm…1本
⑬かぶせ端ひも　12本幅・4cm…1本
⑭かぶせ始末ひも　12本幅・7cm…1本（白木）
⑮縁ひも　12本幅・25cm…2本（白木）

■カット図

余り分＝

紙バンドを指定の長さにカットし、割く。①〜③の中央に印をつける。≫P23「紙バンドをカットし、割く」

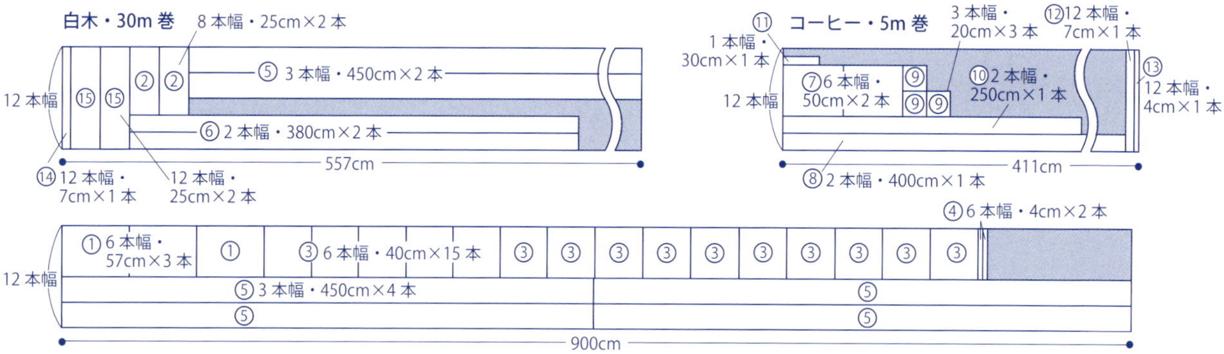

■作り方

※わかりやすいように、ひもの色を変えている。

◇底を作る

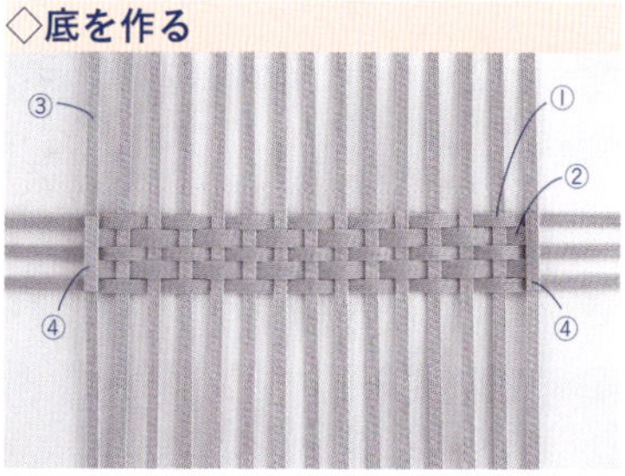

1 ①〜④のひもで角底を作る。周囲のひもをしっかりと立ち上げる。
≫P41「角底」、P42「ひもを立ち上げる」

◇側面を編み、縁を始末する

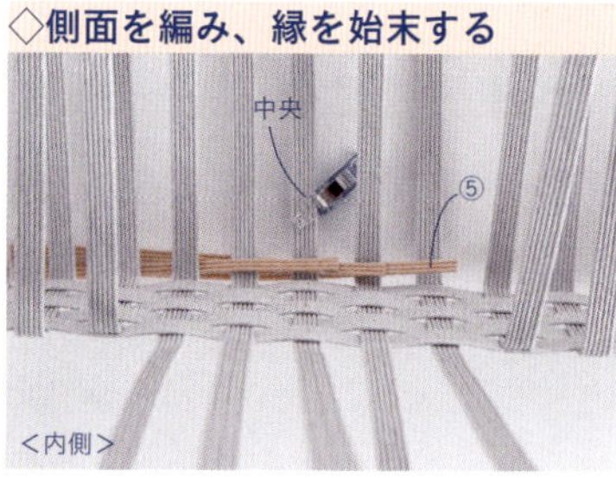

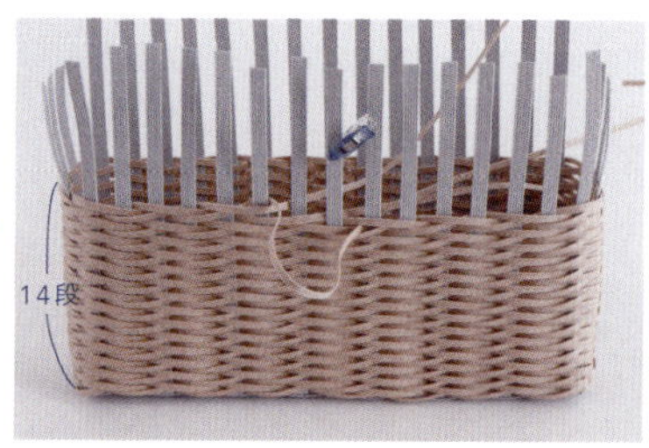

2 ⑤編みひも3本を側面中央の縦ひもの裏側に貼る。途中でひもをつなぎながら、鎧編みで14段編み、余分をカットして編みひもに貼る。
※編み終わりの始末をした面が後ろ面になる。
≫P28「鎧編み」

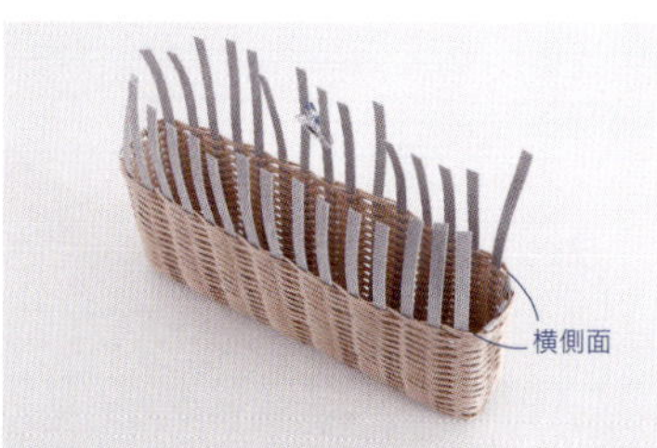

3 横側面の縦ひも3本ずつを内側に折り、編み目に差し込む。

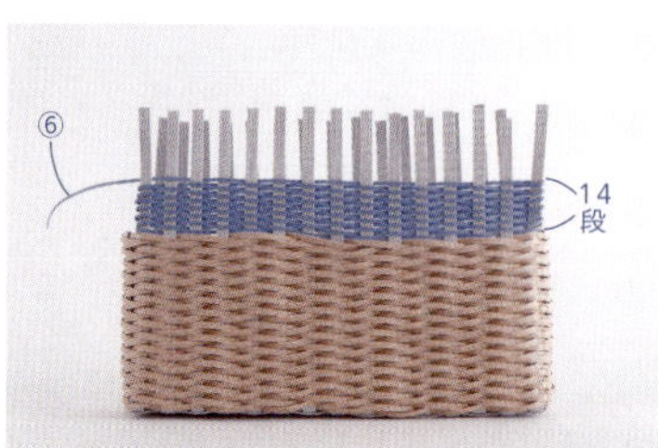

4 ⑥編みひも1本で片側面に引き返し編みを14段編む。余分をカットして編みひもに貼る。
≫P38「引き返し編み」

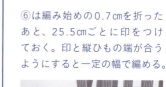

⑥は編み始めの0.7cmを折ったあと、25.5cmごとに印をつけておく。印と縦ひもの端が合うようにすると一定の幅で編める。

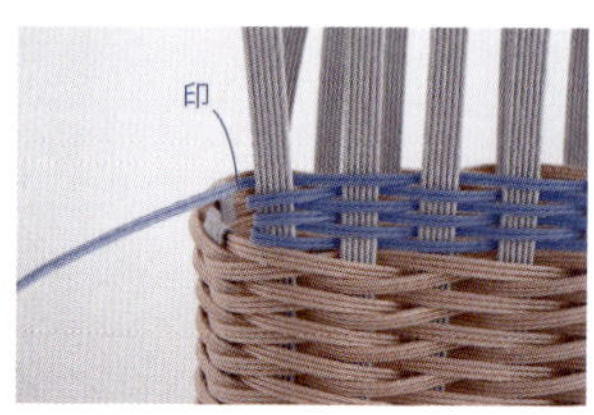

5 縦ひもを内側と外側に交互に折り、編み目に差し込む。反対面も **4**、**5** と同様に作業する。

◇かぶせを作る

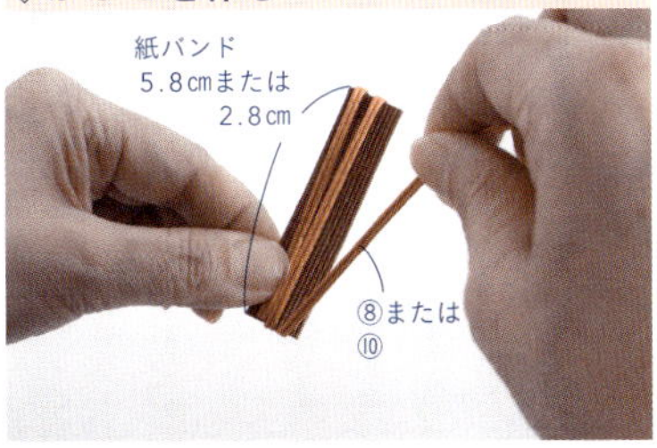

6 ⑧かぶせひもを長さ5.8cmの紙バンド（材料外）、⑩リボンひもを1cm折ってから長さ2.8cmの紙バンド（材料外）に巻いて折り目をつける。

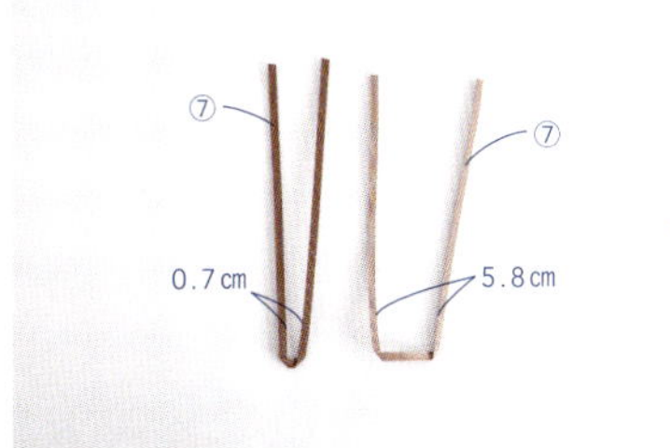

7 ⑦かぶせ芯ひも2本をそれぞれコの字形に折り、組む。

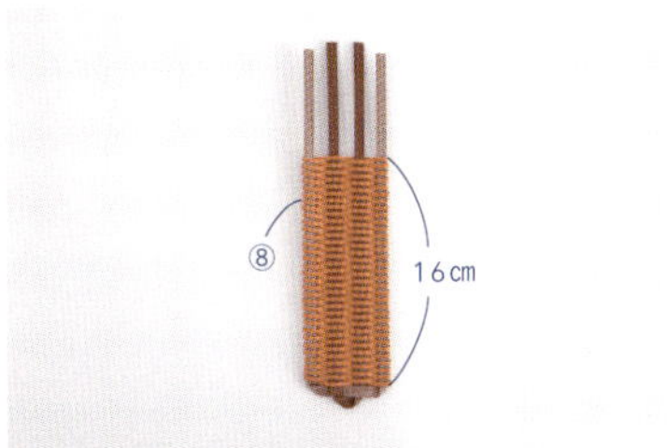

8 ⑧で16cm分引き返し編みをする。編み始めは左端の芯ひもの裏側に貼る（**9** 参照）。

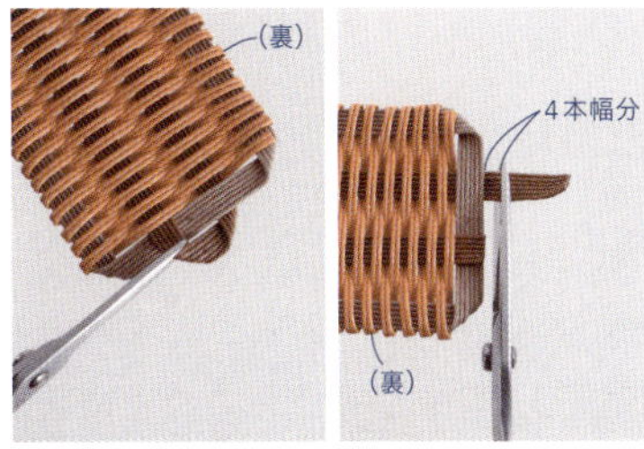

9 内側の芯ひもを2か所でカットし、ひも端を裏側に貼る。

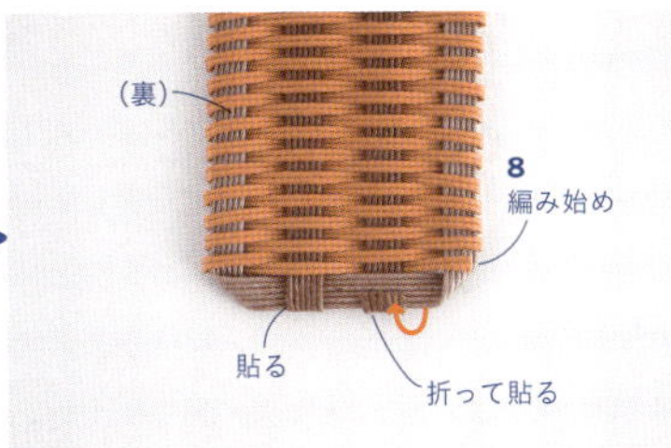

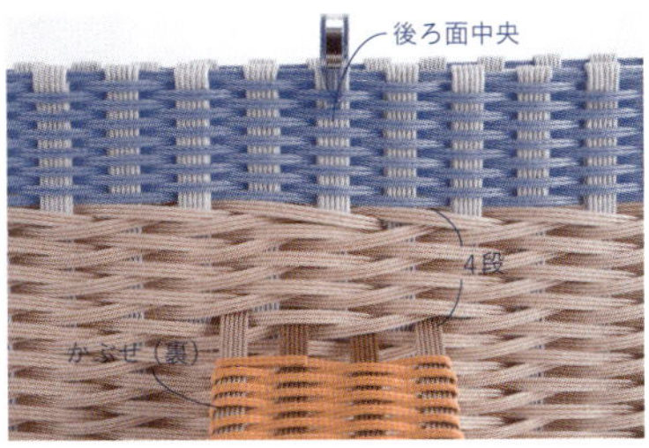

10 後ろ面中央の鎧編みの上から4段めと5段めの間に、かぶせのひも端4本を差し込む。

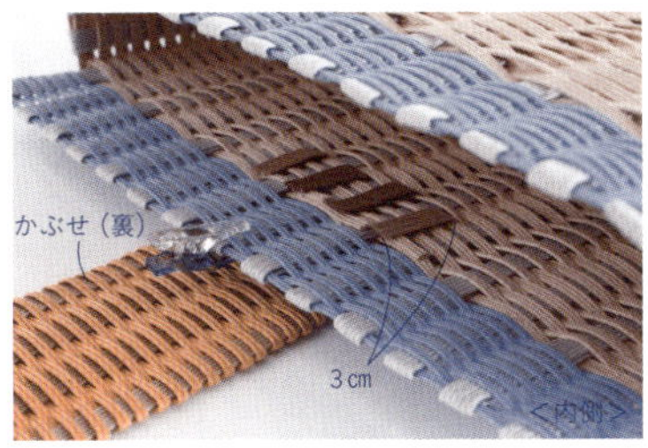

11 かぶせのひも端を折り上げ、3cmにカットして貼る。

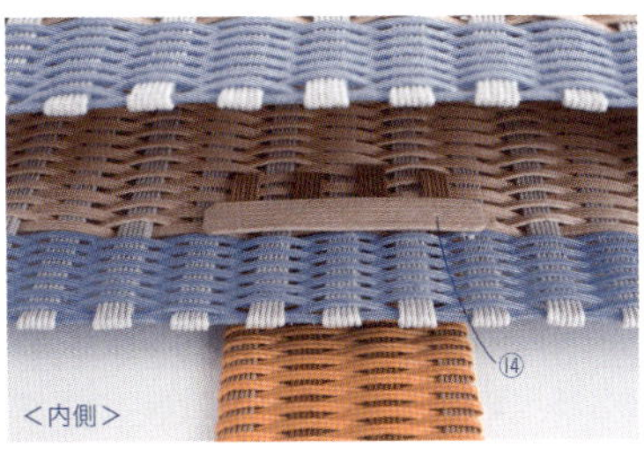

12 ⑭かぶせ始末ひもの角を丸くカットし、**11** のひも端の上に貼る。

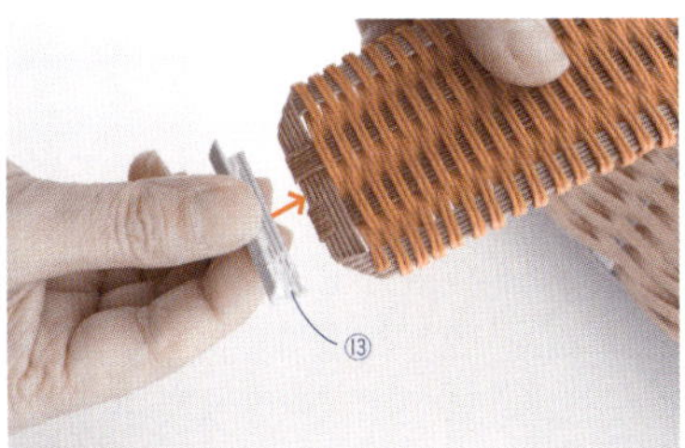

13 ⑬かぶせ端ひもを折り目をつけずに半分に曲げ、かぶせの先端に貼る。

◇リボンを作る

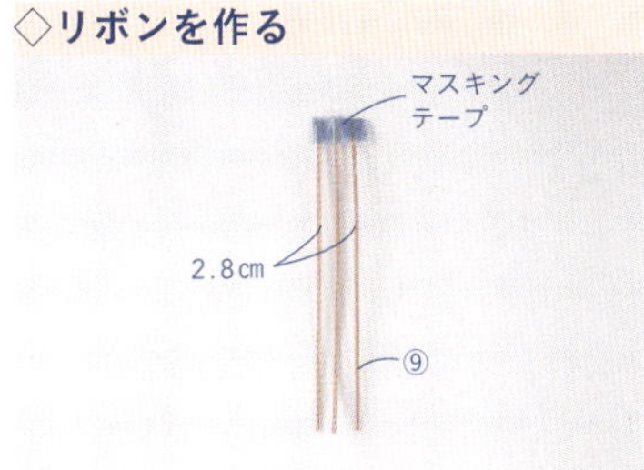

14 ⑨リボン芯ひも3本を均等に並べてマスキングテープでとめる。

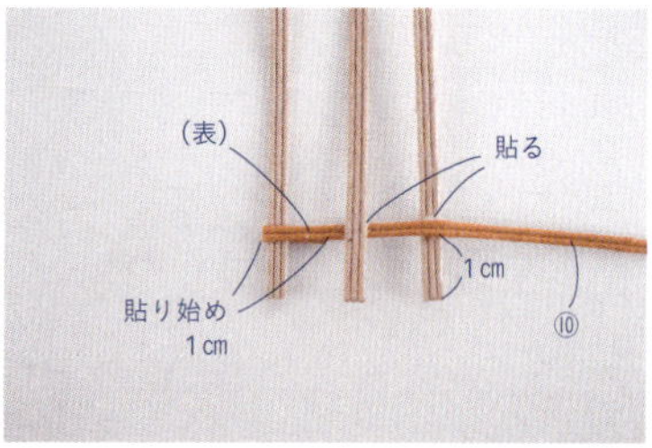

15 ⑩の 1cm折ったひも端を左の芯ひもにかけて貼る。残りの芯ひも 2 本もリボンひもに貼る。

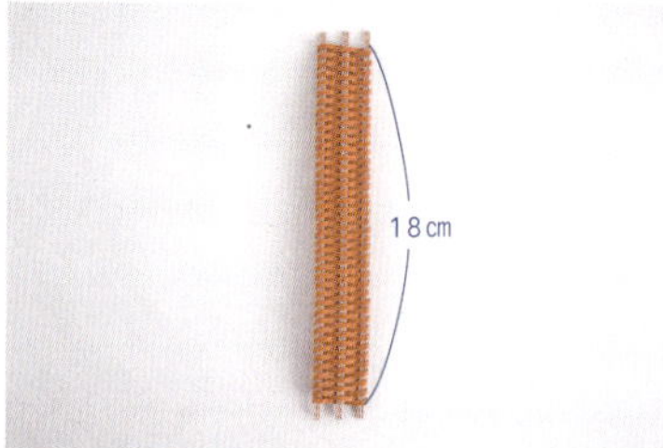

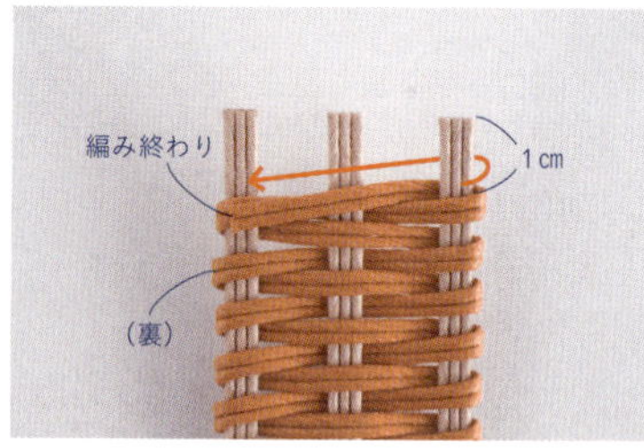

16 引き返し編みで 18cm分編み、編み終わりは裏側の編みひもに貼る。編み地の上下の端を芯ひもに貼り、芯ひもは 1cmにカットする。

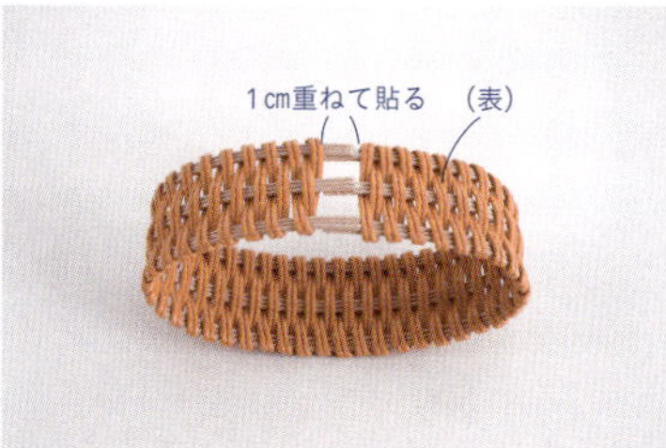

17 編み地を折り曲げ、ひも端どうしが中央にくるようにして貼り合わせる。

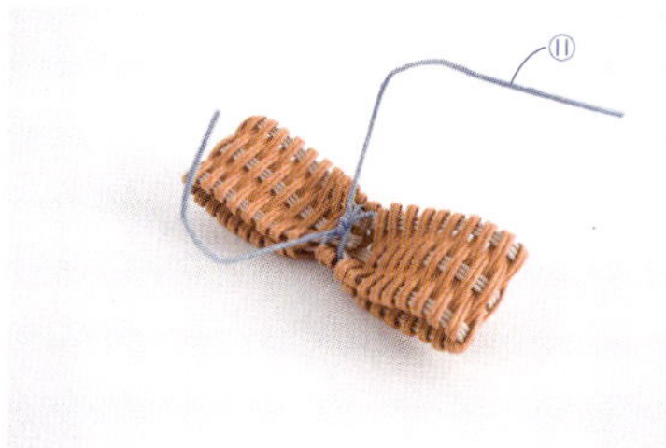

18 編み地の中央を手でへこませてから、⑪リボン結びひもで 2 周巻く。2 回結び、結び目にボンドをつけて余分をカットする。

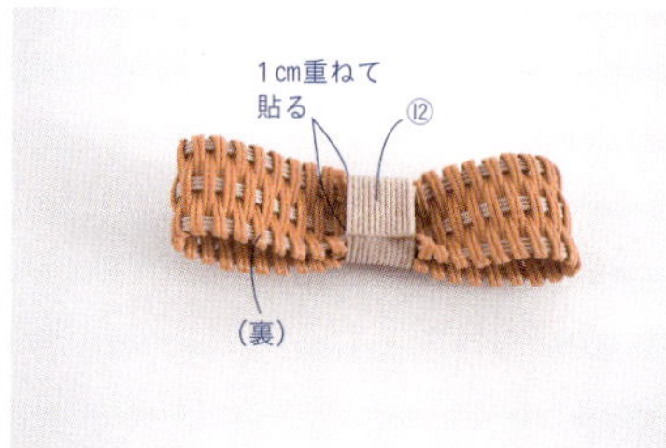

19 ⑫リボン中央ひもを巻き、裏側で 1cm重ねて貼り合わせ、形を整える。

◇マグネットボタンをつける

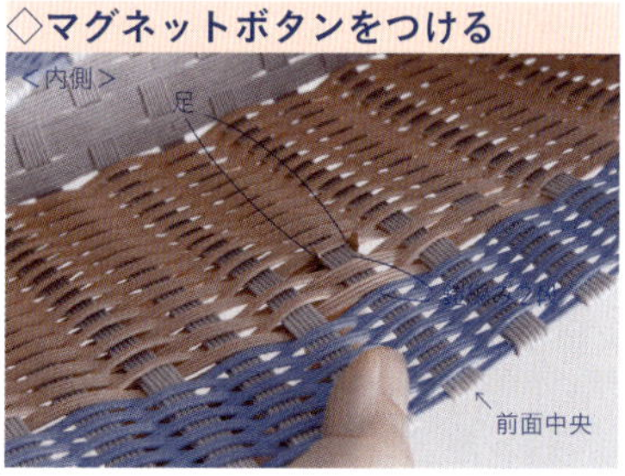

20 前面中央の縦ひもをはさんで、マグネットボタン（凹）の足を外側から内側に差し込む。

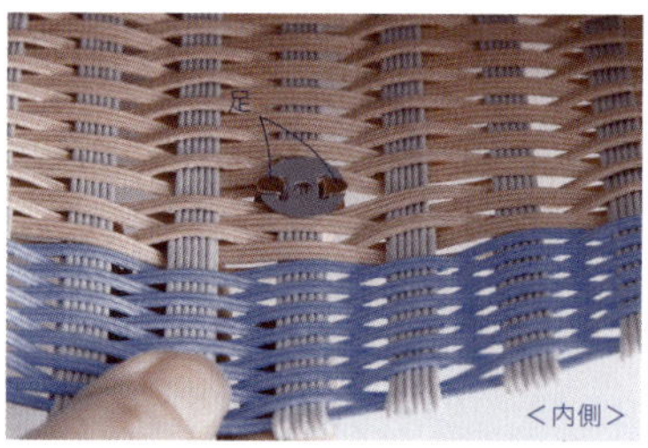

21 留め具を足にはめ、ペンチで足を外側に倒す。

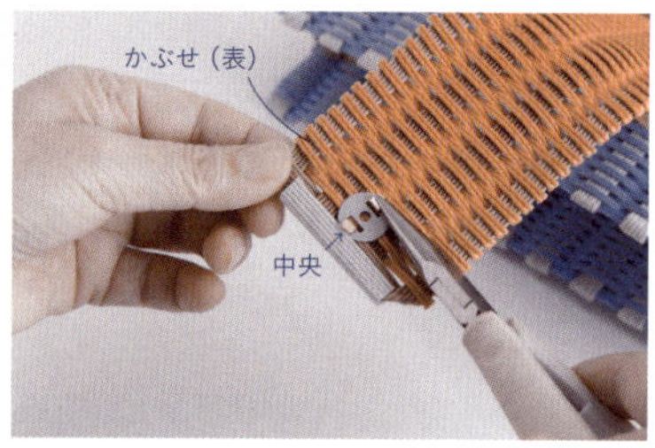

22 かぶせの中央、引き返し編みの 3 または 4 段分にマグネットボタン（凸）の足を裏側から表側に差し込み、留め具をはめ、足を倒す。

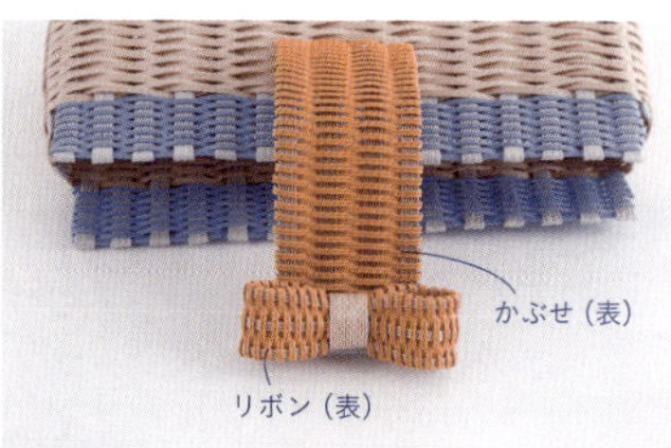

23 かぶせの表側にリボンを貼る。

◇縁ひもをつける

24 ⑮縁ひも 1 本をかごの縁幅に合わせてカットし、洗濯ばさみの根元の穴にはさんで丸みをつける。いきなり折ると割れる場合があるので注意。

25 かごの縁に⑮をかぶせて貼る。反対側も **24**、**25** と同様に。

3本網代のツートンバッグ photo：16ページ

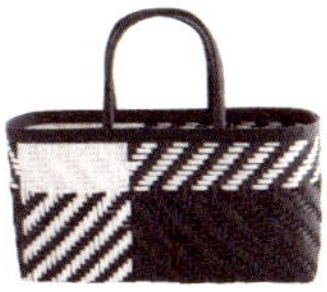

■材料

紙バンド
（白／No.2）・5m巻…2巻、
（黒／No.6）・30m巻…1巻

■でき上がりサイズ

約幅31.5×マチ9×高さ16.5cm
（持ち手含まず）

■用意するひもの幅と本数 ※指定以外の色は黒。

①横ひも　4本幅・76cm…17本
②縦ひも　4本幅・54cm…37本
③縦ひも　4本幅・54cm…23本（白）
④編みひも　4本幅・83cm…19本
⑤編みひも　4本幅・83cm…9本（白）
⑥縁内側始末ひも　6本幅・10cm…2本
⑦縁内側始末ひも　6本幅・30cm…2本
⑧持ち手芯内ひも　8本幅・32cm…2本
⑨持ち手始末ひも　8本幅・20cm…2本
⑩縁内ひも　12本幅・81cm…1本
⑪縁外側始末ひも　4本幅・10cm…4本
⑫縁外側始末ひも　4本幅・30cm…4本
⑬縁外ひも　12本幅・84cm…1本
⑭持ち手芯外ひも　8本幅・30cm…2本
⑮巻きひも　2本幅・320cm…2本

■カット図　余り分＝

紙バンドを指定の長さにカットし、割く。①〜③、⑥、⑦の中央に印をつける。≫P23「紙バンドをカットし、割く」

白・5m巻

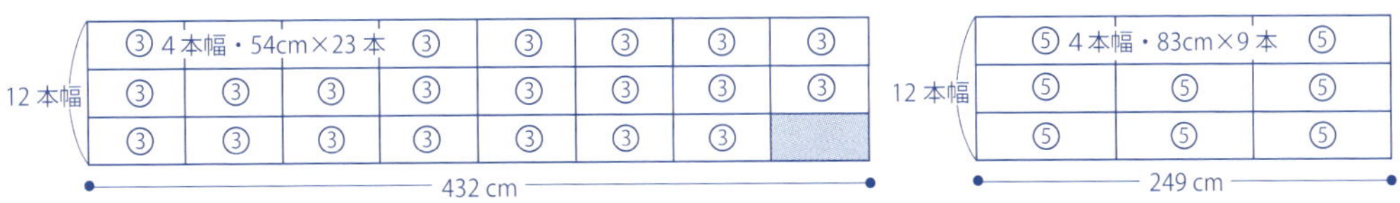

黒・30m巻

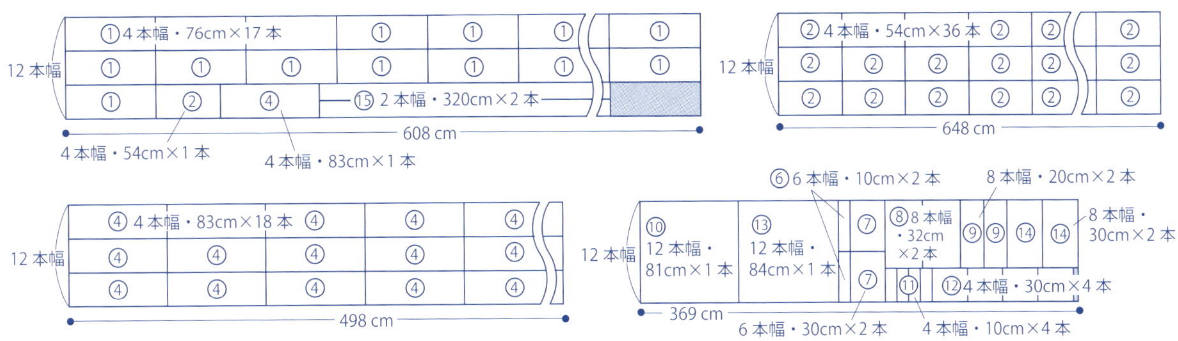

■作り方 ※わかりやすいように、ひもの色を変えている。

◇底を作る

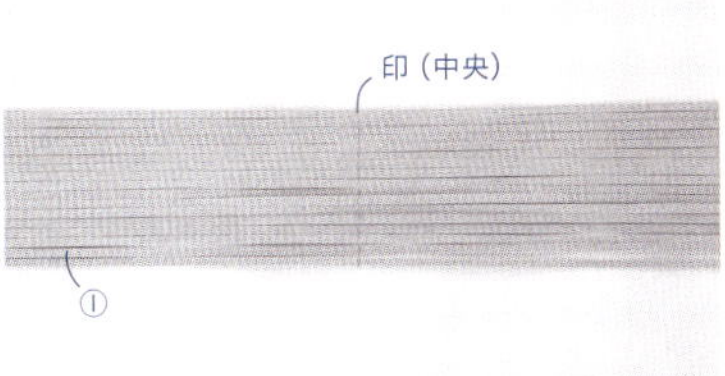

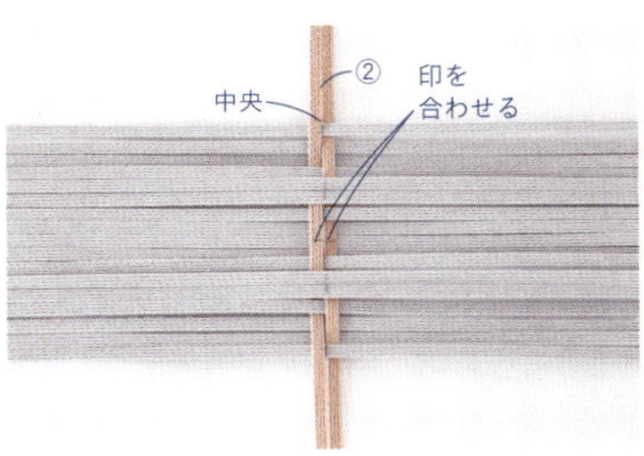

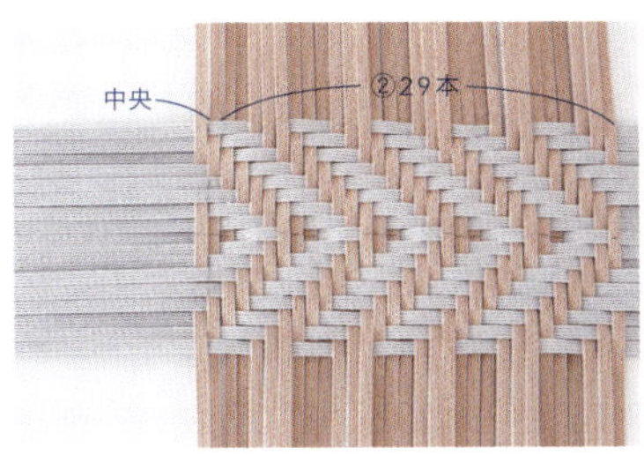

1 ①横ひも17本を、中央の印を合わせて隙間がないように並べる。
≫P34「網代編み」

2 編み図（P101）を参照しながら、中央の印をはさんで②縦ひも2本を通す。このとき、**1**の上下中央と②の印を合わせる。

3 **2**の右側に②29本を通す。

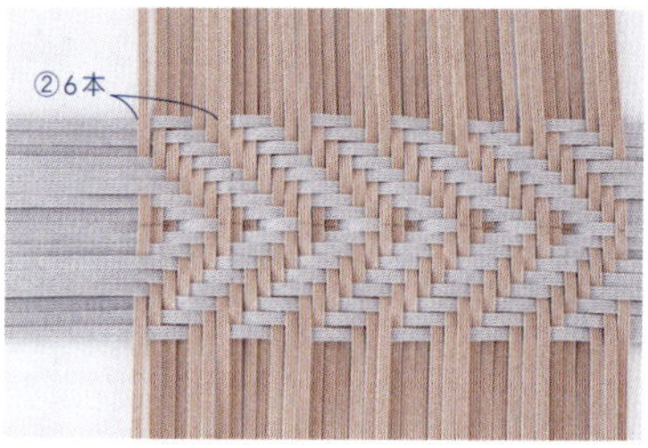

4 左側に②6本を通す。

5 左側に③縦ひも23本を通す。

6 底面のでき上がり。

7 裏返して周囲のひもをしっかりと立ち上げる。
≫P42「ひもを立ち上げる」

◇側面を編む

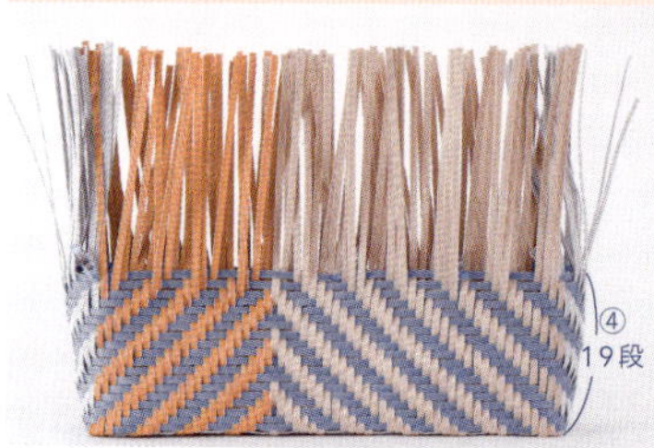

8 編み図を参照しながら、④編みひも19本で輪編みを19段編む。
≫P39「輪編み」

角は折り目をつけず、隙間があかないようにきっちりと編む。

9 ⑤編みひも9本で輪編みを9段編む。

◇縁を始末し、持ち手をつける

10 持ち手になる縦ひも（P101 編み図。以下、持ち手）2本ずつの先端4か所にマスキングテープを貼る。

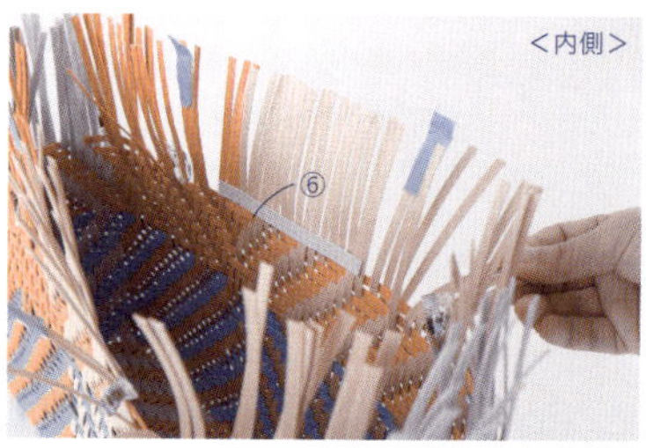

11 持ち手の間の縦ひもの裏側に⑥縁内側始末ひも1本を貼る。このとき、編みひもの上端と⑥の下端を突き合わせにする。反対側も同様に。

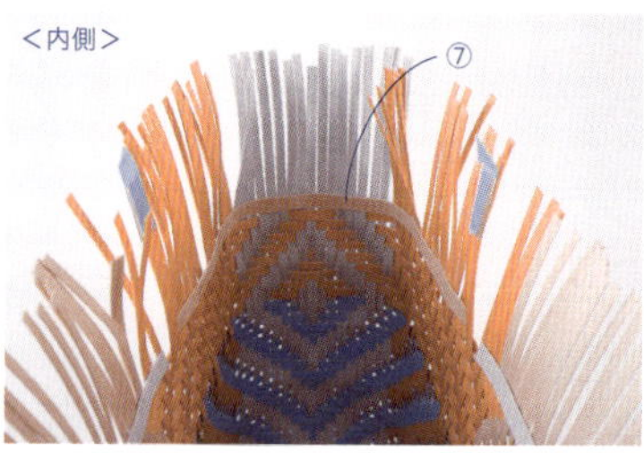

12 持ち手と持ち手の間の横側面の縦ひもの裏側に、⑦縁内側始末ひも1本を貼る。長い場合は余分をカットし、持ち手と突き合わせにする。反対側も同様に。

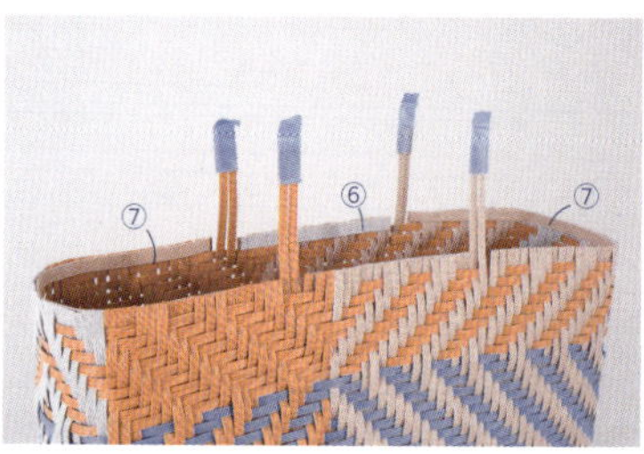

13 ⑥と⑦の上端に合わせて、持ち手以外の縦ひもをカットする。

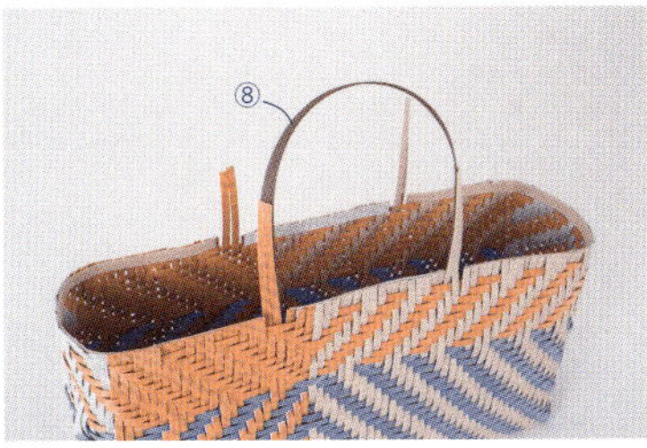

14 持ち手の裏側に⑧持ち手芯内ひも１本を貼る。

編みひもの上端と⑧の下端を突き合わせにする。

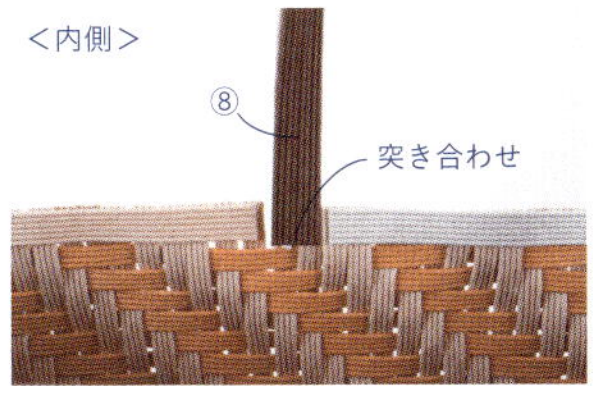

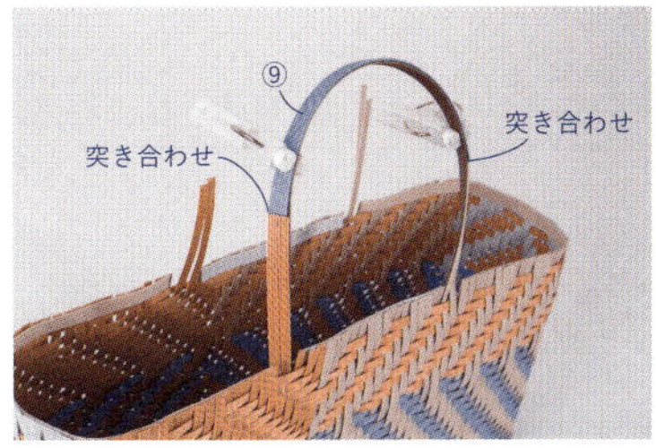

15 ⑧の外側に⑨持ち手始末ひも１本を、持ち手とひも端が突き合わせになるように余分をカットして貼る。もう一方の持ち手も**14**、**15**と同様に。

16 縁の内側に⑩縁内ひもを⑥・⑦の下端どうしと合わせて貼る。貼り終わりは余分をカットして、貼り始めに1㎝重ねる。

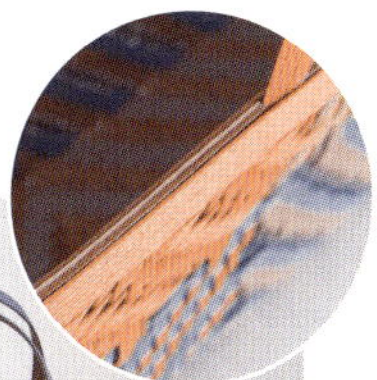

17 持ち手と持ち手の間の⑩の外側に、上端どうしを合わせて⑪・⑫縁外側始末ひも２本ずつを余分をカットして貼る。

18 **17**と同様に、⑪と⑫の外側にさらに⑪と⑫を２枚ずつ貼る。

19 縁の外側に⑬縁外ひもを貼る。貼り終わりは余分をカットして、貼り始めに1㎝重ねる。縁部分は４層になる。

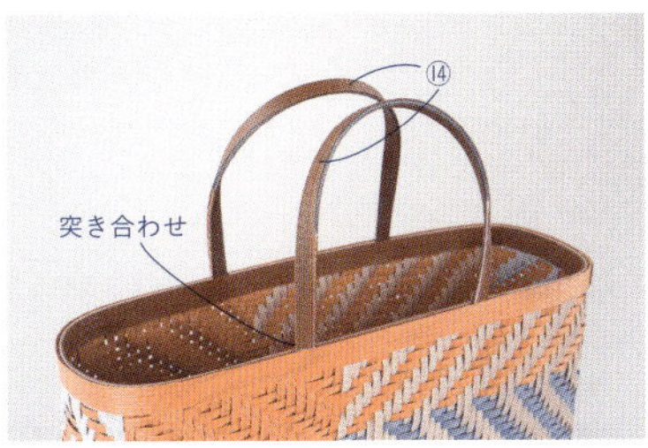

20 持ち手の外側に、⑭持ち手芯外ひもを１本ずつ貼る。縁の上端とひも端が突き合わせになるように余分をカットする。

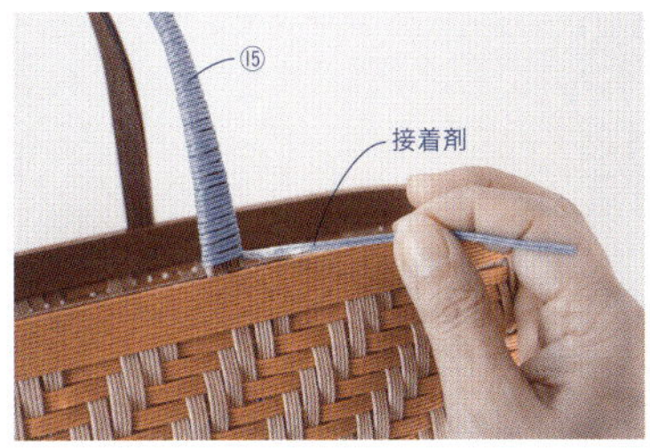

21 持ち手に⑮巻きひも１本を巻く（P43・**7**）。巻き終わり１周分は裏側に接着剤をつける。

22 内側の２巻き分にひも端を通して引っ張り、余分をカットする。

23 もう一方の持ち手も、**21**、**22**と同様に作業する。

花結びボタンのふたつきかご photo：17 ページ

■材料

紙バンド
（いか墨／No.31）・5m 巻…1巻、
（白木／No.1A）・30m 巻…1巻

■でき上がりサイズ

約幅25×マチ19×高さ18cm
（持ち手含まず）

■用意するひもの幅と本数 ※指定以外の色は白木。

①横ひも　6本幅・60cm…7本
②横ひも　8本幅・16cm…6本
③縦ひも　6本幅・54cm…9本
④始末ひも　6本幅・11cm…2本
⑤編みひも　2本幅・530cm…2本
⑥差しひも　6本幅・23cm…8本
⑦編みひも　2本幅・90cm…3本
⑧編みひも　6本幅・570cm…2本
⑨編みひも　2本幅・260cm…3本
⑩縁内ひも　12本幅・80cm…1本
⑪ふた横ひも　6本幅・44cm…7本
⑫ふた横ひも　8本幅・16cm…6本
⑬ふた縦ひも　6本幅・37cm…9本
⑭ふた始末ひも　6本幅・11cm…2本
⑮ふた編みひも　2本幅・400cm…2本
⑯ふた差しひも　6本幅・14cm…8本
⑰ふた編みひも　2本幅・85cm…3本
⑱ふた編みひも　6本幅・240cm…2本
⑲ふた編みひも　2本幅・260cm…3本
⑳ボタンひも　3本幅・30cm…3本（いか墨）
㉑ボタンつけひも　1本幅・30cm…1本（いか墨）
㉒ボタンかけひも　1本幅・50cm…6本
㉓リングひも　2本幅・10cm…2本
㉔リング巻きひも　1本幅・50cm…2本
㉕リング通しひも　6本幅・13cm…2本
㉖持ち手内ひも　6本幅・100cm…1本
㉗持ち手芯ひも　6本幅・46cm…2本
㉘持ち手外ひも　6本幅・101cm…1本
㉙巻きひも　2本幅・520cm…1本

■カット図 余り分＝

紙バンドを指定の長さにカットし、割く。①～③、⑪～⑬、㉗の中央に印をつける。
≫P23「紙バンドをカットし、割く」

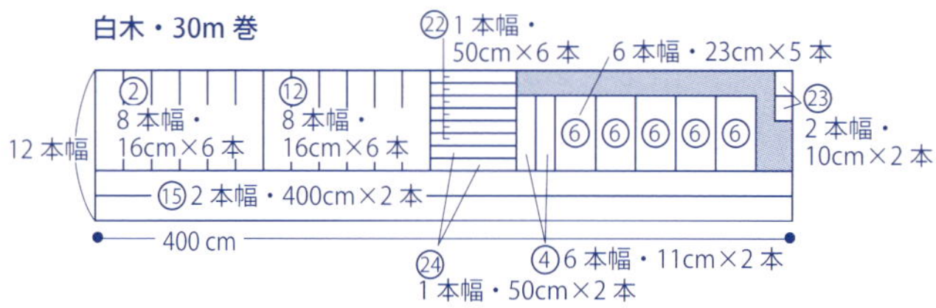

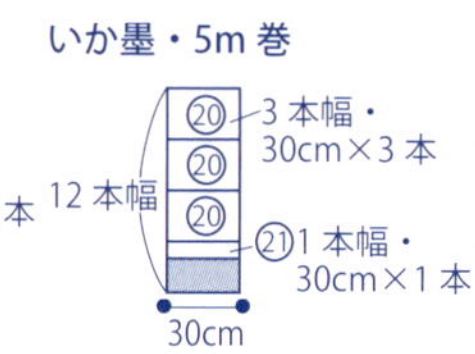

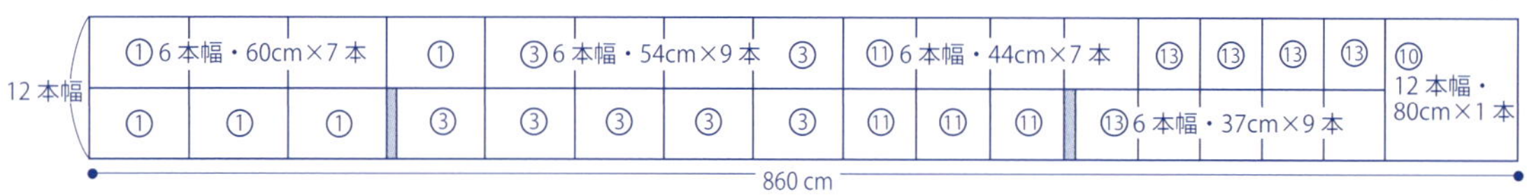

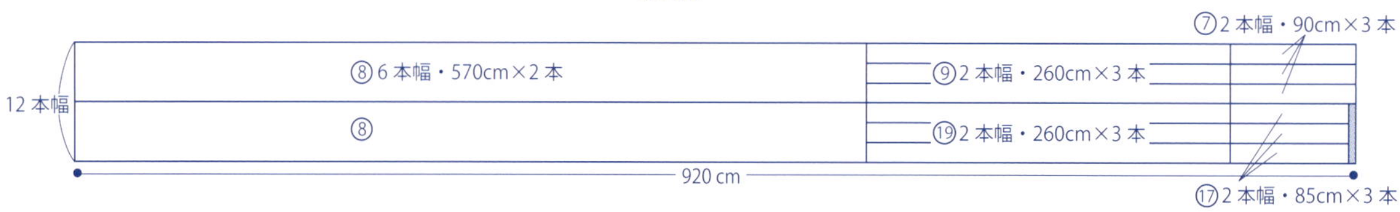

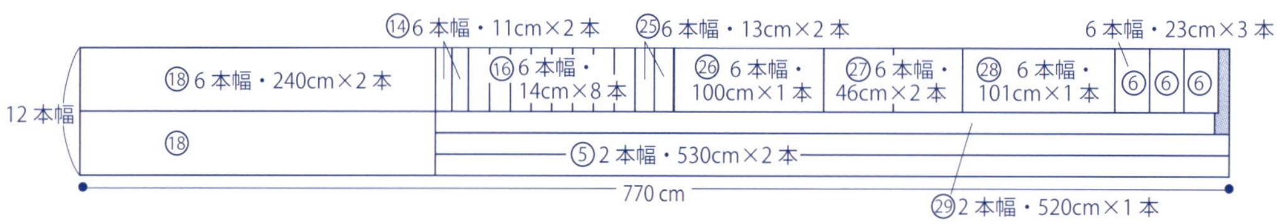

■作り方 ※わかりやすいように、ひもの色を変えて解説している。

◇ボックスを作る

1 ①～⑧のひもで、P59・**1**～**6**と同様に作業する。⑧は、余分をカットして編みひもに貼る。
≫P37「追いかけ編み」、P41「楕円底」、P42「ひもを立ち上げる」

2 ⑨編みひも3本を左側面中央の裏側の編みひもに貼り、3本縄編みで3段編む。余分をカットして編みひもに貼る。
≫P31「3本縄編み」

3 縦ひもを内側に折り、編み目に差し込む。

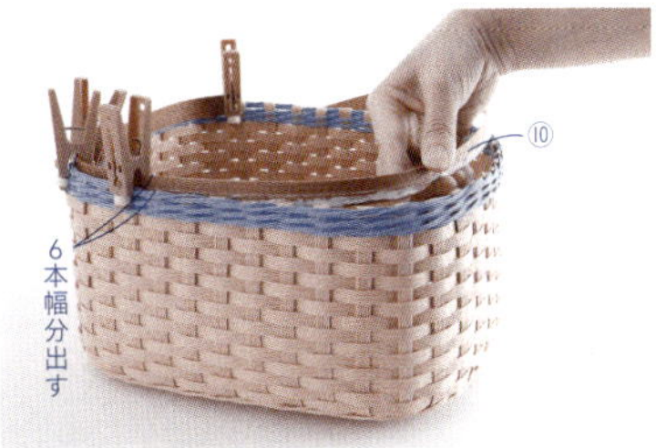

4
⑩縁内ひもの6本幅分に接着剤をつけ、縁の内側に貼る。左奥の角から貼り始め、貼り終わりは余分をカットして1cm重ねる。
※⑩の重なりのある側が、後ろ面になる。

◇ふたを作る

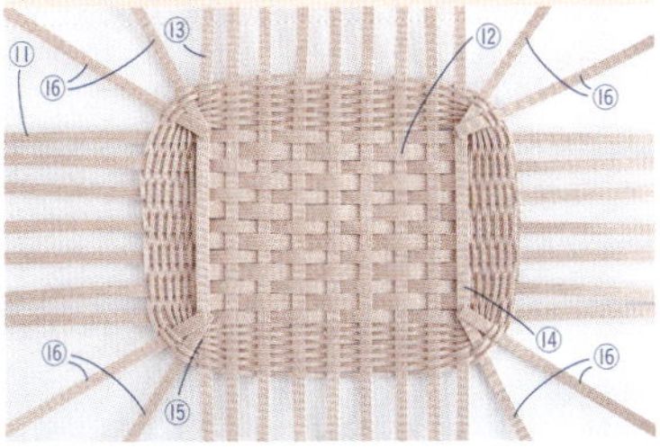

5
⑪〜⑯のひもで楕円底を作る。⑮で追いかけ編みは4周（8段）→⑯ふた差しひもを貼って、2周（4段）。

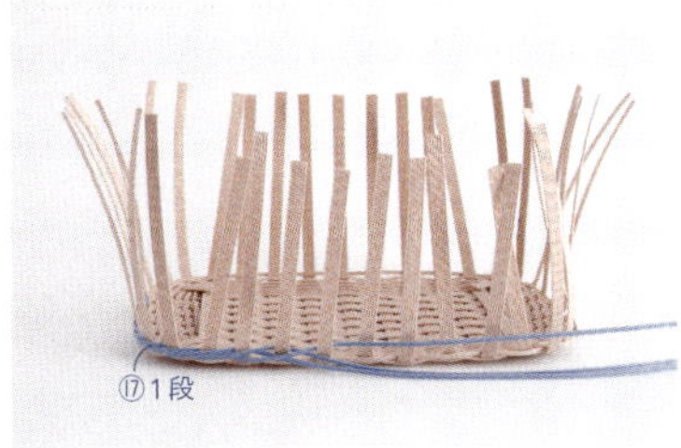

6
周囲のひもをしっかりと立ち上げ、⑰ふた編みひも3本で3本縄編みを1段編む。余分をカットして編みひもに貼る。

7
⑱ふた編みひも2本で追いかけ編みを3周（6段）、⑲3本で3本縄編みを3段編む。それぞれ、余分をカットして編みひもに貼る。

> ボックスとふたの外周が同じ長さになるように編む。1、2段編むごとに測って誤差が0.5cm以内におさまるように編み加減を調整し、0.5cm以上の差が生じた場合はほどいて編み直す。

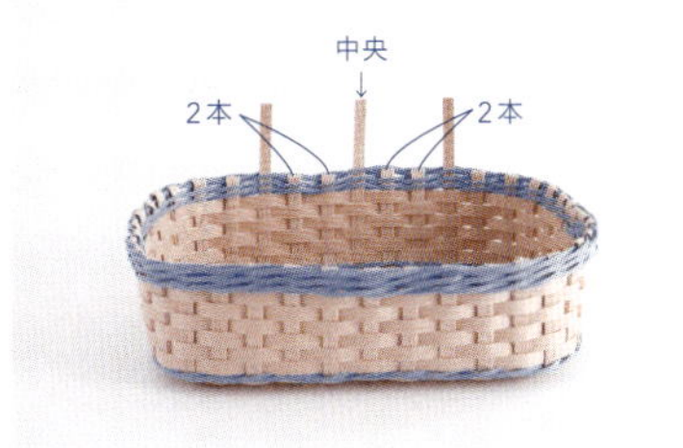

8
側面の中央と、2本はさんだ両脇の3本めの縦ひも1本ずつを残し、縦ひもを内側に折って編み目に差し込む。

◇ボックスとふたを合体させる

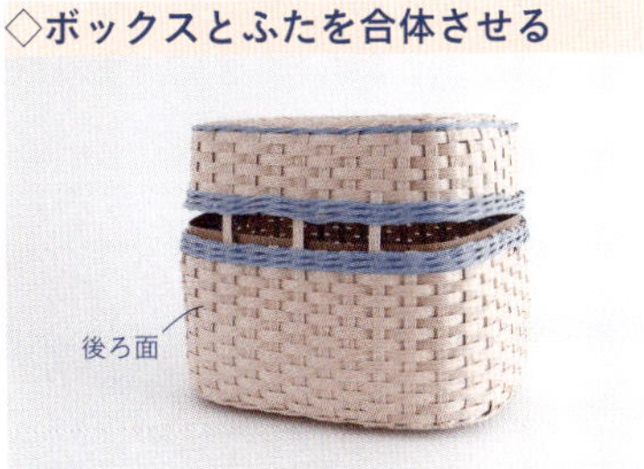

9
ボックスの後ろ面の縦ひもの外側に、ふたの残しておいた縦ひも3本を差し込む。

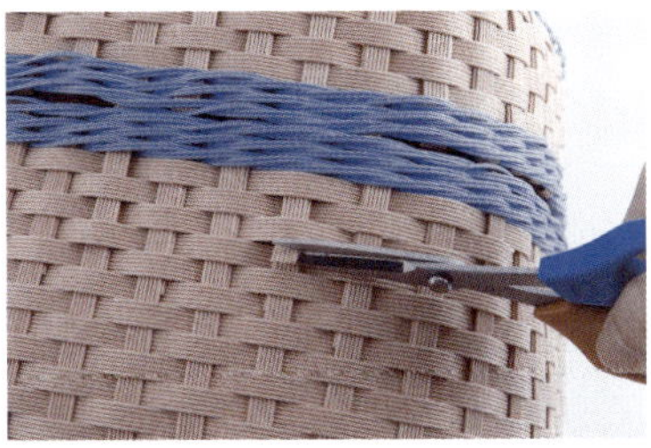

10
ボックスの編み目からはみ出る、差し込んだ縦ひもの端をカットする。

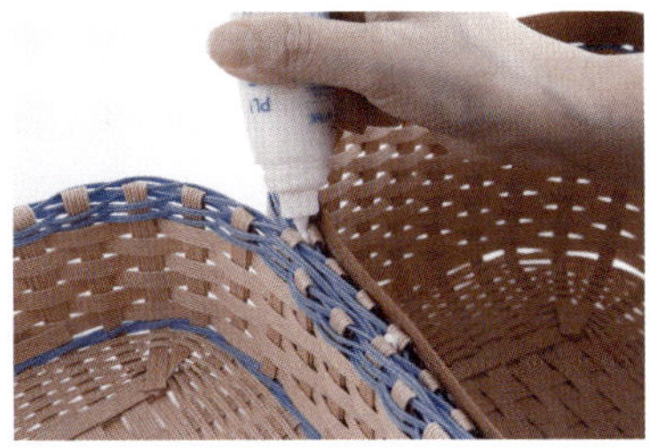

11
差し込んだ縦ひもとボックスの縦ひもの間3か所に、あふれ出ない程度に接着剤を流し込む。

◇ボタンをつける

12
⑳ボタンひも3本と㉑ボタンつけひもで、花結びボタンを作る。
≫ P45「花結びボタン」

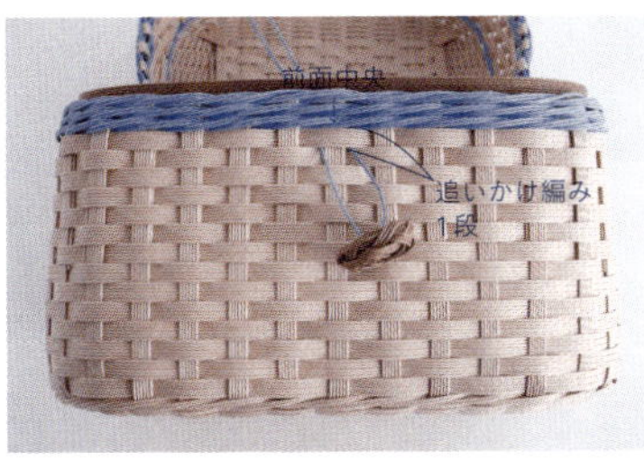

13
ボックスの前面中央の縦ひもをはさんで、ボタンつけひもの両端を外側から内側に通す。

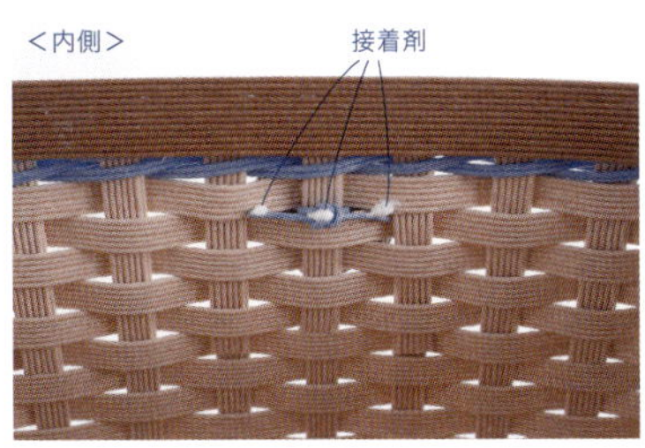

14
内側で2回結んでひも端を1.5cm残してカットし、結び目とひも端に接着剤をつける。ひも端は編み目の内側に貼る。

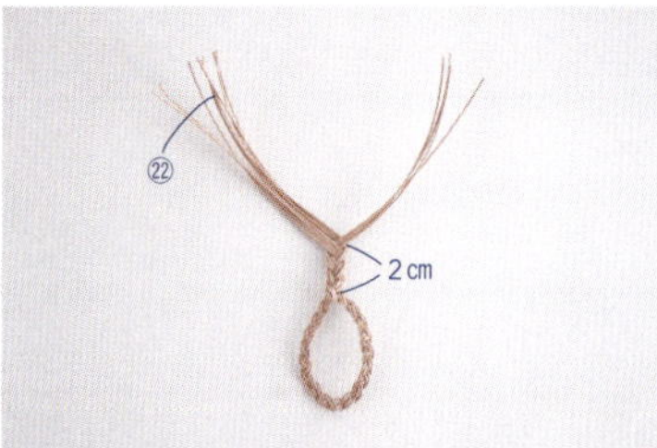

15 ㉒ボタンかけひも6本で、ボタンかけひもを作る。
≫ P45「ボタンかけひも」

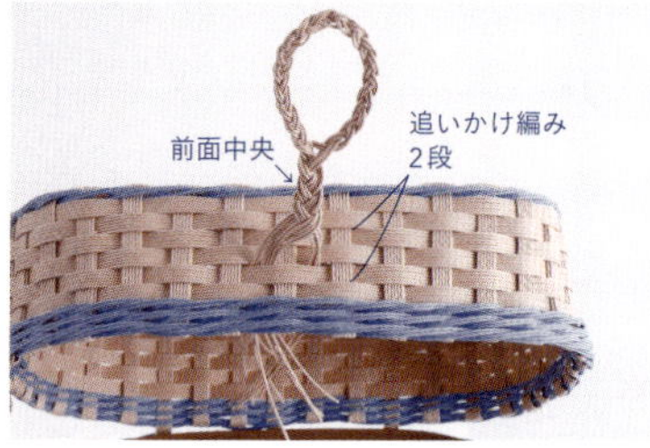

16 ふたの前面中央の縦ひもをはさんで、ボタンかけひもの両端（一方は2束・8本、もう一方は1束）を外側から内側に通す。

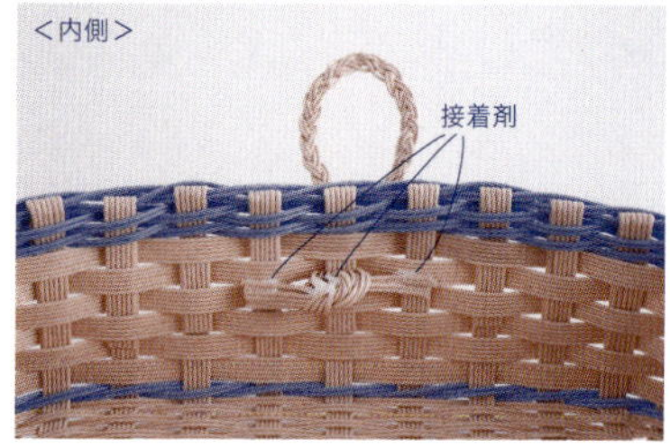

17 **14** と同様に始末する。

◇持ち手をつける

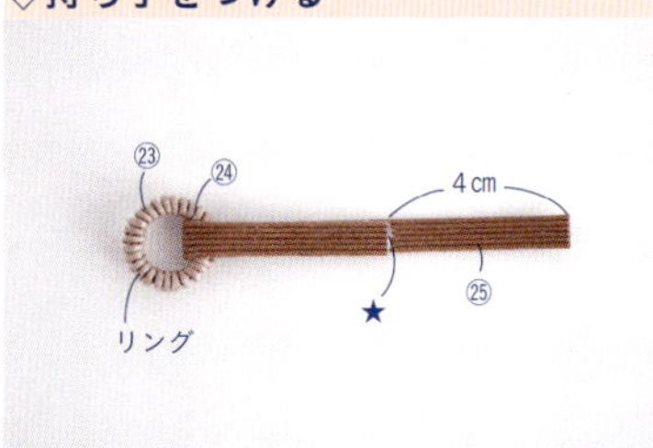

18 ㉓リングひも1本で2重の輪を作り、㉔リング巻きひも1本を巻く。リングに㉕リング通しひも1本を通し、二つ折りにして貼る。同様にもう1個作る。
≫ P44「リング」

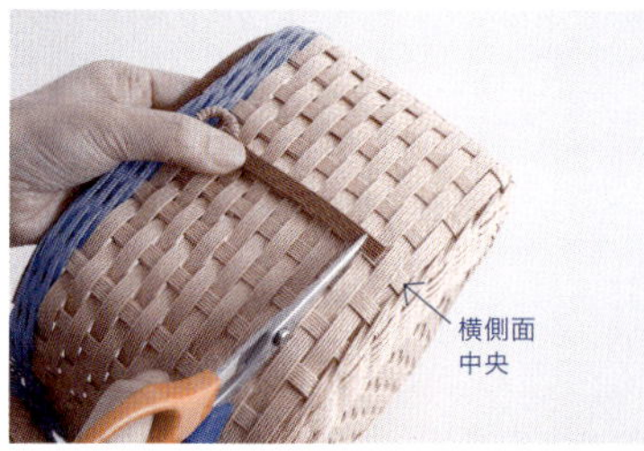

19 **18** を通し位置（**20** 参照）に合わせ、編みひもからはみ出るひも端をカットする。

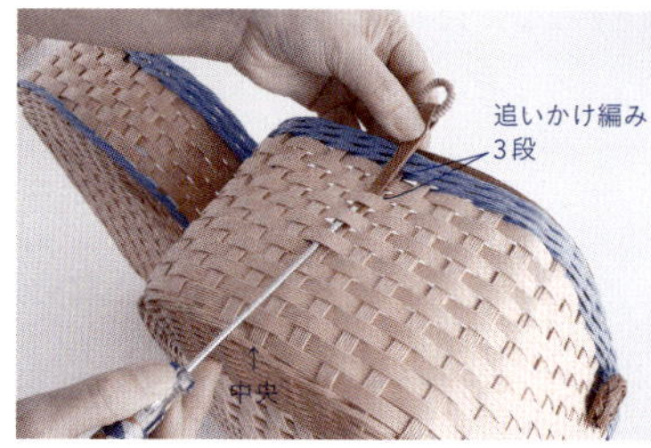

20 横側面中央の縦ひもの、追いかけ編みの上から3段めと4段めの間に **19** のひもを差し込む。このとき、**18** で折ったひも端側（★）を内側にする。

21 差し込んだひもをドライバーで左にずらして縦ひもに接着剤をつけ、元の位置に戻す。

22 リング通しひもと縦ひもの間に、あふれ出ない程度に接着剤を流し込む。反対側も **19** ～ **22** と同様に。

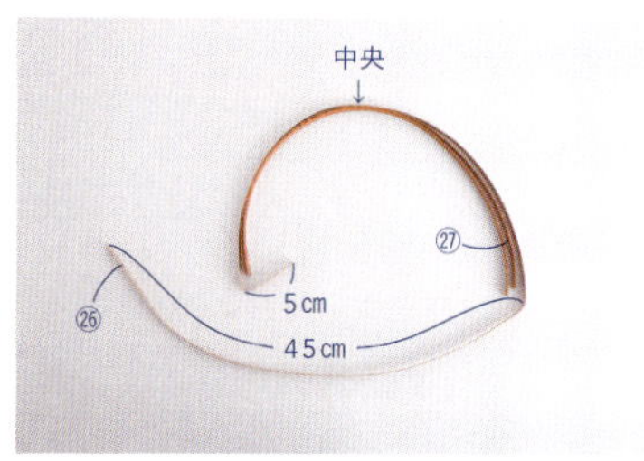

23 ㉖持ち手内ひもを2か所で折り、折り目と折り目の間の辺と㉗持ち手芯ひも2本の中央どうしを合わせて貼り合わせる。
≫ P43「持ち手 A」

24 持ち手内ひもの両端をそれぞれリングに通して貼る。接着剤が完全に乾く前に、持ち手が前後に動くようにカーブを整える。

25 ㉘持ち手外ひもの片端を折る。両端をリングに通し、持ち手内ひもをはさむようにして貼る。

26 ㉙巻きひもを巻く。

透かし編みのバッグ photo：18ページ

■材料

紙バンド
（こはく／No.30）・30m巻…1巻

■でき上がりサイズ

約幅26×マチ11×高さ22cm
（持ち手含まず）

■用意するひもの幅と本数

①横ひも　6本幅・78cm…3本
②横ひも　12本幅・18cm…2本
③縦ひも　6本幅・64cm…9本
④始末ひも　6本幅・5cm…2本
⑤編みひも　2本幅・300cm…2本
⑥差しひも　6本幅・30cm…8本
⑦編みひも　4本幅・210cm…8本
⑧ステッチひも　2本幅・150cm…12本
⑨ステッチひも　2本幅・80cm…6本
⑩編みひも　12本幅・67cm…1本
⑪縁外ひも　12本幅・68cm…1本
⑫縁内ひも　12本幅・65cm…1本
⑬ステッチひも　2本幅・190cm…2本
⑭持ち手内ひも　8本幅・76cm…2本
⑮持ち手外ひも　8本幅・77cm…2本
⑯巻きひも　2本幅・420cm…2本
⑰持ち手飾りひも　4本幅・32cm…2本

■カット図

余り分＝

紙バンドを指定の長さにカットし、割く。①～③、⑰の中央に印をつける。≫P23「紙バンドをカットし、割く」

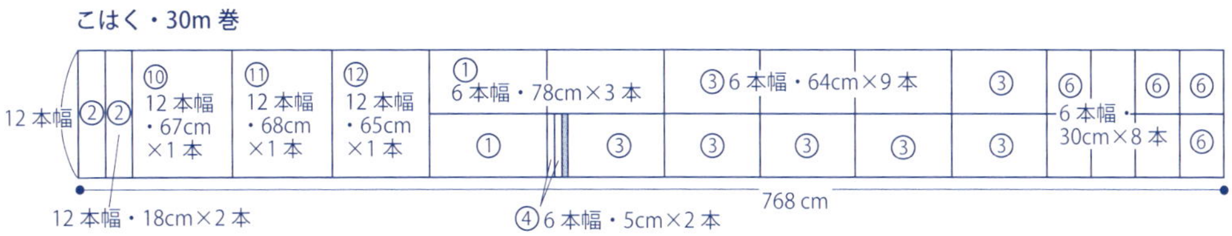

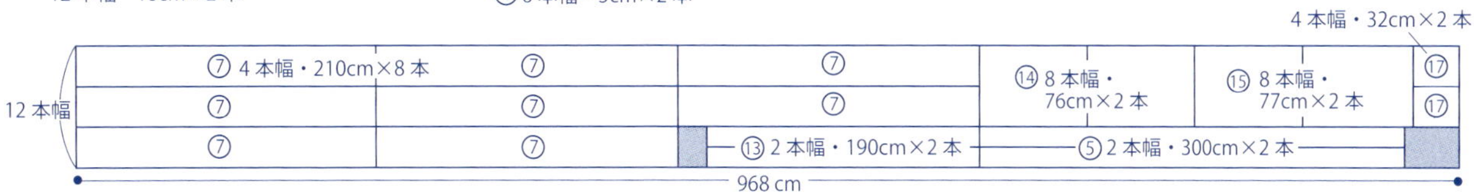

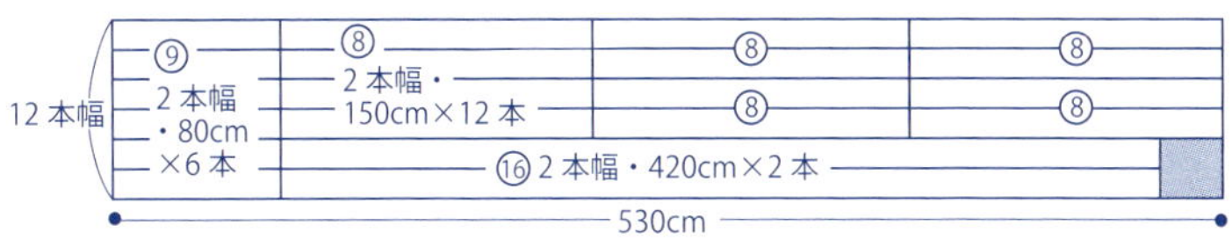

■作り方 ※わかりやすいように、ひもの色を変えている。

◇底を作る

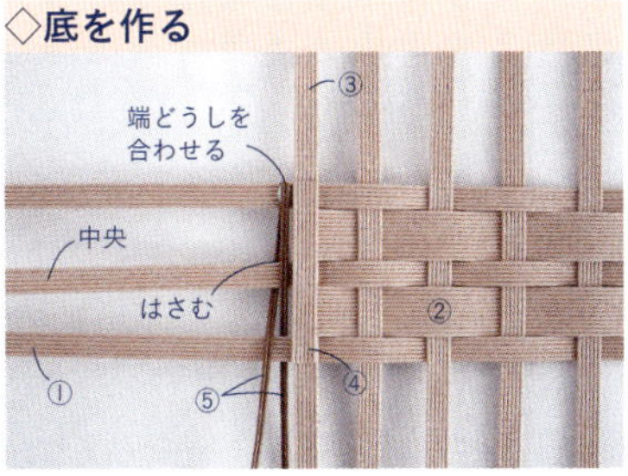

→

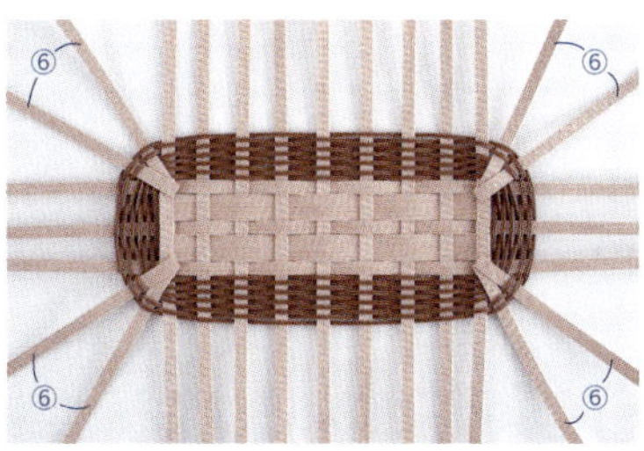

1 ①～⑥のひもで楕円底を作る。⑤編みひも2本は端どうし合わせて貼り合わせ、左側面の横ひもをはさむ。追いかけ編みは3周（6段）→⑥差しひもを貼って、2周（4段）。
≫P37「追いかけ編み」、P41「楕円底」

◇側面を編む

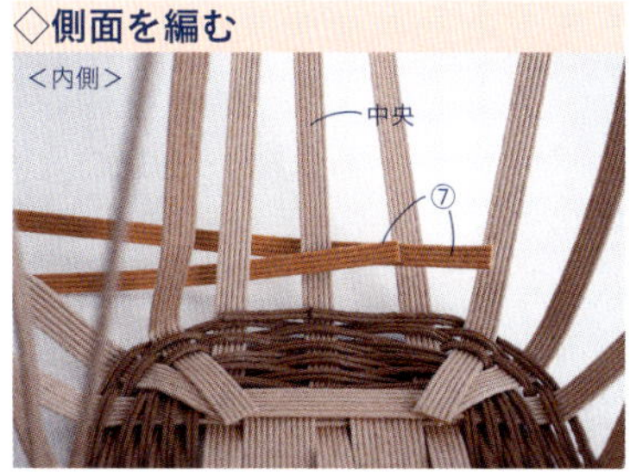

2 追いかけ編みをする。⑦編みひも2本で左側面中央の縦ひもをはさむ。

3 周囲のひもをしっかりと立ち上げ、追いかけ編みで3周（6段）編む。余分をカットして編みひもに貼る。
≫ P42「ひもを立ち上げる」

4 ステッチひもの⑧2本と⑨1本を、左側面中央の縦ひもに洗濯ばさみでとめる。
≫ P32「菱ステッチ」

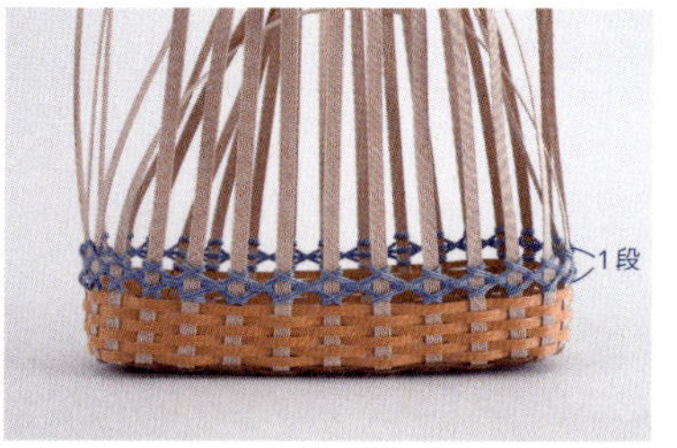

5 菱ステッチを1段編む。

6 ⑧2本と⑨1本で**4**、**5**と同様にして菱ステッチをもう1段編む。

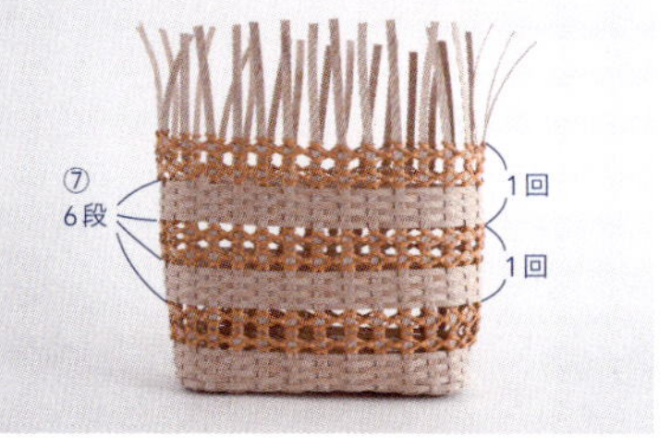

7 **2**～**6**をもう2回繰り返す。

8 ⑦2本で追いかけ編みを3周（6段）、⑩編みひも1本で素編みを1段編む。

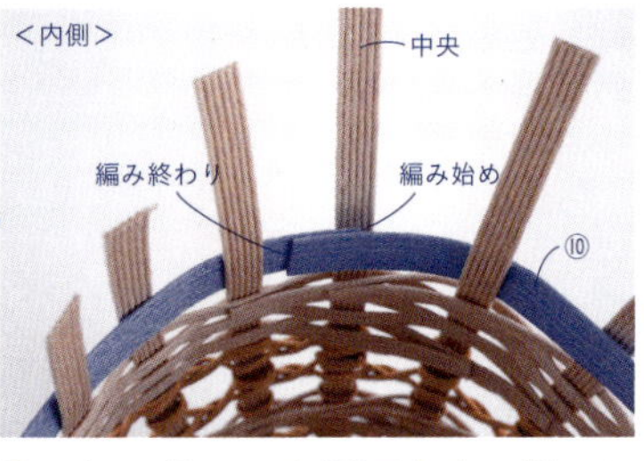

⑩の編み始めは左側面中央の縦ひもの裏側に洗濯ばさみでとめ、編み終わりは余分をカットして編みひもに1cm貼る。
≫ P26「素編み」

◇縁を始末する

9 縦ひもを内側と外側に交互に折り、編み目に差し込む。

10 縁の外側に⑪縁外ひも、内側に⑫縁内ひもを洗濯ばさみでとめる。ひも端はそれぞれ左側面で重ねる。

11 ⑬編みひもでブランケットステッチをする。ひも端を6cm残して外側から内側に通す。

12 残しておいたひも端と内側で交差させてから、もう一度同じ位置に外側から内側にひもを通す。

13 輪の下にひもをくぐらせて、引き締める（**14**参照）。

14 **12**、**13** を繰り返して、縦ひもと縦ひもの間で２目ずつステッチをする。

ステッチひもをつなぐときは、内側でひも端を1.5㎝残してカットし、もう１本の⑬を貼る。

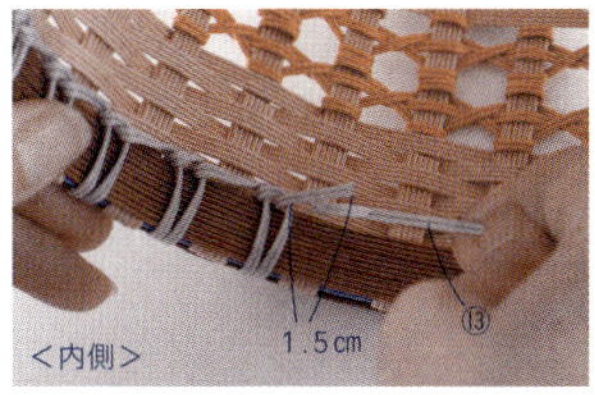

ステッチの終わりは、余分をカットして**11**で残しておいたひも端に貼る。

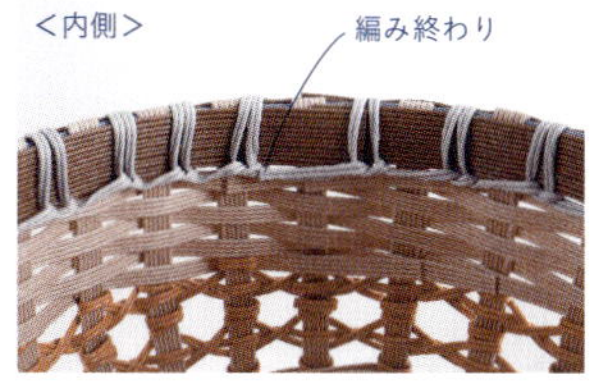

◇持ち手をつける

15 ⑭持ち手内ひも１本、⑮持ち手外ひも１本を、かごに通して貼る。
≫ P44「持ち手 B」

16 持ち手と⑰持ち手飾りひも１本の間に⑯巻きひも１本をはさむ。このとき、それぞれの中央どうしを合わせる。

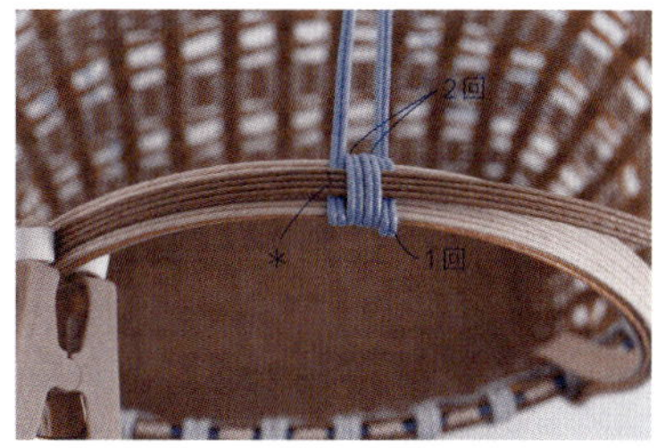

17 ⑯を⑰の上に２回、下に１回、隙間なく巻きつける。

18 **17** をあと 11 回繰り返す。

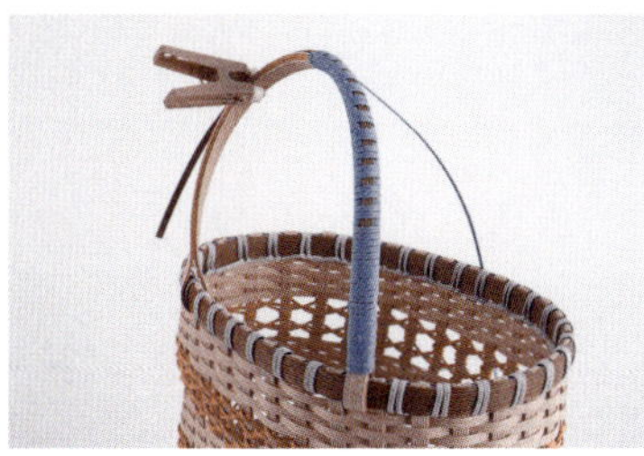

19 ⑯を下端まで隙間なく巻いて始末する。

20 反対側も **17** ～ **19** と同様に。もう一方の持ち手も **15** ～ **20** と同様に作業する。

ボストンバッグ風かご photo：19 ページ

■材料

紙バンド
（あい／ No.18）・30m 巻…1 巻
（あんず／ No.34）・5m 巻…2 巻

■でき上がりサイズ

約幅31×マチ19×高さ17cm
（持ち手含まず）

■用意するひもの幅と本数

※指定以外の色は、あんず。

①横ひも　6本幅・74cm…9本（あい）
②横ひも　8本幅・24cm…8本（あい）
③縦ひも　6本幅・64cm…15本（あい）
④始末ひも　6本幅・15cm…2本（あい）
⑤編みひも　2本幅・440cm…2本（あい）
⑥差しひも　6本幅・27cm…8本（あい）
⑦編みひも　3本幅・510cm…8本（あい）
⑧編みひも　3本幅・470cm…2本（あい）
⑨縁ひも　12本幅・48cm…1本
⑩縁ひも　12本幅・51cm…3本
⑪縁ひも　12本幅・53cm…4本
⑫縁端ひも　12本幅・4.5cm…2本
⑬縁端ひも　12本幅・5cm…2本
⑭縁始末ひも　2本幅・50cm…2本
⑮ボタンひも　3本幅・30cm…3本
⑯ボタンつけひも　1本幅・30cm…1本
⑰ボタンかけひも　1本幅・50cm…6本
⑱持ち手内ひも　8本幅・70cm…2本
⑲持ち手外ひも　8本幅・71cm…2本
⑳巻きひも　2本幅・400cm…2本
㉑リングひも　2本幅・15cm…4本（あい）
㉒リング通しひも　6本幅・65cm…2本（あい）

■カット図

余り分＝

紙バンドを指定の長さにカットし、割く。①～③、⑨～⑪、㉒の中央に印をつける。≫P23「紙バンドをカットし、割く」

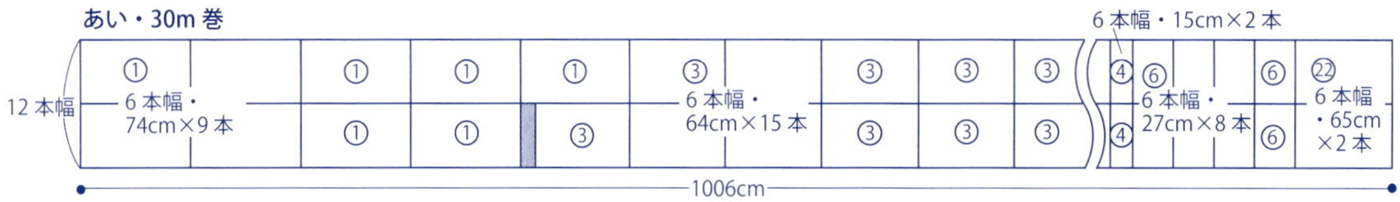

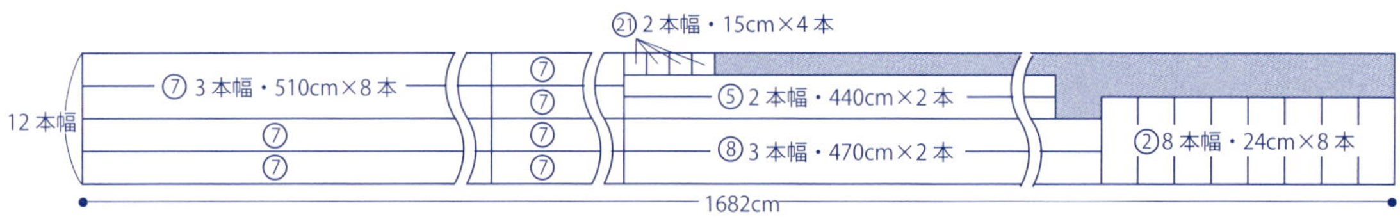

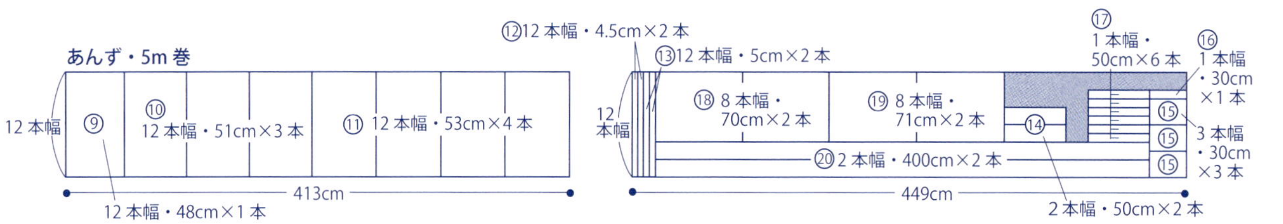

■作り方

※わかりやすいように、ひもの色を変えている。

◇底を作る

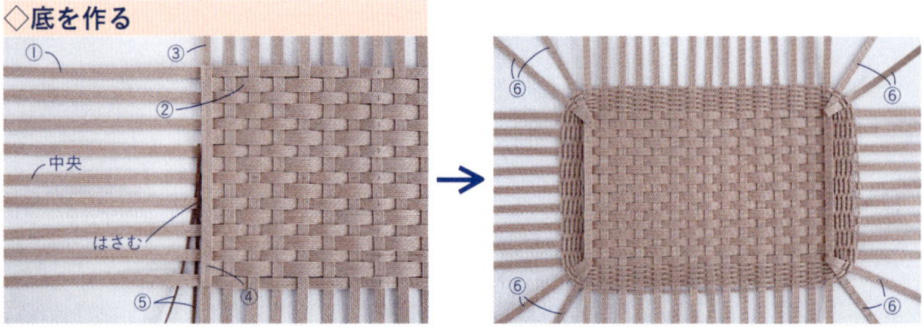

1 ①～⑥のひもで楕円底を作る。⑤編みひも 2 本で左側面の横ひもをはさみ、追いかけ編みは 3 周（6 段）→⑥差しひもを貼って、2 周（4 段）。
≫ P37「追いかけ編み」、P41「楕円底」

◇側面を編む

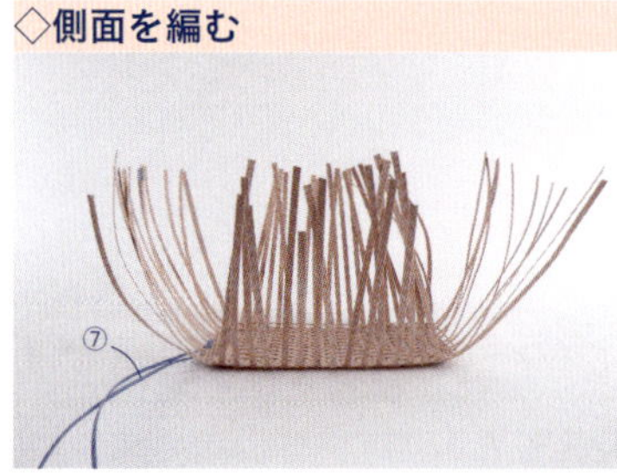

2 ⑦編みひも 2 本で左側面中央の縦ひもをはさみ、周囲のひもをゆるやかに立ち上げる。
≫ P42「ひもを立ち上げる」

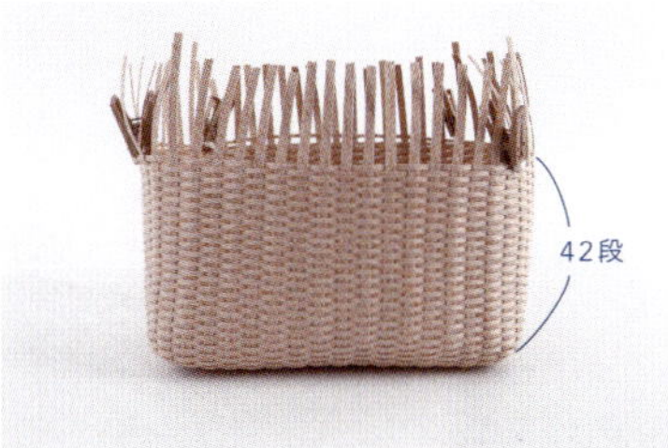

3 途中でひもをつなぎながら、追いかけ編みで21周（42段）編む。余分をカットして編みひもに貼る。

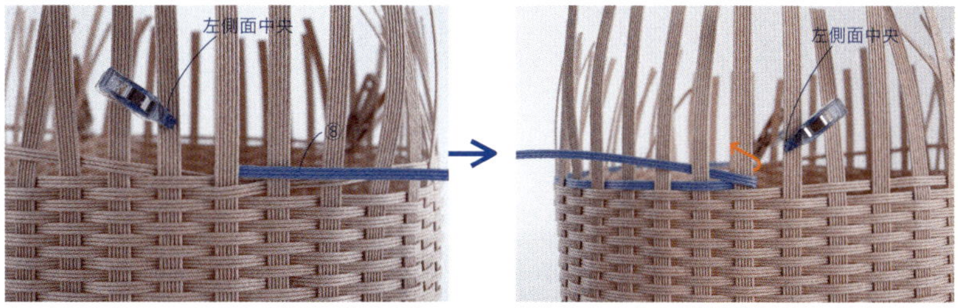

4 ⑧編みひも1本を、左側面中央の右隣の縦ひもの裏側に貼り、右側面中央の1本手前の縦ひもで引き返す。
≫ P38「引き返し編み」

5 左側面中央の2本手前の縦ひもで引き返す。右側面も同様に。

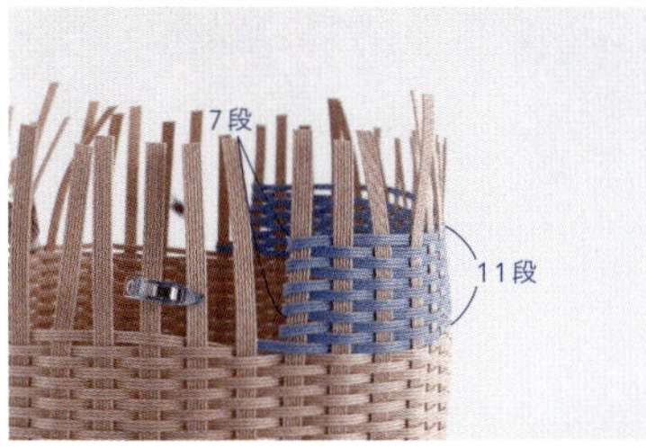

6 **5**と同じ位置でもう7段引き返し、引き返し編みを計11段編む。

7 反対面も**4**～**6**と同じ要領で、もう1本の⑧で引き返し編みを**6**では6段、計10段編む。

◇縁をつける

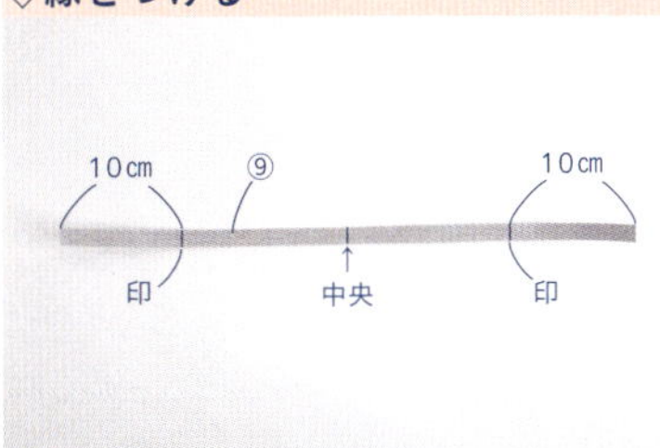

8 ⑨縁ひもの両端から10cmずつに印をつけ、両端の印の位置で折り目をつけない程度に曲げる。

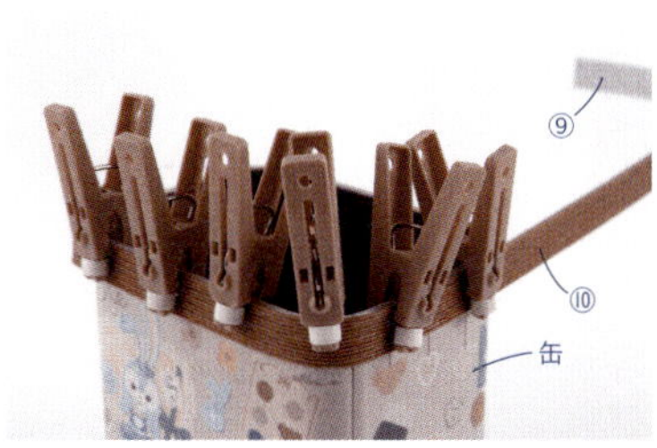

9 ⑩縁ひも1本を⑨の外側に中央どうしを合わせて貼る。角丸の四角い缶を使い、洗濯ばさみでとめて乾かしながら形作る。

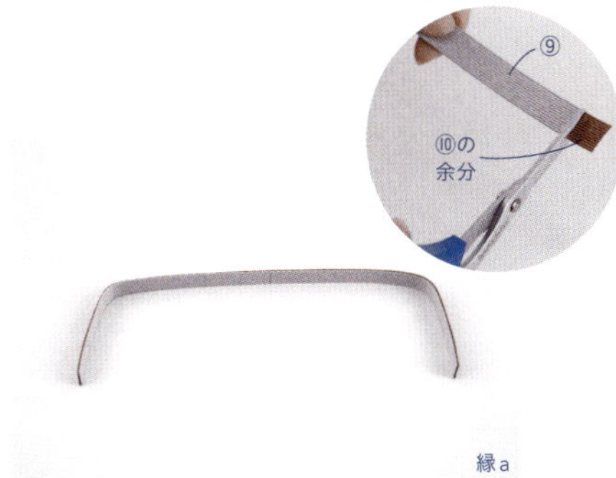

10 ⑨に合わせて、⑩の余分をカットする。縁aのでき上がり。

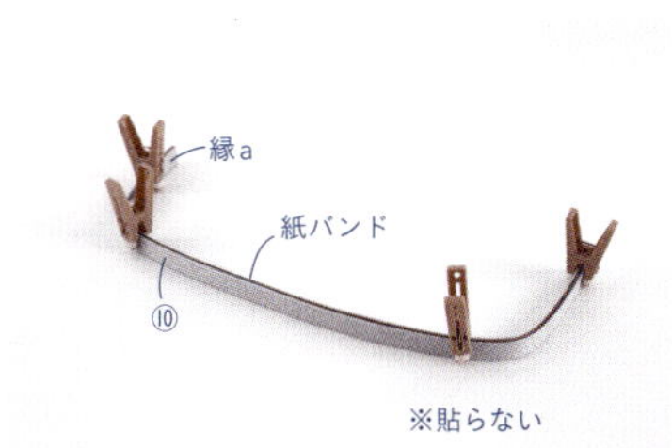

11 縁aの外側に、中央どうしを合わせて51cmの紙バンド（材料外）、⑩1本の順に重ねて洗濯ばさみでとめ、曲げる。

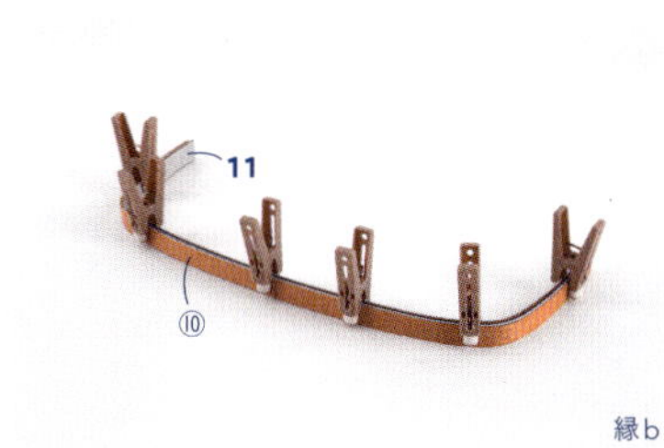

12 **11**の外側に、中央どうしを合わせて⑩1本を貼って曲げ、余分をカットする。縁bのでき上がり。

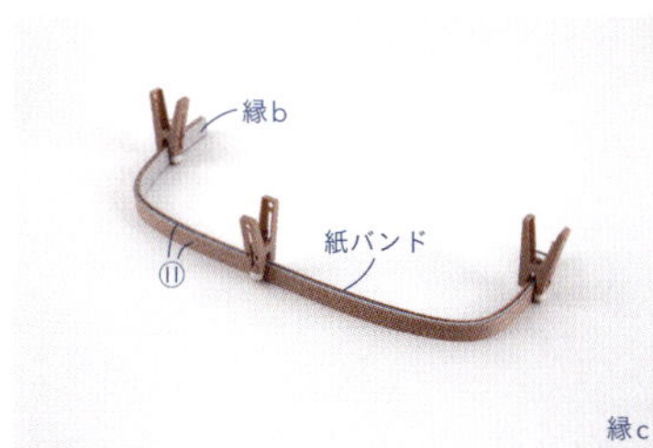

13 同じ要領で、縁bの外側に51cmの紙バンド（材料外）、⑪1本の順に重ねる。さらに外側に⑪1本を貼って曲げ、余分をカットする。縁cのでき上がり。

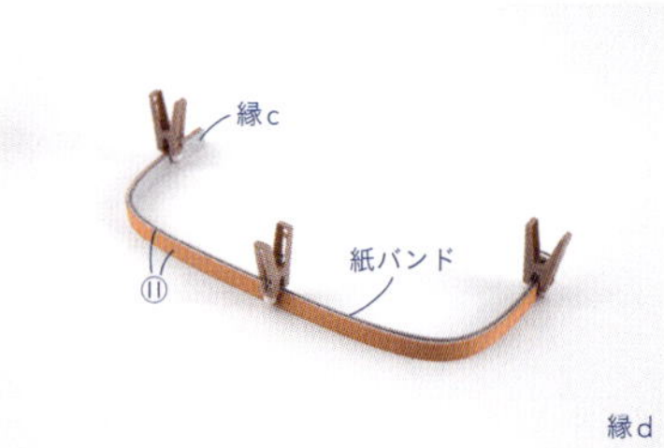

14 同じ要領で、縁ｃの外側に51cmの紙バンド（材料外）、⑪１本の順に重ねる。さらに外側に⑪１本を貼って曲げ、余分をカットする。縁ｄのでき上がり。

15 横側面中央の縦ひも３本を外側と内側に交互に折り、編み目に差し込む。反対側も同様に。

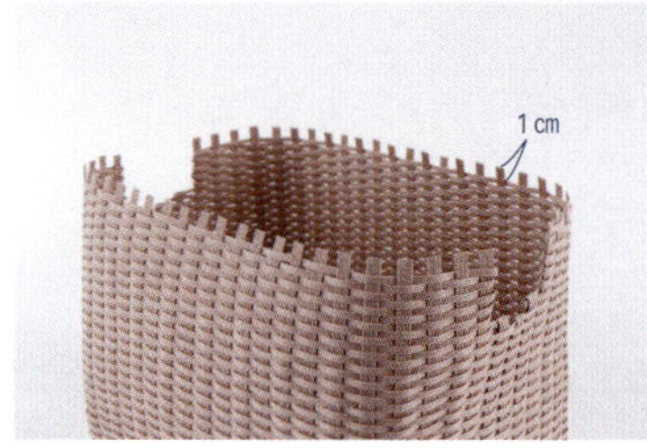

16 残りの縦ひもを1cmにカットする。

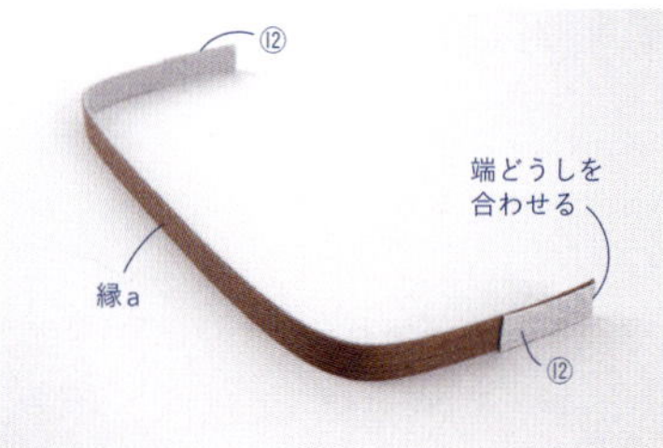

17 縁ａの外側の両端に、⑫縁端ひもを１本ずつ貼る。

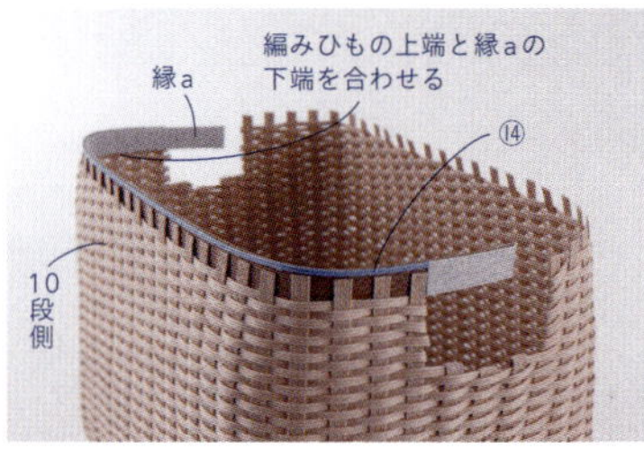

18 **6**の引き返し編み10段側の縁の内側に縁ａを貼り、縁ａと上端どうしを合わせて⑭縁始末ひも１本を貼る。

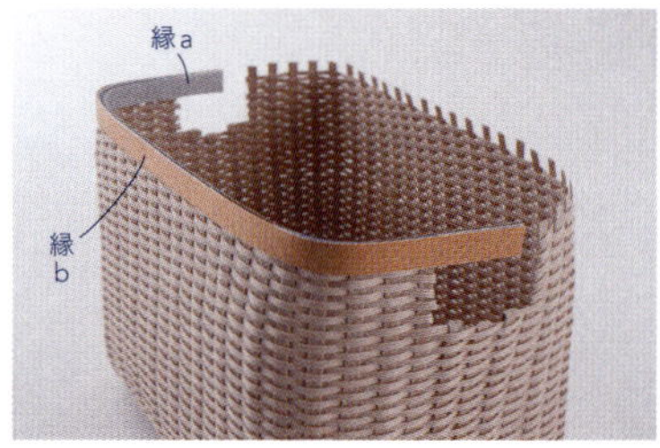

19 縁ａの外側に縁ｂを貼る。

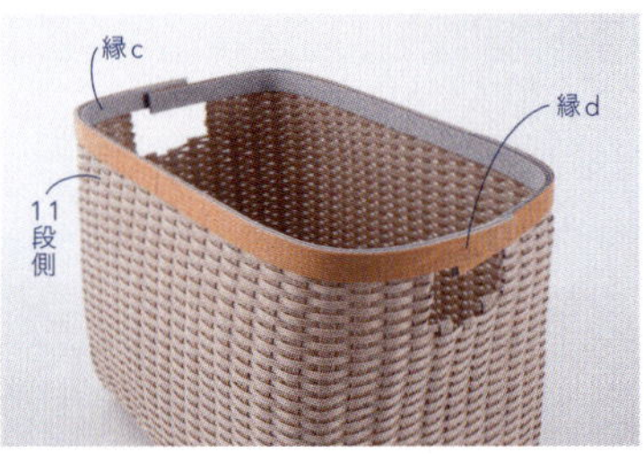

20 **17**～**19**と同じ要領で、**7**の引き返し編み11段側の縁の内側に縁ｃと⑬縁端ひも２本と⑭縁始末ひも１本、外側に縁ｄを貼る。

◇形を整え、ボタンをつける

→

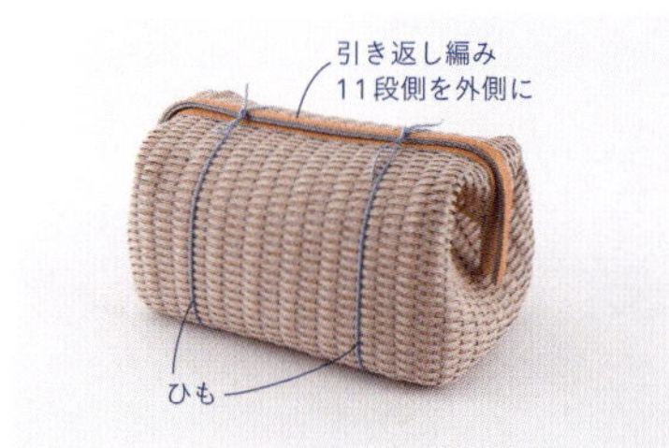

21 横側面をへこませて縁を合わせ、ひも（材料外）で結ぶ。スプレーで水をかけ、１晩おいて形作る。

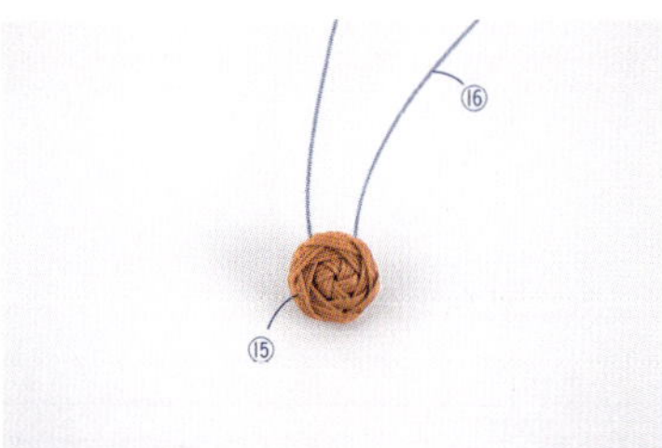

22 ⑮ボタンひも３本と⑯ボタンつけひもで、花結びボタンを作る。
≫ P45「花結びボタン」

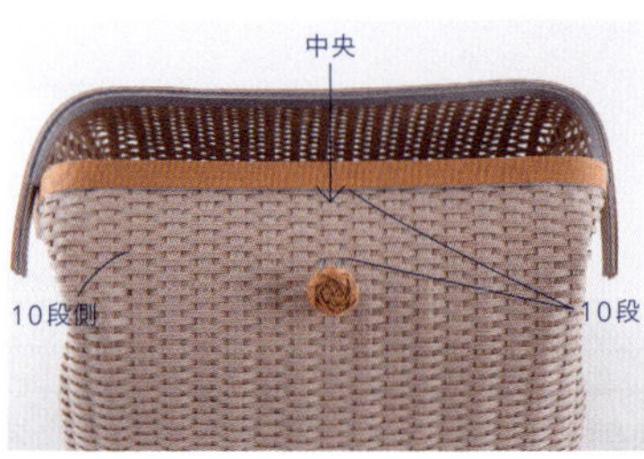

23 引き返し編み10段側の側面中央の縦ひもをはさんで、花結びボタンをつける（P87・**13**、**14**参照）。

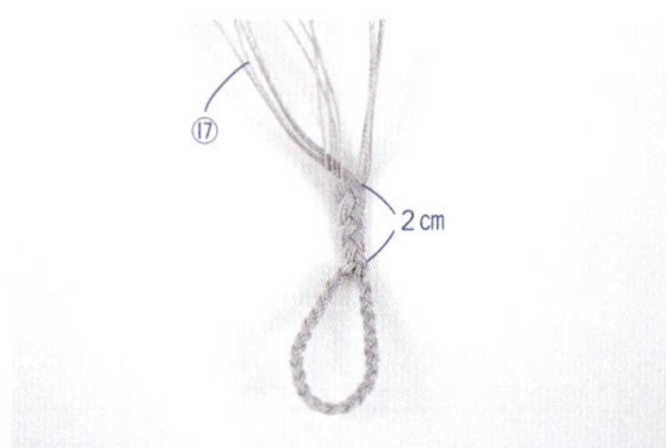

24 ⑰ボタンかけひも６本で、ボタンかけひもを作る。
≫ P45「ボタンかけひも」

25 **23** と反対面中央の縦ひもをはさんで、ボタンかけひもをつける（P88・**16**、**17** 参照）。

◇持ち手をつける

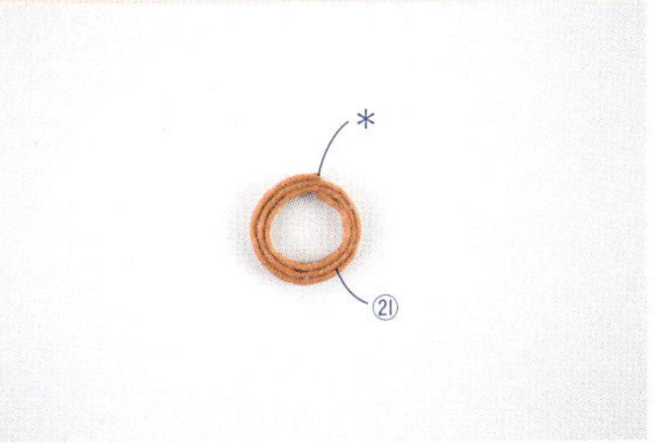

26 ㉑リングひも 1 本で 3 重のリングを作る。同様にもう 3 個作る。

≫ P44「リング」・**1**、**2**

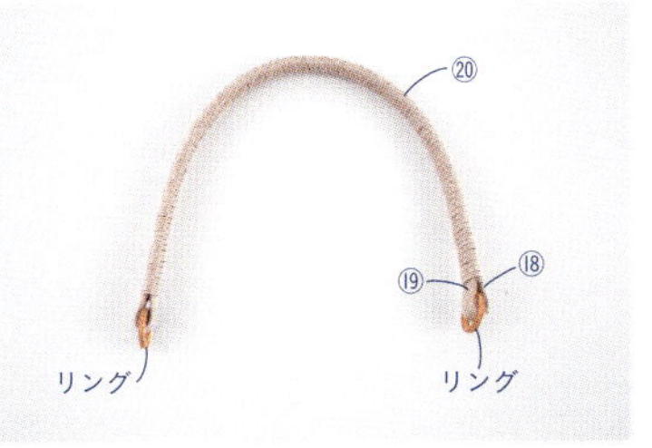

27 ⑱持ち手内ひも、⑲持ち手外ひも、⑳巻きひも各 1 本とリング 2 個で、持ち手を作る。同様にもう 1 個作る。

≫ P43「持ち手 A」

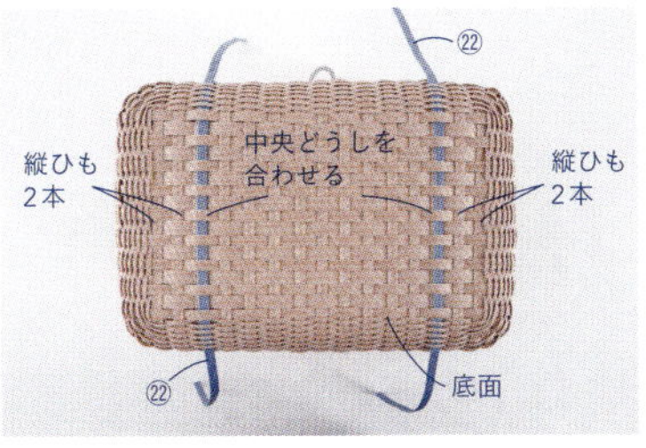

28 かごの底面（2 本幅の追いかけ編みまで）の両端から 3 本めの縦ひもの外側に、㉒リング通しひもを 1 本ずつ通す。

29 続けて側面に㉒を通し、3 本幅の追いかけ編みの下から 32 段めと 33 段めの間からひも端を出す。

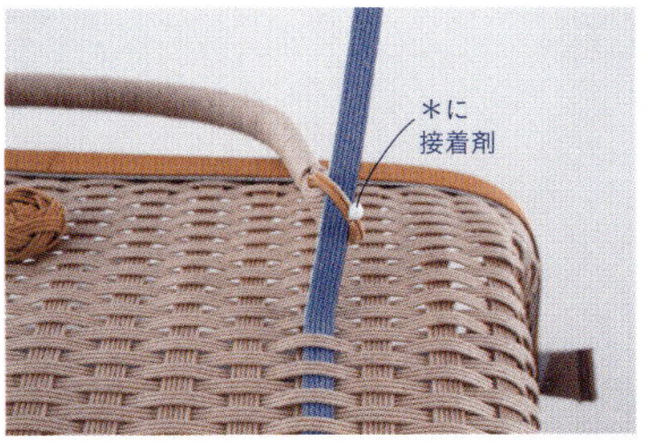

30 リング通しひもにリングを通す。リングのひも端側（＊）を下にして接着剤をつける。

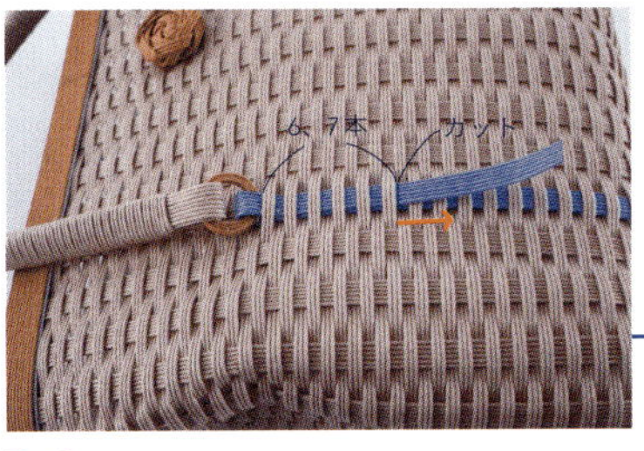

31 ひもを手前に折り返し、編み目 6、7 本に差し込む。余分をカットする。

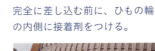

完全に差し込む前に、ひもの輪の内側に接着剤をつける。

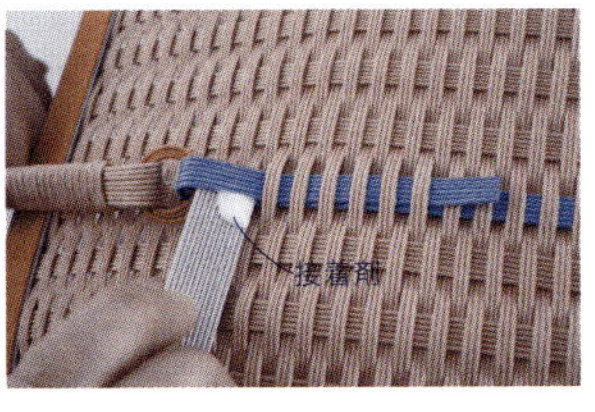

32 反対側も **30**、**31** と同様に。もう一方の持ち手も **30** ～ **32** と同様に作業する。

菱出し模様のかご photo：8 ページ

■材料

紙バンド（くるみ／No.33）・30m 巻…1巻、5m 巻…2巻

■でき上がりサイズ

約幅32×マチ10×高さ28.5cm（持ち手含まず）

■用意するひもの幅と本数

①横ひも　8本幅・31cm…6本
②横ひも　6本幅・97cm…5本
③縦ひも　6本幅・76cm…19本
④始末ひも　6本幅・9.5cm…2本
⑤編みひも　3本幅・83cm…68本
⑥ステッチひも　2本幅・200cm…4本
⑦芯ひも　12本幅・83cm…3本
⑧縁外ひも　12本幅・84cm…1本
⑨縁内ひも　12本幅・82cm…1本
⑩持ち手内ひも　8本幅・104cm…2本
⑪持ち手外ひも　8本幅・105cm…2本
⑫巻きひも　2本幅・540cm…2本

■カット図　余り分＝

紙バンドを指定の長さにカットし、割く。①～③の中央に印をつける。≫P23「紙バンドをカットし、割く」

くるみ・30m 巻

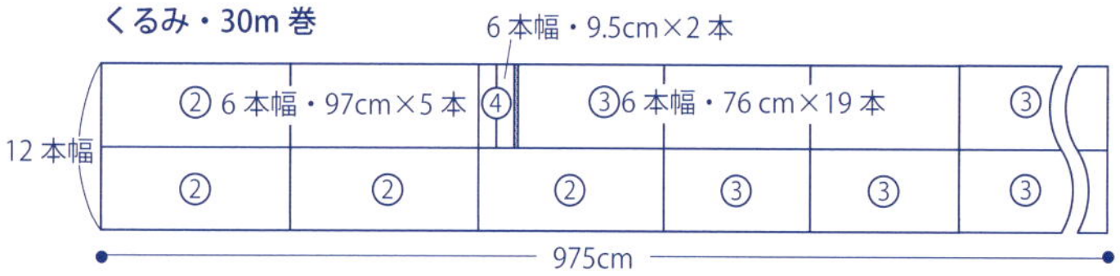

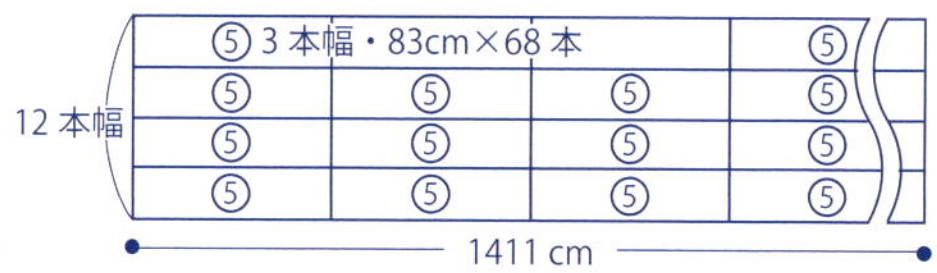

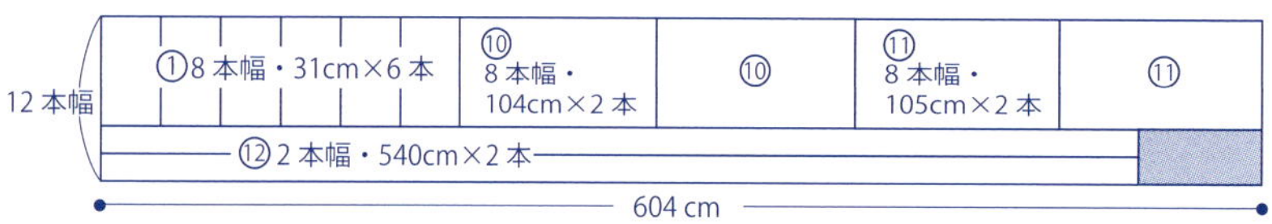

くるみ・5m 巻

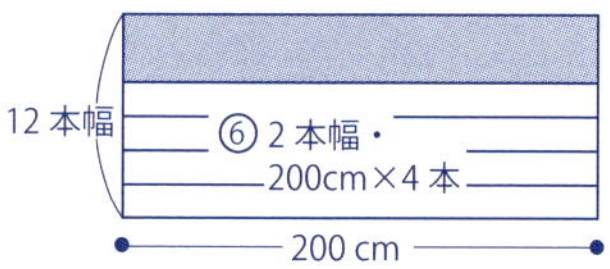

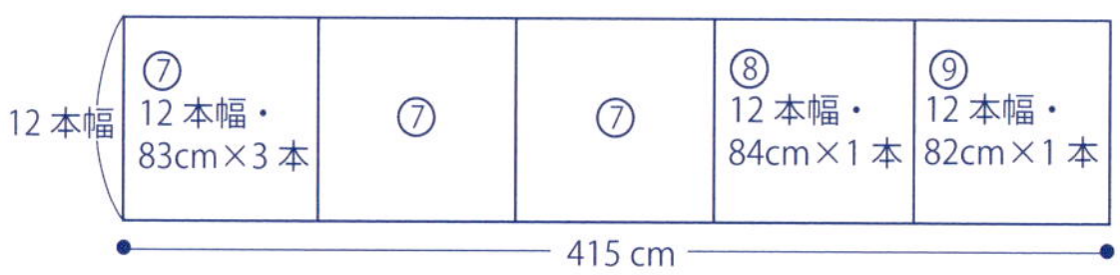

■作り方　※わかりやすいように、ひもの色を変えている。

◇底を作る

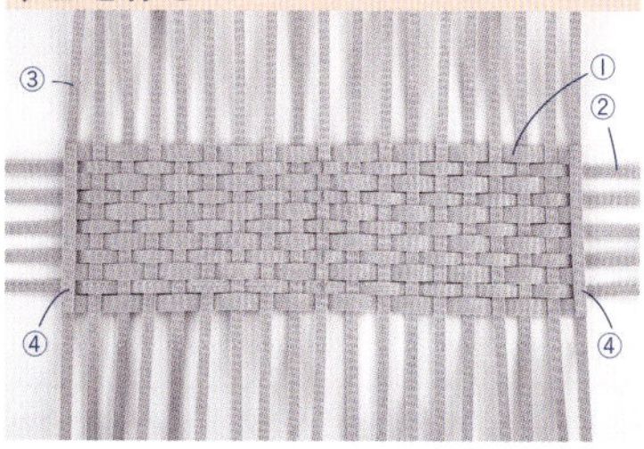

1　①～④のひもで角底を作る。裏返して周囲のひもをしっかりと立ち上げる。
≫P41「角底」、P42「ひもを立ち上げる」

◇側面を編む

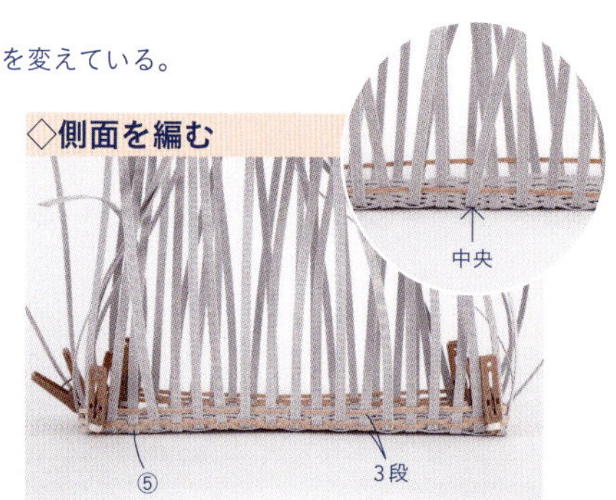

2　⑤編みひもで輪編み（素編み）を3段編む。このとき、1段めは、側面中央が裏目になるように編む。
≫P26「素編み」、P39「輪編み」

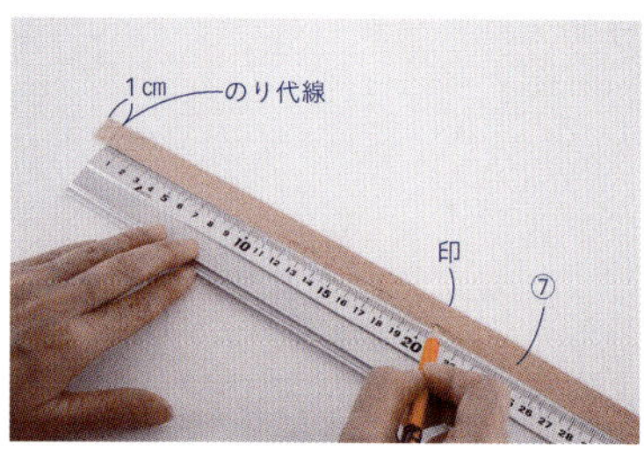

3　⑦芯ひも3本は、**2**で⑤をカットした余分と同じ長さカットする。2本には、1cmののり代線を引き、残りの長さを4等分にして印（3か所）をつける。

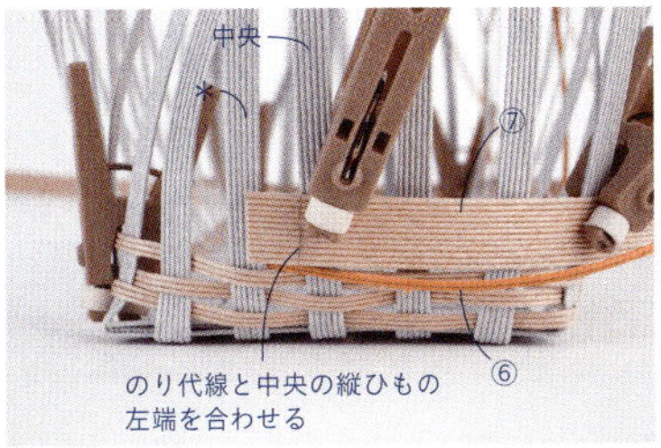

4 1本めのステッチをする。⑥ステッチひも1本を、左側面の左から2本めの縦ひも（＊）の裏側に貼り、印をつけた⑦1本を、⑥の上に洗濯ばさみでとめる。

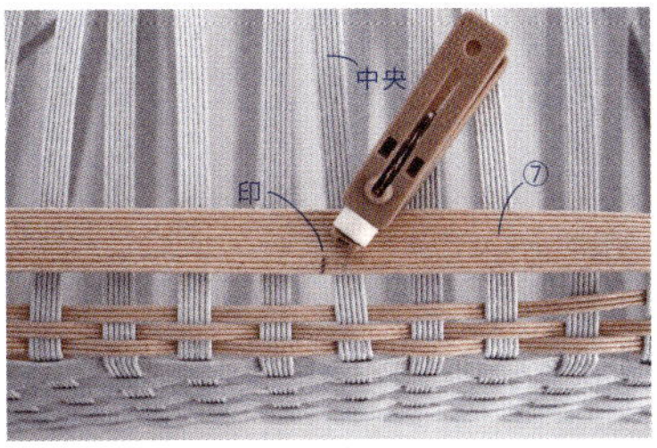

5 ⑦の印3か所を、残りの面中央のそれぞれの縦ひもの左端と合わせて洗濯ばさみでとめる。

6 ぐるりと1周、1本めのステッチをする。
≫P29「菱かがり」

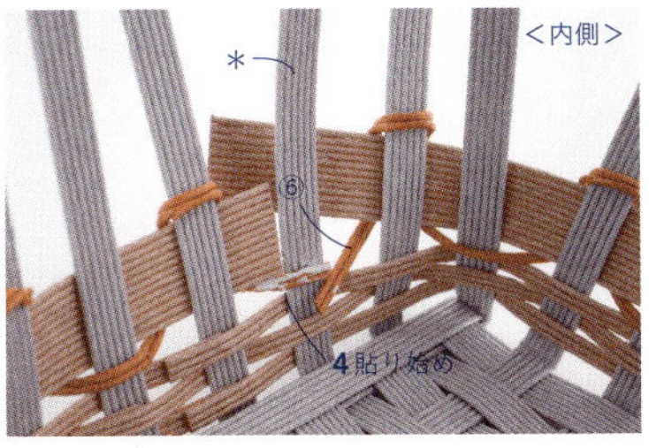

7 ⑥の編み終わりは、余分をカットして編み始めに1cm重ねて貼る。

8 ⑦の端はステッチの下に差し込んで貼り合わせる。

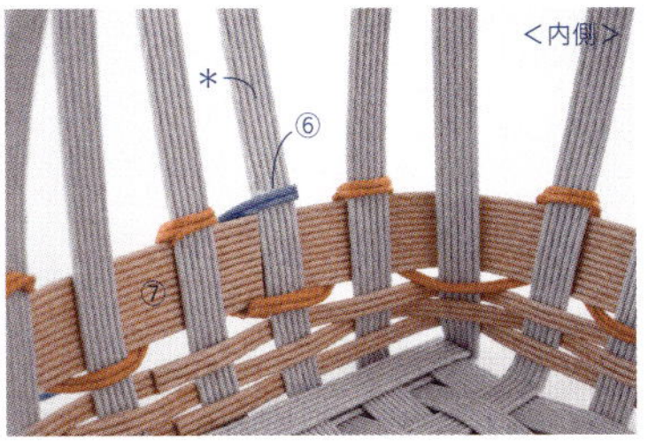

9 2本めのステッチをする。⑥1本を⑦の上の、**4**と同じ縦ひも（＊）の裏側に貼る。

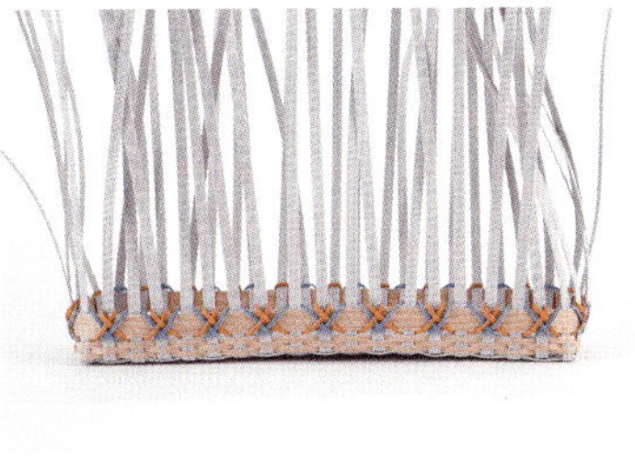

10 2本めのステッチをぐるりと1周し、**7**と同様にひも端を始末する。

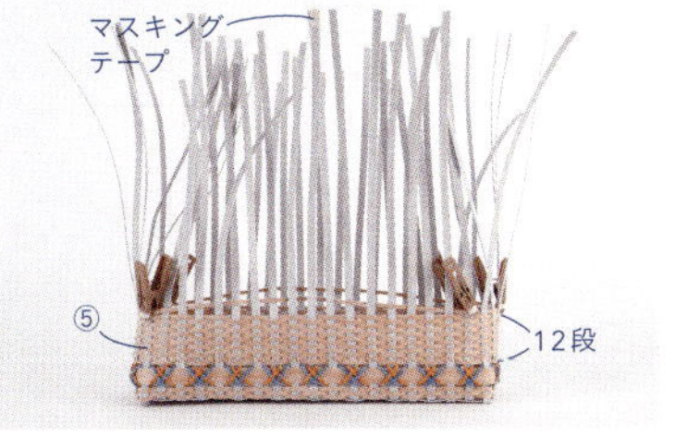

11 1段めの編み目が**2**の最終段の編み目と交互になるように、⑤で輪編み（素編み）を12段編む。両側面中央の縦ひもに、マスキングテープを貼る。

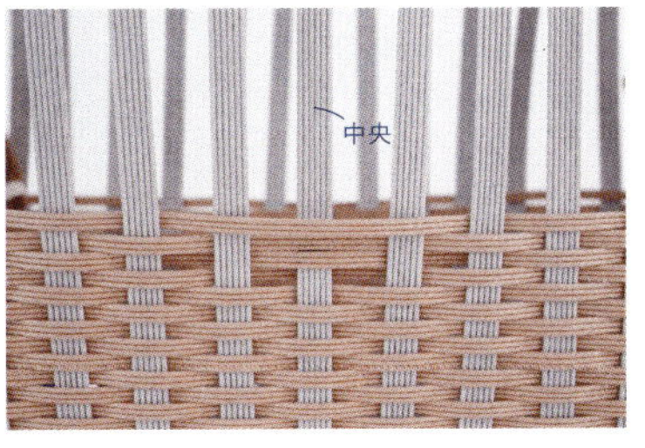

12 編み図（P100）を参照しながら、⑤で13段めから51段めに輪編みで菱出し模様を両側面に編む。
≫P37「菱出し模様」

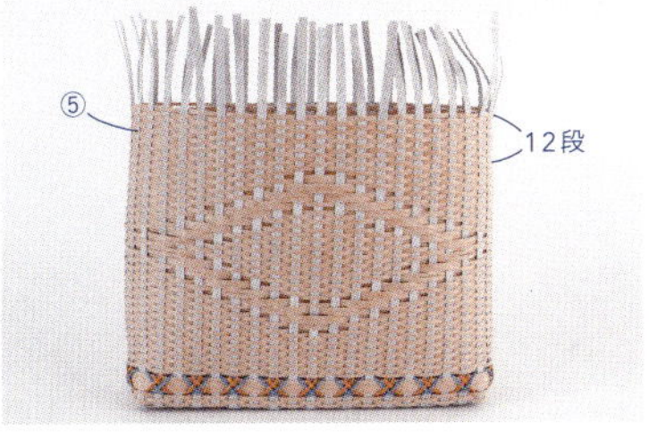

13 ⑤で輪編み（素編み）を12段編む。

14 **4**～**10**と同様にして、⑥2本、⑦1本で菱かがりをする。

15 ⑤で輪編み（素編み）を2段編む。

16 残りの⑦で素編みを１段編む（P62・**13**参照）。

◇縁の始末をする

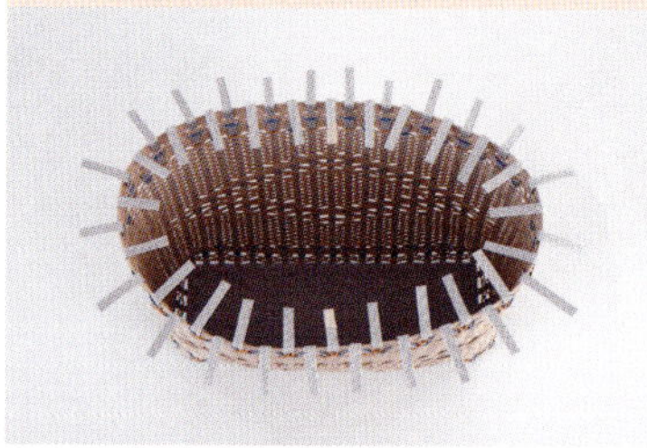

17 縦ひもを内側と外側に交互に折り、編み目に差し込む。

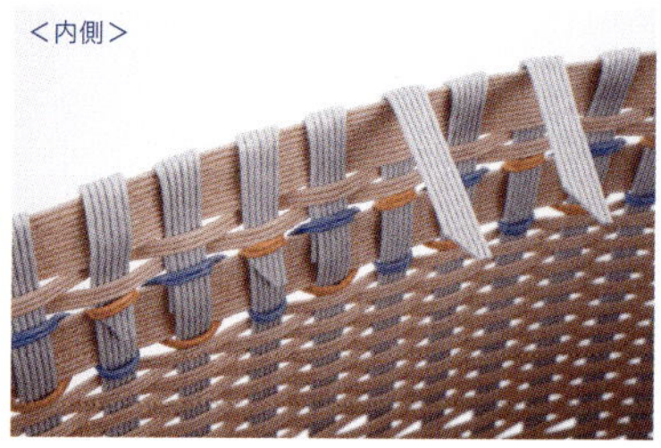

内側に折った縦ひもは、差し込みやすくなるように先端を斜めにカットし、編み目とステッチに差し込む。

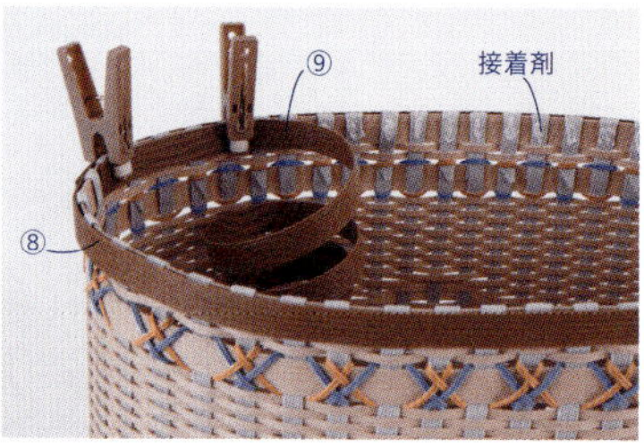

18 ⑧縁外ひもを外側、⑨縁内ひもを内側に順に貼る。それぞれの貼り終わりは余分をカットして、貼り始めに１cm重ねる。

◇持ち手をつける

19 ⑩持ち手内ひも１本と⑪持ち手外ひも１本をかごに通して貼る。
≫P44「持ち手Ｂ」

20 ⑫巻きひも１本を持ち手に巻く。もう一方の持ち手も、**19**、**20**と同様に作業する。

余った紙バンドでできるもの・ミニかご photo：21ページ

c

d

e

■材料

紙バンド
（c あんず／No.34、d 白／No.2）
…100cm、
（e えんじ／No.39）…90cm

■でき上がりサイズ

c 約直径4.5cm×マチ1.5cm
d 約幅5cm×マチ3cm×高さ4.5cm
e 約幅4.5cm×マチ1cm×高さ2cm
（いずれも持ち手含まず）

■用意するひもの幅と本数

c・d共通
①縦ひも　２本幅・10cm…16本
②編みひも　１本幅・90cm…4本
③持ち手ひも　１本幅・50cm…2本
④編みひも　１本幅・100cm…1本

e
①縦ひも　２本幅・10cm…8本
②編みひも　１本幅・90cm…2本
③持ち手ひも　１本幅・50cm…2本

■カット図

余り分＝

紙バンドを指定の長さにカットし、割く。
①の中央に印をつける。
≫P23「紙バンドをカットし、割く」

c あんず、d 白

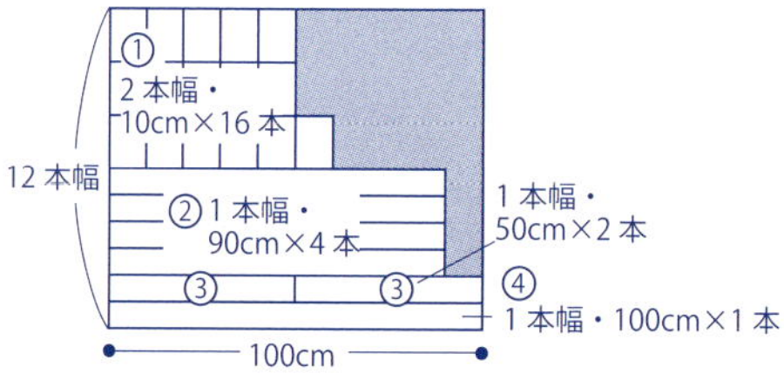

e えんじ

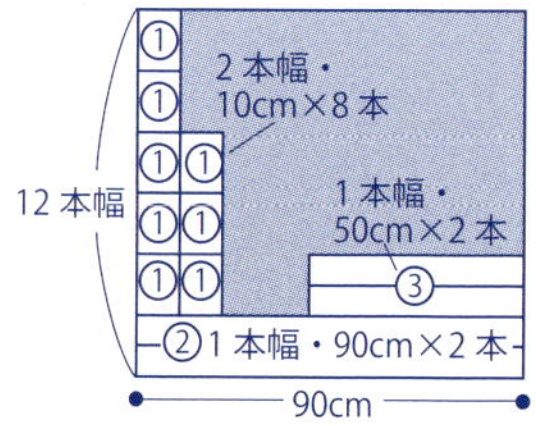

■作り方 ※わかりやすいように、ひもの色を変えている。※＊は、持ち手つけ位置。

—c 丸バッグミニ—

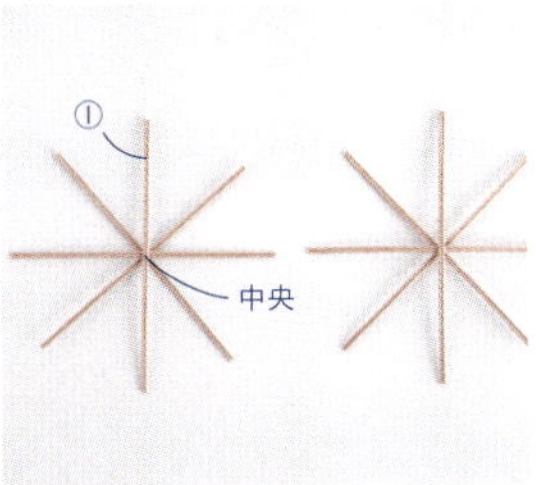

1 ①縦ひも４本の中央どうしを合わせ、間隔を均等にして貼る。２個作る。

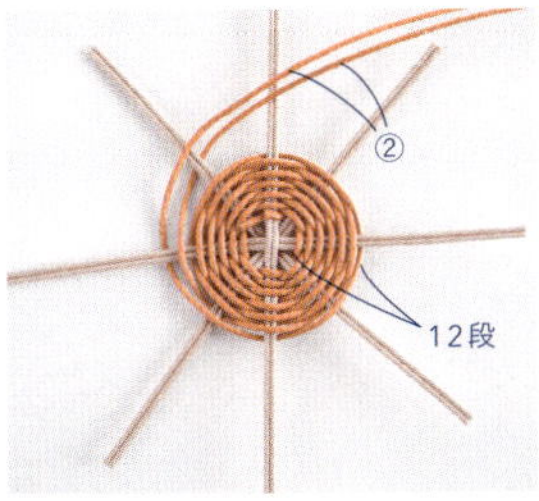

2 ②編みひも２本で追いかけ編みを６周（12段）編む。
≫ P37「追いかけ編み」、P42「丸底」

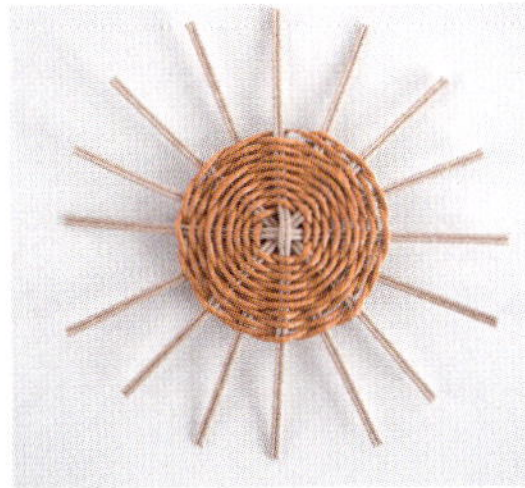

3 もう１個の**1**の上に重ね、追いかけ編みで２周（４段）、ねじり編みで１段編む。
≫ P38「ねじり編み」

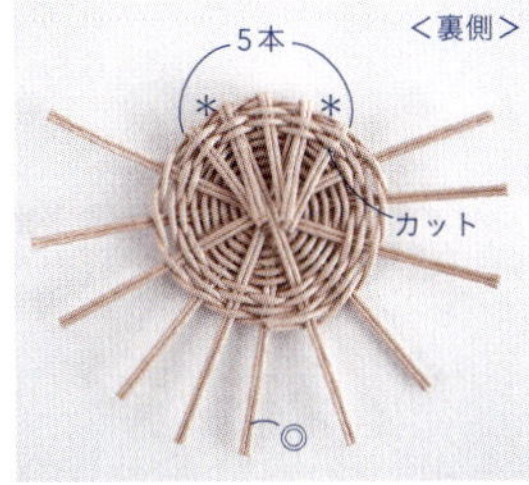

4 裏返して、編み始め位置（◎）の反対側の縦ひも５本を裏側に折って編み目に差し込み、余分をカット。

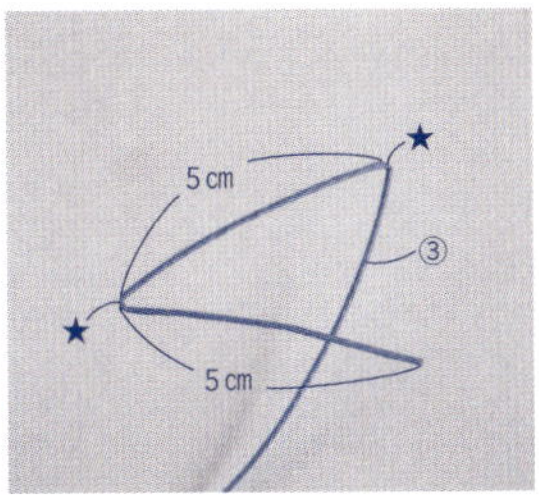

5 ③持ち手ひも１本を、5cmの位置で２回折る。

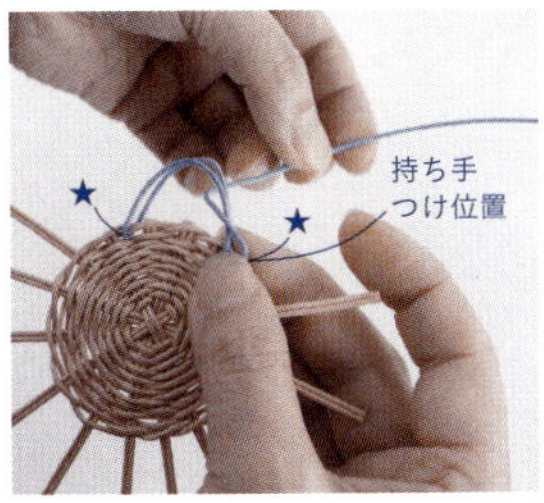

6 **5**の両端を表側から裏側に通し、5cmのひも２本を揃えて残りのひも端を巻く。

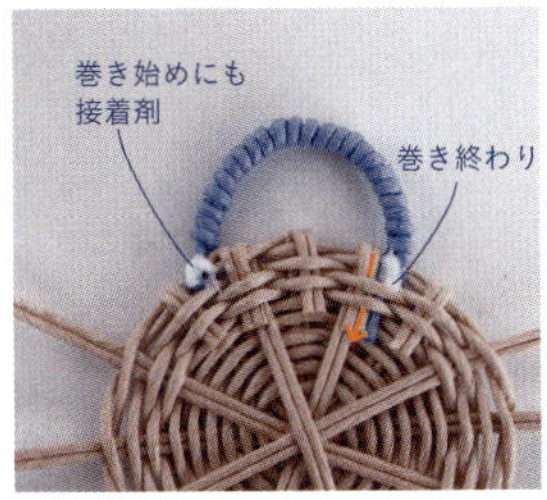

7 巻き終わりは裏側の編み目に通し、接着剤をつけて余分をカット。

8 残りの縦ひもを立ち上げる。**1**～**8**と同様にもう１個作る。

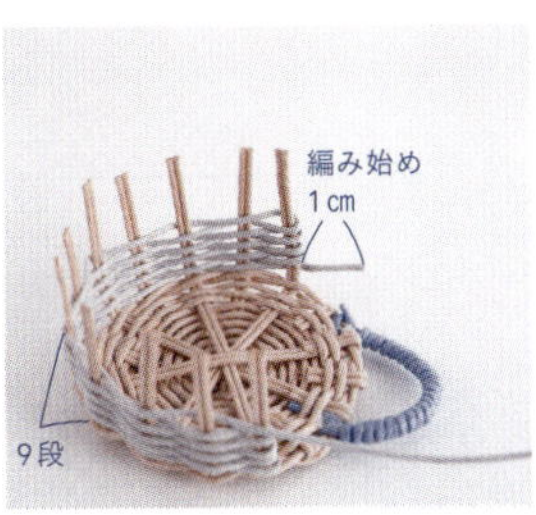

9 ④編みひもで引き返し編みを９段編む。編みひもの両端1cmは内側に折って貼る。
≫ P38「引き返し編み」

10 縦ひもを1cm残してカットし、内側に折る。

11 引き返し編みの編み目に、もう１個の**8**の縦ひもを差し込む。

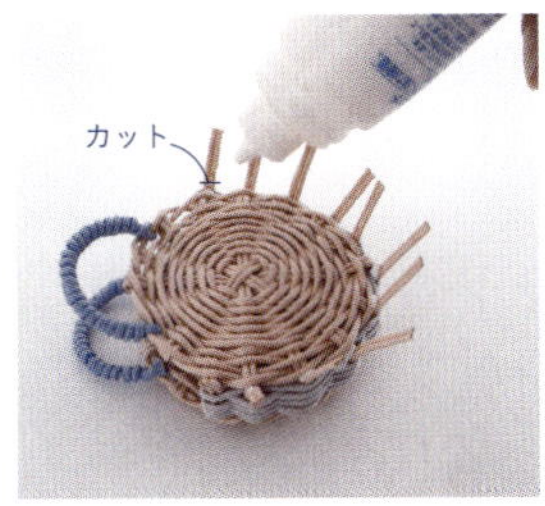

12 縦ひもと縦ひもの間に接着剤をつけ、余分をカットする。

—d ミニマルシェルバッグ—

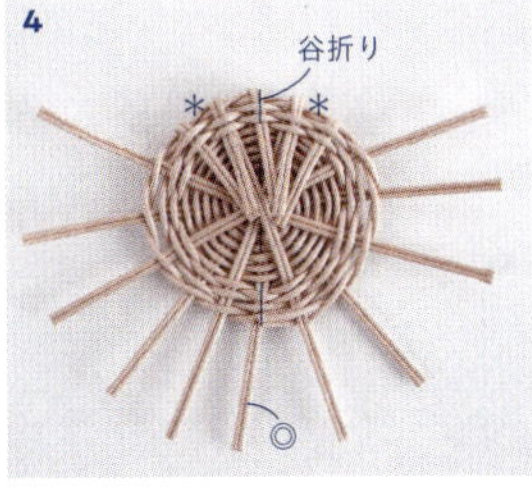

Cの**1**～**5**と同様にする。**6**で持ち手はつけず、編み地２枚は縦半分に折り曲げる。**8**～**12**と同様にする。**6**、**7**を参照し、持ち手ひもの両端をそれぞれの側面に通して始末する。

—e ペタンコミニバッグ—

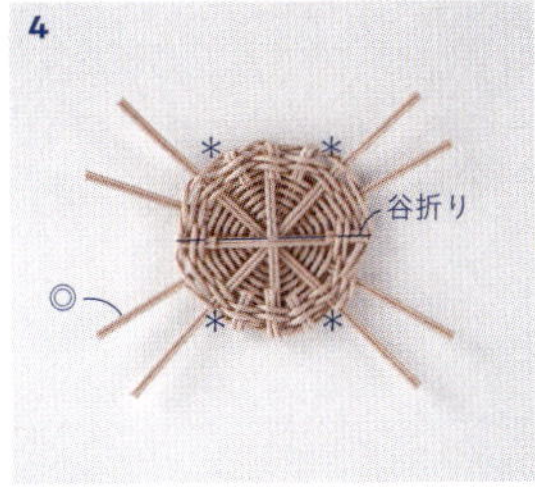

→

Cの**1**～**4**と同様にする。編み地は１枚のみ。**4**では３本と向かいの３本、残り５本の中央の１本ずつを内側に折って始末する。**5**～**7**を参照して持ち手を２本つけてから横半分に折り、片面の縦ひも２本ずつの根元に接着剤をつけてカット。残っている縦ひもを外側の編み目に通し、接着剤をつけて余分をカットする。

編み図

96ページ：菱出し模様のかご

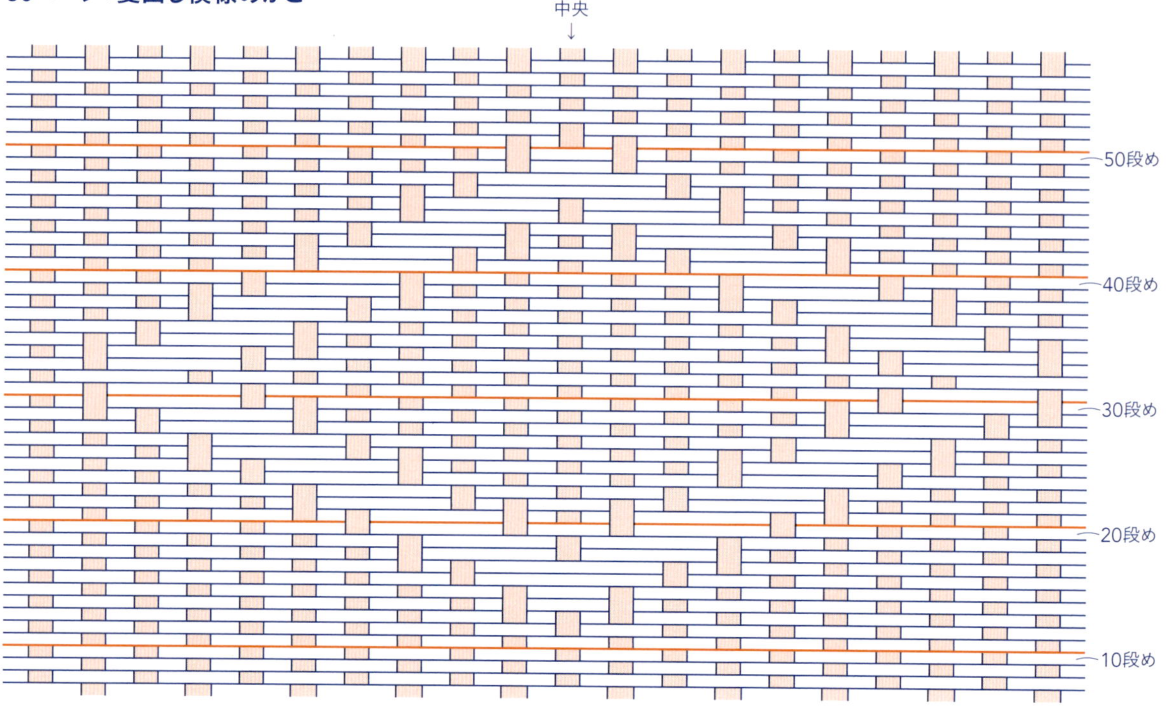

61ページ：サンプラーバッグ

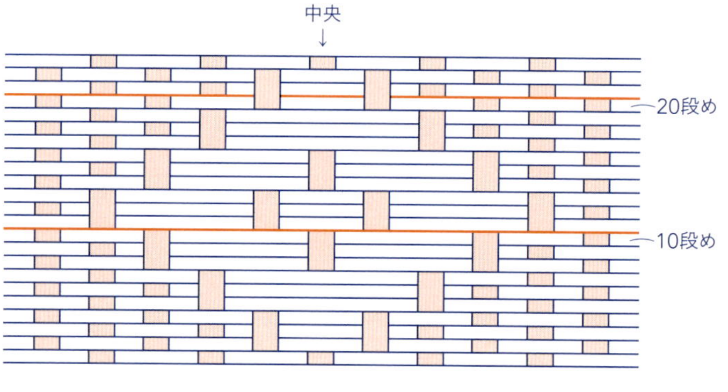

83ページ：3本網代のツートンバッグ

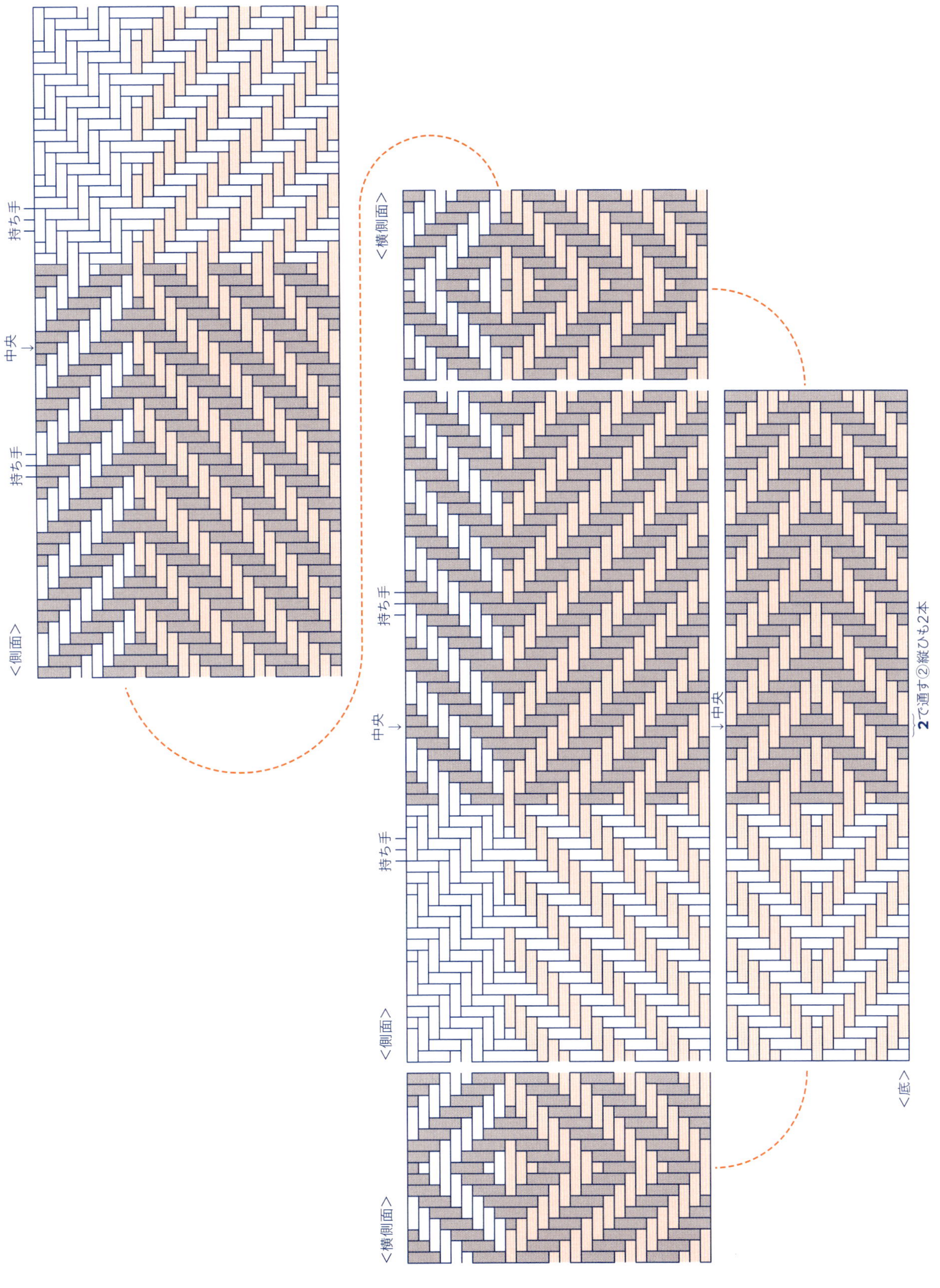

64ページ：飛ばし編みのバッグ

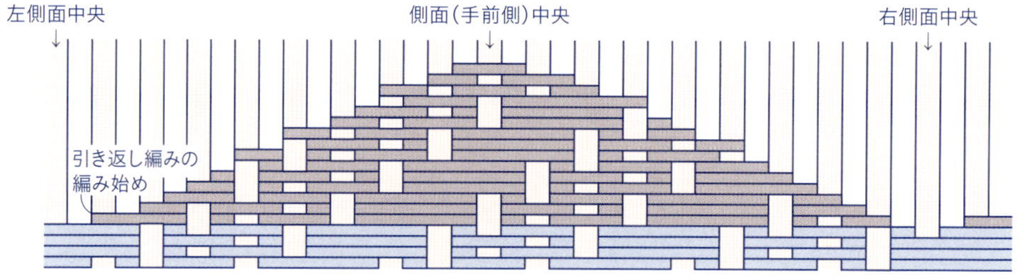

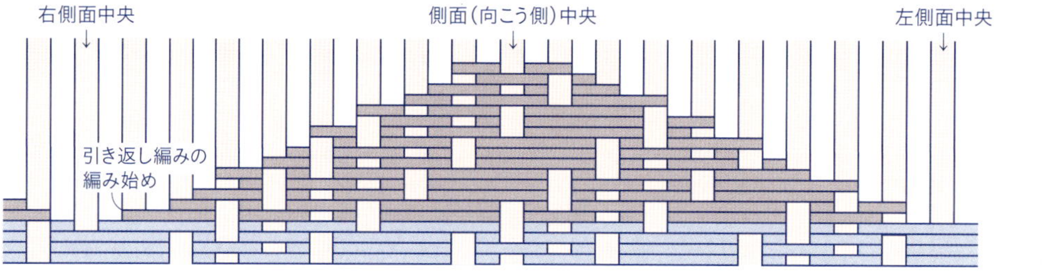

66ページ：斜め網代の台形バッグ

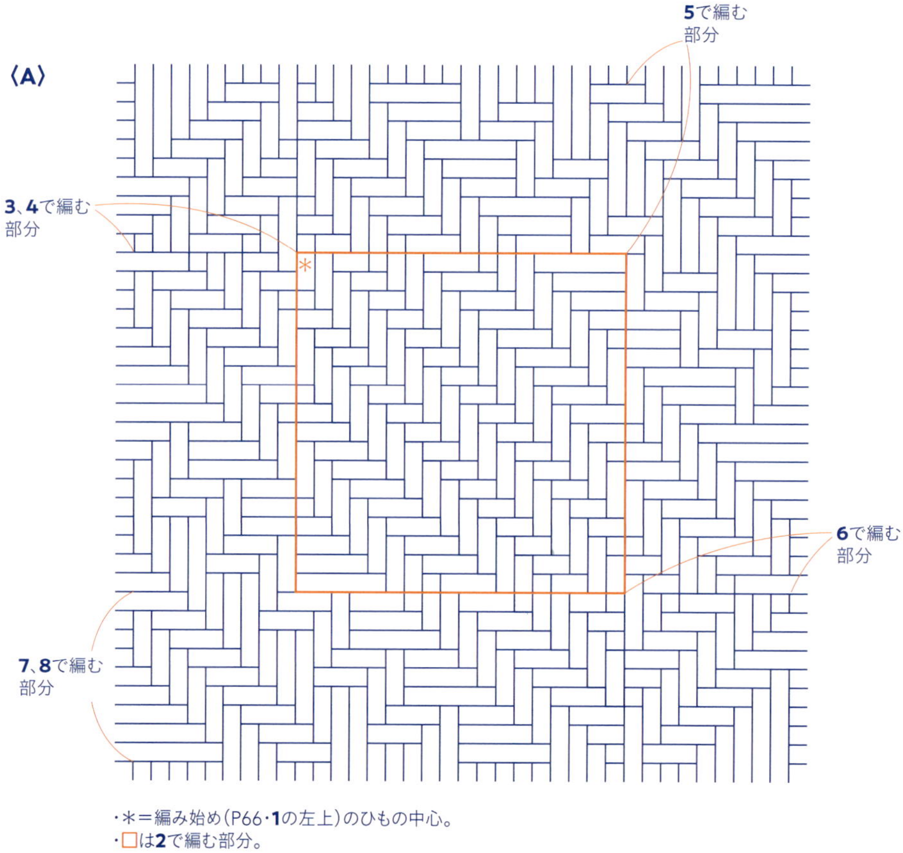

・*＝編み始め（P66・1の左上）のひもの中心。
・□は2で編む部分。

66ページ：斜め網代の台形バッグ

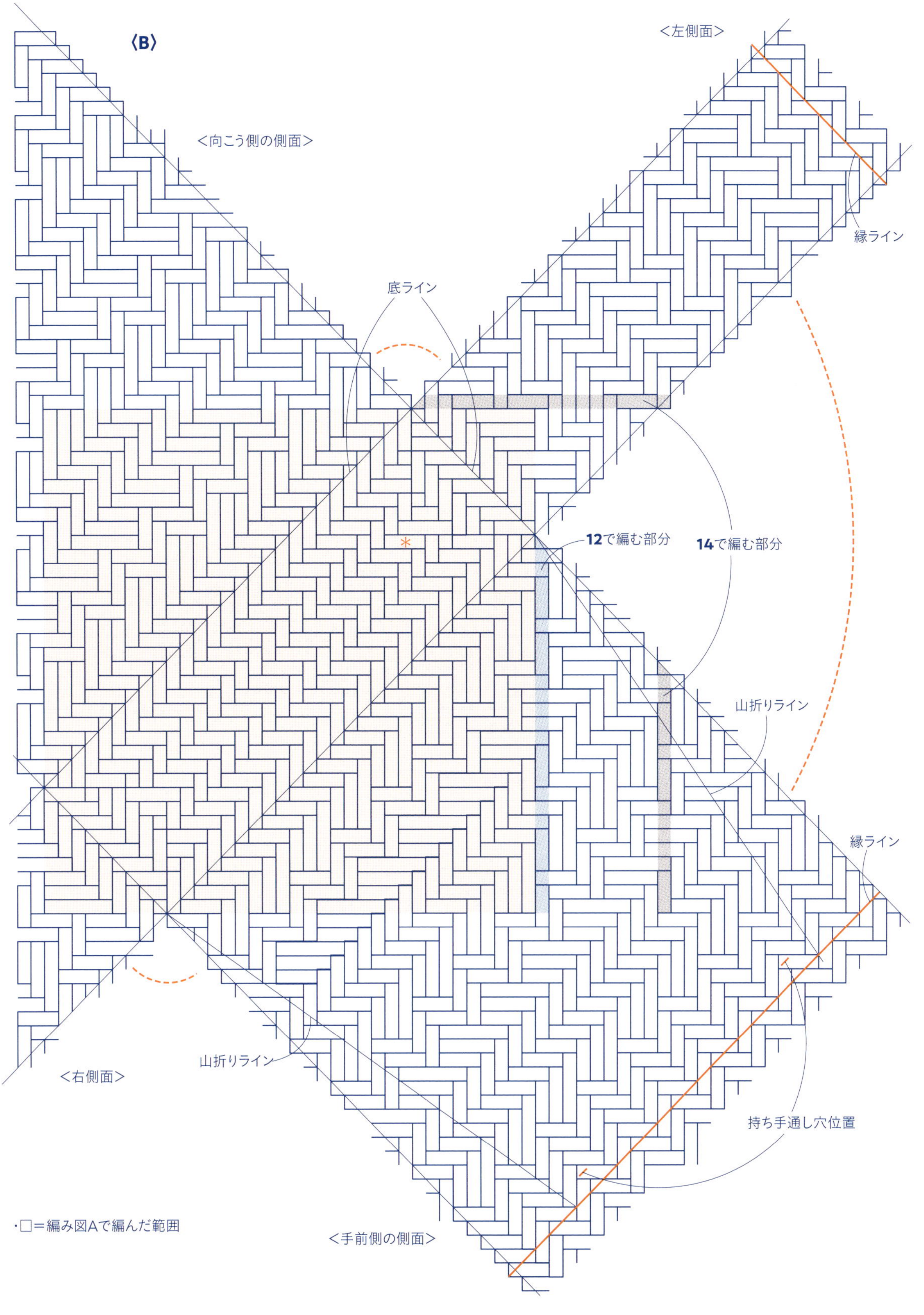

・□＝編み図Aで編んだ範囲

PROFILE

古木明美（ふるきあけみ）

2000年よりエコクラフトでの作品制作を始める。アトリエで講師を務めつつ、書籍や雑誌への作品提案、カルチャースクールでの監修にあたっている。かわいらしいテイストとわかりやすい作り方が人気。著書に『ずっと持ちたいかご』『エコクラフトで作るバッグとかご』（小社刊）などがある。
http://park14.wakwak.com/~p-k/

STAFF

ブックデザイン　渡部浩美
撮影　寺岡みゆき
スタイリング　駒井京子
モデル　平地レイ
プロセス指導　古木明美
編み図トレース　八文字則子
DTP 製作　東京カラープロセス株式会社
プロセス製作協力　新井洋子、植松芳子、大久保千穂、河内麻美、坂井範子、菅原静江、直井真紀、奈良千春、長谷川珠理、古幡千夏、森晴美、山田成子
校閲　高澤敦子、宮本みえ子
作り方、編集　小野奈央子
編集担当　代田泰子

素材協力　植田産業株式会社
Tel. 0545-33-3210
http://www.kamiband.co.jp/

撮影協力　AWABEES
Tel. 03-5786-1600
UTUWA
Tel. 03-6447-0070

紙バンドで作る

編み応えのあるかご

発行日　2019年 8 月 5 日　第1刷
2020年 5 月18日　第3刷
著者　古木明美
発行人　瀬戸信昭
編集人　今ひろ子
発行所　株式会社　日本ヴォーグ社
〒164-8705　東京都中野区弥生町5-6-11
TEL 03-3383-0644（編集）　03-3383-0628（販売）
出版受注センター　TEL　03-3383-0650
FAX　03-3383-0680
振替　00170-4-9877
印刷所　株式会社シナノ
Printed in Japan ©Akemi Furuki 2019
NV70538
ISBN978-4-529-05911-4 C5077

あなたに感謝しております。　We are grateful.

手づくりの大好きなあなたが、
この本をお選びくださいましてありがとうございます。
内容はいかがでしたでしょうか？
本書が少しでもお役にたてば、
こんなにうれしいことはありません。
日本ヴォーグ社では、
手づくりを愛する方とのお付き合いを大切にし、
ご要望にお応えする商品、サービスの実現を常に目標としています。
小社並びに出版物について、
何かお気づきの点やご意見がございましたら、
なんなりとお申し付けください。
そういうあなたに私共は常に感謝しております。

株式会社日本ヴォーグ社 社長　瀬戸信昭
FAX.03-3383-0602